조선의 머니로드

조선의 머니로드

1판 1쇄 인쇄 2022. 6. 20.
1판 1쇄 발행 2022. 6. 27.

지은이 장수찬

발행인 고세규
편집 고정용 · 디자인 지은혜 · 마케팅 백미숙 · 홍보 이한솔
발행처 김영사
등록 1979년 5월 17일 (제406-2003-036호)
주소 경기도 파주시 문발로 197(문발동) 우편번호 10881
전화 마케팅부 031)955-3100, 편집부 031)955-3200 | 팩스 031)955-3111

값은 뒤표지에 있습니다.
ISBN 978-89-349-6165-9 03900

홈페이지 www.gimmyoung.com   블로그 blog.naver.com/gybook
인스타그램 instagram.com/gimmyoung   이메일 bestbook@gimmyoung.com

좋은 독자가 좋은 책을 만듭니다.
김영사는 독자 여러분의 의견에 항상 귀 기울이고 있습니다.

돈의 흐름을 바꾼 부의 천재들

조선의 머니로드

장
수
찬

김영사

차 례

프롤로그   6

1 돈과 총의 향연

1. 임진왜란이 안겨준 뜻밖의 선물, 화폐경제   10
   ZOOM IN 붐붐했던 명나라 상인의 팽창력 | 27
2. 무기 대신 활자를 만든 훈련도감   33
3. 화폐를 발행한 경호부대, 금위영의 비밀   51
   ZOOM IN 시끌벅적한 비트코인과 돈의 속성 | 70
4. 어영부영 어영청, 국왕 경호부대의 몰락   77

2 부와 권력은 하나다

1. 엘리트 군인의 흥망사   94
   ZOOM IN 짱짱맨이던 조선왕조 엘리트 군인 | 114
2. 돈과 이념 둘 다 잡은 무반벌열과 전투귀족   124
3. 무역이냐 내수냐, 크롬웰과 조선의 엇갈린 선택   145
4. 유흥에 돈을 탕진한 한양의 군인들   161
   ZOOM IN 무시무시한 팔뚝 장사, 조선의 무사들 | 174
5. 제주 군인이 보여준 부의 전략   184

3 돈은 돈을 낳고

1. 조선과 일본의 줄다리기, 화폐 전쟁   200

2. 자본가 놀부의 포트폴리오   219

3. 위조 화폐에도 사연이 있다?   236

> ZOOM IN 합법적인 위조 화폐가 있었다고? | 254

4. 금융 강국 네덜란드의 성공 비결   261

> ZOOM IN 네덜란드 뺨치다! 이탈리아 제노바 상인 | 277

4 부의 흐름을 바꾼 거상들

1. 한강에 이룬 조선판 플랫폼 경제   286

2. 록펠러를 꿈꾼 땔감왕, 두모포 상인   299

3. 평민 부자 장익복의 신분 상승   312

4. 중국, 일본, 유럽 재벌은 어떻게 돈을 벌었을까?   326

5. 부의 흐름을 바꾼 전략 천재, 개성상인   343

> ZOOM IN 일본열도에 K-광풍이 불다! 《동의보감》과 조선 인삼 | 364

———— 2021년 발표된 '전 국민 금융 이해력 조사'에서 우리나라 성인의 금융 이해력(금융의 건전한 행위, 합리적 지식, 태도) 총점은 66.8점으로 나타났습니다. 조사 국가인 OECD 11개국 평균점수 62점을 상회하는 수준이지요. 겉으로 보면 양호한 듯한데, 깊이 들어가면 다릅니다.

청년층(64.7점)과 노년층(62.4점)의 점수는 우리나라 평균보다 낮은 수준입니다. 게다가 금융 태도(현재보다 미래를 대비하기 위한 금융 의식)는 OECD 국가 평균 61.6점보다 낮은 60.1점을 기록했습니다. 해당 보고서는 우리나라 청년층이 미래를 위한 저축보다 현재를 위한 소비를 선호하며, 노년층은 금융에 대한 합리적 지식이 여타 세대보다 부족하다는 결론을 내놓고 있습니다.

금융 이해력과 관련한 2018년 S&P의 조사 결과는 더욱 놀랍습니다. 대한민국 성인의 금융 이해력은 고작 33%으로, 조사대상 144개국 가운데 77위에 해당합니다. 아프리카의 가봉(35%)과 우간다(34%)보다 못한 결과입니다. 사실, 경제 대국의 금융 이해력은 생각보다 취약합니다. 미국은 57%, 일본은 43%, 중국은 28%의 금융 이해력을 갖춘 것으로 보고되었습니다.

경제 전문가들은 선진국 사람들의 낮은 금융 이해력이 세계적인 금융위기를 초래한 원인 중 하나라고 말합니다. 돌이켜보면 글로벌 금융위기 대부분이 선진국에서 출발했습니다. 선진국의 많은 사람이 빚에 허덕이고 파산하며 고통받은 것도 사실입니다. 이를 반면교사 삼아 일찍부터 금융위기를 경험한 나라들은 돈에 대한 조기교육을 실시하고 있지요. 하지만 한국에서만큼은 금융 교육이 아직 낯선 풍경입니다. 가정은 물론 공교육 영역에서조차 금융이나 재무 설계를 위한 교육을 거의 하지 않고 있습니다. 디지털 금융을 키워드로 하는 4차 산업혁명이 도래하는 지금에도 말입니다.

디지털 금융 전환은 대한민국에 큰 도전이 될 것입니다. 이유는 앞서 언급한 금융 이해력 때문입니다. 사회에 갓 진입한 초년생은 중장년층보다 금융 태도가 취약하고 고령층은 금융 지식이 떨어지는 게 작금의 현실입니다. 만약 예상치 못한 금융위기와 충격이 발생한다면 이들의 대처 능력은 떨어질 수밖에 없습니다.

이럴 때 가장 훌륭한 대응 방식은 역사를 돌아보는 것이라고 합니다. 역사가 보여준 사례를 통해 지식을 얻고 미래를 대비하는 것은 옛날과 오늘이 다르지 않던 삶의 방식이었습니다. 금융 문맹의 해결도 마찬가지입니다. 돈이 만들어낸 세상을 이해하려면, 돈이 탄생한 역사부터 살펴보아야 합니다.

《조선의 머니로드》는 그런 의도로 쓴 책입니다. 조선사를 중심으로 하고 여러 유럽국가를 곁들여 돈과 얽힌 사람들이 만들어낸 역사를 쉽게 이해할 수 있도록 구성했습니다. 인간 군상이 일구어낸 돈의 정치, 화폐의 흐름, 부의 비밀을 여러 키워드로 담았습니다. 1부에서는 군대와 군인의 손으로 흘러간 돈의 역사를 설명했고, 2부에서는 돈과 관련한 힘센 이들의 흥망을 그려보았습니다. 3부에서는 조선과 여러 나라들이 보여준 화폐의 본질에 대해 분석했으며, 마지막 4부에서는 부의 흐름을 바꾼 거상들의 성공적인 전략을 살펴보았습니다.

책을 읽은 후, 돈에 대한 긍정적인 마인드와 도전정신이 고취되었으면 하는 바람뿐입니다. 시뇨리지, 디베이스먼트 같은 용어들과 부의 속성을 조금이나마 이해했다면 저자로서 만족할 따름입니다. 저와 함께 《조선의 머니로드》라는 짧은 여행을 떠나보시는 건 어떨까요? 이제 책을 펼쳐보십시오.

1

돈과 총의 향연

1

임진왜란이 안겨준
뜻밖의 선물,
화폐경제

─────── 인류 문명은 전쟁을 겪으며 진보한다는 가설이 있다.
이른바 '전쟁발전론'이다. 전쟁은 우리가 믿던 관념과 체제를
파괴하지만, 전쟁이 끝나면 이전에 생각지도 못한 변화가 찾아
온다. 무너진 것을 복구하기 위해서는 새로운 발전상을 세워야
하기 마련이다.

　전쟁은 시대마다 커다란 변혁을 일으켰다. 그 대표적인 예가
유럽 문명이다. 유럽의 여러 왕국은 늘 왕의 권위를 드높이려
애써왔으며 이는 주변 나라들과 숱하게 전쟁을 일으키는 원인
으로 작용했다.

▲ **예루살렘에 입성한 십자군**
1095년부터 200년 가까이 이어진 십자군 전쟁은 중세 유럽의 기존 경제 시스템을 무너뜨리면서 근대국가 탄생을 예고했다. 서유럽은 전쟁 중에 동유럽, 이슬람제국과 접촉하면서 화폐경제를 체험한다. 또한 외부로부터 무역풍 극복, 지도 제작, 함선 개발이라는 신기술을 들여와 대항해 시대를 맞이한다. 전쟁에 따른 문명 충돌이 유럽에 자본주의와 시민계급 성장이라는 커다란 선물을 안겨준 것이다.

무엇보다 전쟁은 기존 지배층 몰락과 함께 물질을 숭상한 신진계층(젠트리gentry)의 출현을 촉진했다. 덕분에 전쟁을 치르는 동안 알게 모르게 선진 금융기술이 발전했고 우리가 잘 아는 주식시장도 이때 만들어졌다. 시장에 크게 한 방을 노리는 '한탕주의' 시민이 등장하면서 그들을 등치려는 사기꾼 같은 상인도 몰려들었으나 순기능이 더 크다 보니 주식시장은 사그라들지 않고 번성했다. 이처럼 시장과 시민, 상인을 기반으로 유럽 각 나라는 도전과 응전을 병행하며 한 단계씩 발전했고 사회 시스

1. 임진왜란이 안겨준 뜻밖의 선물, 화폐경제

템도 진일보했다. 그렇게 유럽 문명은 점차 성숙해졌다.

우리 역사에도 전쟁발전론이 존재한다. 임진왜란에 따른 경제 변화였다. 왜란 때문인지, 덕분인지 모르겠으나 이때 통치자들은 상업을 억압하던 '억상론' 정책을 폐지했다. 피폐해진 국가 재정을 상업으로 보충하겠다고 언명하면서 말이다. 이것이 '보말론'이란 새로운 정책이었다.* 여기에 그치지 않고 통치자들은 화폐 발행과 유통까지 밀고 나갔다.

그 영향으로 한양을 비롯해 평양, 전주, 대구 등 주요 도회지는 물론 바닷가 포구에까지 플랫폼 경제가** 들어섰다. 시간이 흐르자 플랫폼 경제는 점차 조선의 상업화를 자극했으며 금융 기술마저 진전시켰다. 상업 측면의 이런 결과는 임진왜란에 따른 전쟁발전론의 타당성을 충분히 뒷받침한다.

화폐경제의 시작, 임진왜란

1592년 임진왜란이 발발하자 조선은 명나라에 병력을 요청

- 보말론은 상업으로 부족한 것을 채운다는 뜻이다. 말末은 말업인 상업, 보補는 부족한 것을 채운다는 의미다.
- 각종 플랫폼(매개자)이 촉진하는 경제와 사회 활동이다.

한다. 명나라 조정 대신들은 무척이나 고심했다. 군마와 군사를 징발하면서까지 남의 나라에 국력을 소모할 필요가 있는지 고민스러웠기 때문이다. 명나라 관리들은 황제 앞에서 파병에 부정적 언사만 내뱉었다. 그러나 군권을 맡고 있던 병부상서 석성石星은 강력하게 출병을 요청했다.

당시 명나라의 관점으로는, 조선은 중화 문명을 공유하면서 신하의 도리를 다하는 제후국이고 지정학적으로도 이와 잇몸처럼 서로 돕는 관계라는 것이 그 이유였다. 만약 조선이 오랑캐(일본)에 무너진다면 다음 목표는 분명 명나라일 테니 석성의 생각에서는 돕지 않을 수 없는 형세였다.

석성은 직접 참전하겠다는 열변까지 토하며 황제와 다수의 반대파를 끈질기게 설득했다. 마침내 황제의 근엄한 명령이 떨어지자, 국경 지역의 요동 병력 3천 명이 부총병副摠兵 조승훈의 지휘 아래 말고삐를 조선으로 내달렸다. 황제는 마가은馬價銀 3천 냥을 내려 이들을 격려했고 활 재료와 화약을 사게 해서 조선에 보내주기까지 했다. 1592년 6월 12일, 대조변과 사유가 이끄는 선발대 기병 1천 명이 압록강을 건너자 본 병력도 부대 전개를 끝냈다. 총 3천 명의 명군이 신속히 조선에 들어왔다.

하지만 조승훈이 이끄는 명나라 기병은 왜군의 실체를 잘 몰랐다. 지금껏 요동 기병은 북방 오랑캐만 상대해보았다. 그들이

탈환하고자 한 조선의 평양성 안은 길이 좁고 진흙탕 범벅이라 기병 전술을 제대로 발휘하기 어려운 악조건으로 가득했다.

기회를 노려 복병으로 숨어 있던 왜병 조총부대가 기습적으로 총탄을 쏘아대자 유격장 사유를 비롯한 여러 장수가 전사한다. 예리하던 명나라군의 공세는 용맹한 장수를 잃자 순식간에 꺾이고 만다. 전투 상황은 불리하게 돌아갔고 대장 조승훈마저 살 궁리만 했다. 결국 명군은 평양성을 버려두고 재빨리 퇴각한다.

패전 소식을 들은 명나라 조정은 당황한 기색이 역력했다. 그제야 조선을 침공한 왜군의 강성함을 눈치챈 것이다. 이들을 제압하기 위해서는 막강한 화력이 필요했다. 천하에 우레가 치듯 강렬한 포성만이 왜군을 공포에 떨게 만들 수 있을 것 같았다. 이때부터 명나라 조정은 강남에 주둔하고 있던 남병南兵의 화포부대를 징집하기 시작한다.

이들은 병부우시랑 송응창宋應昌과 장군 이여송의 지휘 아래 남병(포병)과 북병北兵(기병) 연합군을 편성했고 도합 병력 4만 3천 명을 조선으로 보내 압록강을 건너게 했다. 이때가 1592년 12월 하순이었다. 그런데 뜻밖의 문제가 발생한다.

명나라를 당황하게 한 조선의 상황
시장경제에 익숙한 명나라 군병들은 조선에 존재하던 물물경제 시스템에 적응하지 못했다. 당시 명군은 금속화폐인 은화를 가지고 다녔지만 조선에서는 화폐가 통용되지 않았던 듯싶다 (물건을 살 수 있는 시장조차 형성되지 않을 만큼). 명나라 지휘부는 당황할 수밖에 없었다. 전장에서 병사들이 입고 마시는 군량 조달은 매우 중요한 사안이기 때문이다. 군졸들이 제

▲ **서양식 화포인 불랑기포**
불랑기포는 포르투갈식 대포를 말한다. 불랑기는 중국인이 유럽제국을 가리키던 '프랑크'에서 유래했다. 16세기 동아시아 무역을 주도한 포르투갈이 대명제국과 충돌할 때 함포로 사용한 불랑기가 중국에도 전해졌다. 임진왜란 당시 조선이 도입해 주력 화포로 썼으니 동서양 문명의 접점에 화포가 있었던 셈이다. (강화 전쟁박물관)

대로 먹지 못하고 굶주리면 아무리 튼튼한 갑옷과 병장기를 갖춰도 무용지물이요, 천하의 제갈공명이라도 전쟁 수행은 불가능한 법이다.

명나라 장수들은 조선 정부에 보급 문제를 해결해달라고 요구했지만 돌아온 것은 관리들의 굼뜬 태도뿐이었다. 보급이 어렵다는 사실을 통보받은 명나라 조정은 재빨리 인근의 요동 상인들을 조선에 보내 심각한 보급 문제를 해결하려 했다. 후술하겠지만 명나라 조정의 이 결정은 요동을 포함해 각지의 명나라

상인이 조선에 진출하는 뜻밖의 시발점이 된다.

1593년 음력 1월 9일, 평양성 전투가 이여송이 이끄는 조선·명나라 연합군 승리로 돌아갔다. 이번 전투는 한마디로 절강浙江 병법으로 불리던 최신 전법이 안겨준 성과였다. 절강 병법이란 명나라 척계광 장군이 고안한 근접전 중심의 전법을 말한다. 척계광은 명나라 해안가를 노략질하던 왜구를 절강 병법으로 패퇴시킨 덕분에 명성을 얻었다고 전한다. 조선에 처음 들어온 요동 부총병 조승훈은 남병이던 척계광과 달리 북병 출신이었다. 그 탓에 북쪽 오랑캐들을 상대하던 전술만 앞세우다 대패하고 말았다. 약삭빠른 이여송은 이를 반면교사로 삼았다.

왜군 장검과 조총 앞에서는 기병 전술이 무용지물임을 알았던 그는 척계광처럼 남방에서 왜구들을 상대하던 '원앙진'을 앞세웠다. 그리고 불랑기포와 호준포로 성벽을 공격하며 왜군을 맹렬히 몰아붙였다. 조명연합군의 물량 공세에 왜군들은 크게 당황했고 결국 평양성을 버리고 남쪽으로 도망간다. 연합군은 이 광경을 보며 호쾌하게 웃었다.

평양성 전투의 승전을 계기로 명나라는 조선 내정에 깊숙이 개입하기 시작했다. 조선의 부국강병이 그 명분이었다. 치밀한 간섭을 위해 이들은 얼마 되지 않는 조선 서책을 불시에 압수해 분석했고 그들 눈에 거칠기 짝이 없던 조선 풍속도 관찰했다.

어느 순간 명나라 지휘부가 조선의 관료보다 속사정을 더 잘 안다는 풍문이 돌았다.

▲ **평양성 전투에서 왜군을 격파한 호준포**
포의 모양이 마치 호랑이가 웅크리고 있는 것 같다고 해서 붙은 이름이다. 길이 50cm, 구경 40mm로 포신은 청동 합금으로 제작했다. 탄환은 납탄과 철탄을 사용했는데 납탄은 한 번에 70개를, 철탄은 30개를 장전할 수 있었다. 장전 후 흙으로 구멍을 막고 화약을 사용해 탄을 날려 보냈다. (국립중앙박물관)

조선의 부국강병은 명나라에도 매우 중요한 사안이었다. 조선에 파병하는 바람에 막대한 군비를 소모하고 있었기 때문이다. 곳간은 하루하루 비어 갔고 황제의 독단적 증세 결정으로 겨우겨우 재정적자를 메우는 형편이었다. 조선이 하루빨리 자강自强해야 왜군이 더는 조선을 넘보지 않고 자국 안녕도 보장받을 것만 같았다. 생각이 여기에 미치자 주둔하던 명나라 지휘부는 조선 국왕에게 다음 개혁을 요구하기 시작한다.

1. 문약함을 버리고 강한 무력을 키울 것.
2. 은광을 개발하고 화폐를 발행해 나라 곳간을 넉넉히 채울 것.
3. 엄한 형벌을 줄여 백성이 편안하게 할 것.
4. 노비를 해방하고 다양한 인재를 선발할 것.

조선의 부국강병을 서두른 명나라

따지고 보면 명나라의 제안들은 조선에 꼭 필요한 조치였다. 문제는 실행 여부다. 조선은 국왕과 사대부 집단이 함께 통치하는 군신공치君臣共治의 나라였다. 명나라처럼 황제가 모든 것을 독재하는 일군 만민의 나라가 아니며, 조선에서 다루는 국정과제 역시 원로 대신과의 협의로 이뤄졌다. 여기가 끝이 아니다. 육조 판서와 젊은 낭관, 사헌부, 사간원, 홍문관의 쟁쟁한 엘리트 언관言官도 하나같이 동의해야 비로소 과제가 움직이고 이를 수행했다.

명나라 지휘부가 내놓은 개혁 방향이 모두 선조의 마음에 든 것은 아니지만 제법 구미가 당기는 제안도 있었다. 그것은 문무를 겸비한 인재 수급이다. 선조는 유생들에게 활을 당기고, 병법을 익히고, 칼을 휘두르는 법을 가르치려 했다. 구체적으로 말하면 고급 인재를 선발하는 생원·진사시에 무예 과목을 여럿 넣으려 했으나 글을 전가의 보도처럼 숭상하는 이 나라의 유학자가 팔뚝질을 해대고, 벌떼처럼 일어선 탓에 물거품이 되고 말았다. 조선은 국왕 혼자 다스리는 나라가 아닌 게 확실해 보였다.

그뿐이 아니다. 은광 개발*에도 손대려 했다. 그러나 조선의 치자治者들은 명나라 수탈을 두려워해 몸을 떨며 은광 개발을 망설였다. 약삭빠른 이여송조차 은광 개발에는 중국 상인의 검

은 속셈이 숨어 있으니 채굴하지 말라고 조언했다.

노비 해방도 마찬가지다. 조선의 노비는 양반들의 입이자 손
과 발이었다. 그들이 거대한 농토를 갈아준 덕분에 양반은 먹고
살았고 그들이 옆에서 수발을 들어주어 양반은 편히 누워 잤다.
노비 경제가 안겨주는 편리함과 안락함은 양반 사대부가 간단

• 송응창이 시험 삼아 은광 개발을 시도했으나 무산되었다.

히 포기할 리 없는 사안이었다.

조선이 이상향으로 여기던 안빈낙도安貧樂道(가난함을 편안히 여기고 도를 즐긴다) 세계는 노비에게 의지한 불로군자不勞君子(일하지 않고 먹고 노는 사람)들의 유토피아에 가까웠다. 결국 명나라가 요구한 개혁은 현실적으로 조선이 실행할 수 없는 일로 보였다.

명나라군 지휘부, 선조를 괴롭히고 압박하다

이것도 안 되고 저것도 안 되니 명나라로서는 무척 답답했다. 조선의 낡은 시스템이 문제였지만, 명나라 눈에는 선조의 무능한 통치력이 개혁의 걸림돌처럼 보였다. 격분한 명나라 지휘부는 선조 앞에서 인신공격 같은 과격한 말도 서슴지 않았다. 경리어사 양호가 포문을 열었다.

"조선의 임금과 신하는 모두 주색에 빠져 국사를 손 놓고 있으니 일의 모양새가 이뤄지지 않는다…" "조선 조정은 실체 없이 허망한 의론만 난무한다…" "일을 제대로 하지 못할 거면 차라리 일본에 땅을 떼어주라…"

명나라군 지휘부는 선조를 가스라이팅하며 전방위로 압박했다. 그렇게 최고 통치자를 능멸하던 그들은 나름대로의 대안도

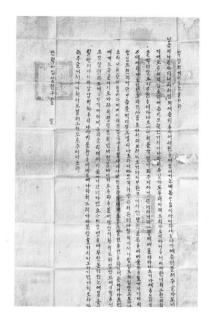

◀ 선조의 국문교서
임진왜란이 한창이던 1593년 선조는 왜병
에게 협조하는 백성을 회유하는 교서를 발
표했다. 이는 조선에 주둔하던 명나라 지
휘부의 압박으로 이뤄졌음이 지금에야 밝
혀졌다. 보물 951호, (개인 소장본)

찾았다. 그들 눈에 들어온 사람이 있었기 때문이다. 바로 세자 광해다. 명나라군 총사령관이자 경략비왜군무經略備倭軍務 송응창은 광해를 무척이나 아꼈다고 전한다. 광해를 마치 아들처럼 어여삐 여기며 사랑한 송응창은 광해에게 사서오경 같은 경전을 가르쳐주기까지 한다. 이들이 공동운명체로 묶인 스승과 제자처럼 보인 것은 전혀 이상한 일이 아니었다.

명군 지휘부는 전쟁의 책임을 무능한 선조에게 부단히 전가하고 싶어 했으며 여차하면 세자 광해를 국왕으로 올려볼 심산이었다. 아니나 다를까 만력제에게 직보하는 자문咨文*에는 선조의 무능함과 주색잡기 같은 비행들이 올라오기 시작했다. 일종의 흑색선전이었다.

이 소식을 들은 선조 이연은 신하들 앞에서 자결하고 싶다는 말까지 토해내며 무척 괴로워했다고 한다. 이때부터 열다섯 차례나 선위 파동을 일으킨 선조는 광인처럼 권력 유지에 집착했다. 명나라가 자신을 교체할 수도 있는 상황이라 세자 광해와 신하들의 본심을 떠보려고 했을지도 모른다.

전쟁이 끝나자 그간 조선에 주둔하던 명나라 지휘부의 태도는 언제 그랬냐는 듯 180도 달라졌다. 무능해 보인 선조를 괴롭히지도 않았다. 조선의 부국강병도 시도하지 않았고 오히려 방관했다.

조선이 습득하길 열망한 염초 제조법, 독毒 제조법 등을 기밀이라며 끝내 가르쳐주지 않고 돌아설 정도였다. 조선에 남겨두었던 포르투갈식 불랑기포도 국가 기밀이라는 딱지를 붙여 본국으로 가져갔다. 왜병이 물러나면서 자국 안위를 확보하자 조선의 부국강병은 명나라에 거추장스러운 일로 전락한 것이다.

- 황제에게 올리는 글.

▲ 전복을 입은 선조 추정 어진
선조의 측근 윤탁연尹卓然(1538~1594) 후손 가에 대대로 전해 내려온 유물이다. 선조는 명나라 지휘부가 왕좌를 빼앗을까 전전긍긍했다. (개인 소장본)

전쟁이 안겨준 뜻밖의 선물, 시장경제

왜병이 물러나자 명나라군도 철수했다. 명나라가 약속한 부국강병은 그야말로 허사가 되어버렸다. 그러나 의도치 않게 안겨준 선물도 있었으니 바로 시장경제의 가능성이다. 명나라 지휘부는 전쟁 중에 중국 요동의 상인들을 불러들였고 이들은 조선 반도에 시장을 열고 물건을 팔았다.

'당물唐物(중국제 상품)'이라 불린 품질 좋은 중국산이 조선 사대부들에게 인기를 끌자, 중국 상인은 아예 종로통에 눌러앉아 상점 문을 활짝 열었다. 조선 정부도 굳이 말리지 않았다. 중국 왕서방들이 조선인의 기대수요를 한껏 충족해주면서 조선의 경제권역은 중국에 편입되었고 점차 조선 전역에서 은화가 통용되기 시작했다.

이전까지만 해도 조선인은 원하는 상품이 있으면 무거운 쌀이나 면포를 어깨에 둘러메고 물물교환을 해야 했다. 그런데 명나라가 조선에 풀어놓은 은화라는 녀석은 모양부터 조그마한 것이 휴대가 간편했다. 중국인이 운영하는 상점이면 어디서든 사용할 수 있었다. 순도도 높아 신뢰성 역시 좋았다. 조선의 천민 계층부터 양반에 이르기까지 화폐의 편의성을 몸소 체험하기에 충분했을 터였다.

'은'이라고 하면 고개부터 저었던 고지식한 조선인도 그때부터 이것만 요구했다. 전쟁 막바지에는 술과 고기, 두부, 땔감을 사고팔 때도 은만 주고받는 것이 규칙으로 자리매김했다. 덕분에 조선 사

▲ **명나라 마제은**
마제은은 원나라 말부터 명나라 초 사이에 출현했다. 일종의 은괴銀塊 형태인데 말굽처럼 생겨서 마제은이라 불렸다. 서양에서는 중국산 비단과 교환한다 해서 사이시sycee(고운 비단)라 불렸다. 주로 대규모 거래나 가치 저장을 위한 비축용으로 사용했다.

람들 머리에 화폐를 이용한 거래 개념이 자연스럽게 안착한다. 어찌 보면 시장경제 원리를 깨친 셈이었다.

세종이 여러 번 시도하다 실패한 화폐 보급 가능성이 비로소 눈앞에 보이기 시작했다. 나중의 일이지만 조선 후기 왜은의 유통과 상평통보常平通寶 발행 역시 명나라 상인들이 영향을 준 '은본위 경제권' 경험에서 출발했다고 해도 틀린 말은 아니었다.

▲ 명나라 한 냥짜리 은화
순도 94%에 해당하는 홍치년(1487~1505)은화로 글자새김이 오늘날 은화와 비교해도 손색이 없다. 일본에서 발견한 것으로 소액 거래에 사용한 은화로 추정하고 있다.

예상치 못한 이 역사 전개는 그저 놀라울 따름이다. 앞서 이야기했듯 조선에 들어온 명나라군 지휘부는 조선의 부국강병을 호언장담했으나 전쟁이 끝나기가 무섭게 약속을 무시한 채 자기 나라로 돌아갔다. 반면 명나라 상인은 자신의 이익을 추구하고자 조선에 들어왔지만 화폐경제 가능성을 열어주었다. 분명히 말하지만 이것은 왜란과 명나라 상인이 안겨준 뜻밖의 선물이었다.

짧은 역사 몇 줄

임진왜란이 한창일 때 서양에서는 어떤 역사가 펼쳐졌을까? 1594년 프랑스왕 앙리 4세가 파리에 입성했다. 앙리 4세는 부르봉 왕가의 첫 번째 왕으로 원래 나바라라는 작은 왕국의 군주에 불과했다. 그렇지만 아내와 할머니가 프랑스 공주라 왕위 계승권을 보유하고 있었다. 마땅한 왕위 계승권자를 찾지 못한 매제 앙리 3세는 앙리 4세에게 왕권을 넘겨주었다. 당시 앙리 4세는 신교도였기에 가톨릭교도가 대부분이던 프랑스 사람들은 여기에 반대했다고 한다. 결국 앙리 4세는 자신의 종교를 버리고 가톨릭으로 개종하자 프랑스인의 환영을 받으며 파리에 입성할 수 있었다. 1598년 앙리 4세는 낭트 칙령을 발표해 신앙의 자유를 허락한다. 그 결과 프랑스에 많은 신교도 상인이 찾아들면서 상업이 발전한 프랑스는 부강해졌다. 이 때문에 오늘날 많은 프랑스인이 그를 '앙리 대왕'이라 부르며 존경하고 있다.

참고문헌

- 정일수·김태명, 중국 晉商의 상업 활동에 관한 史的 연구, 〈경영사학〉 제24권 4호, 2009.
- 한명기, 임진왜란 시기 명군지휘부의 조선에 대한 요구와 간섭, 〈한국학연구〉 제36권 36호, 2015.
- 우리역사넷(국사편찬위원회, http://contents.history.go.kr/)

───────

뿜뿜했던 명나라 상인의
팽창력

─────── 시장경제의 새싹은 애초에 명나라의 조선 출병에서 돋아난다. 출병이 이뤄지자 중국 상인이 군대를 따라 하나둘 조선에 들어왔기 때문이다. 군수 조달에 애를 먹은 명나라 조정은 지리적으로 가까운 요동 상인을 불러들였다. 군대가 상인을 불러들인 데는 그 나름대로 이유가 있었다. 군수물자 보급은 전적으로 시장경제에 의존하는 것이 명나라의 제도였기 때문이다.

개국 초기부터 명나라는 북방 오랑캐를 막기 위해 산시성을 비롯한 변방에 군단 9개를 배치해 병력 80만을 주둔시켰다. 그리고 군단에 필요한 미곡, 면포, 소금 같은 필수품과 화약 연료

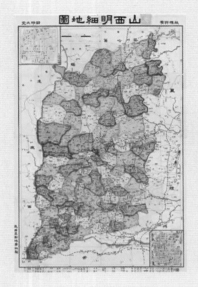

◀ **1938년 중화민국 시절 발행한 산시성 명세
지도**
산시성을 중심으로 활동한 진상은 중국의 4대
상인집단 중 하나다. 명나라 초기 이들은 매점
매석의 독점 행위를 자행했고 부등가 교환으
로 막대한 부를 쌓았다. 이후 독점으로 번 종
잣돈으로 금융 서비스업에 진출한다. 이들이
각 지역에 지점을 설치하고 환과 어음을 발행
하면서 18세기 대륙에 '표호'라는 신용경제가
정착한다. 진상은 금융 서비스로 이전보다 더
많은 부를 쌓았다고 한다. (중국연구원)

인 유황을 '진상晉商'이라 불리는 산시 지역 상인이 독점 조달케
했다. 그 과정에서 상인들은 막대한 차익을 누렸다고 한다. 군대
가 주둔하는 곳에 돈이 돌고, 돈이 도는 곳에 상인이 들러붙는
것은 중국경제의 본성인 셈이리라.

중국 입장에서 조선은 변방이었으니 조선과 가까운 요동 상
인을 불러들여 보급을 담당케 한 것은 그들만의 자연스러운 행
동이었을 터다. 지금도 그렇지만 파병 군인에게는 술과 맛있는
음식이 필요하다. 군인들은 먹는 것으로 전장의 스트레스를 푸
는 법이기 때문이다. 중국에서라면 당연히 상점에 들어가 돈을

내고 술과 음식을 사 먹겠지만 조선에서는 그러질 못했다. 결국 중국 상인이 해결해줘야 할 일은 분명해 보였다.

요동 상인은 시장을 열어 물건을 파는 일을 귀찮게 여기지 않고 오히려 즐거워했을 것이다. 월급으로 은을 받아 구매력을 갖춘 군병은 그들에게 매력적인 소비자였기 때문이다. 치부에 능한 중국 상인들은 얼마 지나지 않아 조선 사정을 깨닫기 시작했다. 그들에게 조선이란 나라는 떼돈을 벌게 해줄 블루오션이라는 것을!

그도 그럴 것이 전쟁으로 물품 수요는 넘쳐나는데 조선에는 수요에 대응하는 공급 시장이 아예 존재하지 않았다. 심지어 까다로운 자국 경쟁자조차 없었다. 이런 엘도라도는 여태껏 보지 못한 곳이었다. 명군이 조선에서 소비하는 은화 900만 냥을 모두 중국 상인이 차지할 수 있는 상황이니 눈이 돌아가는 건 이상한 일이 아니었다. 이익이 있는 곳이면 지구 끝까지라도 쫓아갈 사람들이 중국 상인 아닌가.

이 무지막지한 팽창력은 정화의 원정(1405~1433)에서도 확인할 수 있는 사실이다. 윈난성 출신의 환관 정화는 본명이 마삼보인데, 마씨 성은 무슬림의 대표적인 성씨였다. 그는 대명제국의 넘치는 힘을 과시하는 한편, 가는 곳마다 조공무역을 실행할 결심을 했다.

◀ **1414년 명나라 한림원 관원 심도**沈度**가 쓰
고 화공이 그린 〈서응기린송〉**
정화는 대규모 원정대를 꾸려 중국의 대외
적인 힘을 과시하는 한편 조공무역을 단행
했다. 그는 아프리카와 팔렘방, 말라카, 실
론을 거쳐 인도 캘리컷을 방문했는데 특히
벵골 술탄국(지금의 방글라데시)의 통치자
는 중국에 희귀한 기린을 진상했다. (미국
필라델피아 미술관)

이처럼 거대한 힘을 자랑하려던 게 정화가 대규모 원정대를
꾸린 이유였다. 정화의 경로는 대륙을 떠나 동남아시아를 거쳐
아프리카까지 순항할 정도로 압도적이었다. 이는 중국인의 팽
창력이 얼마나 대단했는지 보여주는 증거다. 비록 정화의 원정
이후 명나라 정책이 해금海禁으로 돌아가긴 했으나 만일 대명

◀ '안토니오 코레아'로 잘못 알려진 명나라 상인 이퐁興浦의 모습

17세기 플랑드르 화가 페테르 루벤스의 소묘 작품이다. 1983년 크리스티 경매에서 32만 4,000파운드에 거래가 이뤄졌다. 이퐁은 상품 교역을 위해 1600년 5월 31일 인도네시아 반탐을 거쳐 벨기에 플랑드르에 도착했고 이곳에 6개월 머물다 명나라로 귀국했다. 17세기 선진 금융기술과 조선술 덕분에 강대국이 된 네덜란드는 포르투갈에 이어 동아시아 무역에도 참여했다. 특히 네덜란드 동인도회사는 교역권을 두고 중국 정부와 전쟁까지 벌일 정도로 동방 무역에 심취했다. (로스앤젤레스 장 폴 게티 미술관)

제국이 해양에서 발을 빼지 않았다면 포르투갈, 영국, 네덜란드가 자행한 동아시아의 식민지 건설 역사는 애초에 존재하지 않았을지도 모를 만큼 당시 중국은 대단했다.

중국인의 팽창력은 조선에서도 위력을 발휘한다. 조선 팔도에 좌판을 깔고 장사하면 큰돈을 번다는 소문이 대륙에 퍼지자 중국 각지의 상인이 압록강을 건너 무서운 속도로 들어오기 시작한 것이다.

1600년 무렵에는 서울뿐 아니라 의주부터 부산까지 전국에

걸쳐 중국 상인들이 활동했다. 왜병이 남해안에 진을 치고 한 발자국도 나오지 않자, 조선 사대부들은 마치 전쟁이 끝난 것처럼 여겼다. 더구나 그들은 이전과 마찬가지로 사치와 풍류를 즐기길 원했다. 눈치 빠른 중국 상인이 명나라 군대뿐 아니라 조선 사대부의 철없는 풍류 욕구까지 충족해준 사실을 확인할 때면 정말이지 쓴웃음이 나올 지경이다.

2

무기 대신 활자를 만든
훈련도감

───── 명나라 지휘부는 부국강병 약속을 어기고 대륙으로 회군했지만 일정 부분 유산도 남겨놓았다. 훈련도감(1593년 창설)이라는 상비군 형식의 군대다. 훈국訓局이라고도 불린 이 부대는 창검병으로 이뤄진 살수와 활을 쏘는 사수, 총포로 무장한 포수로 편성했는데 이것은 명나라식 전법이었다. 동아시아 강군인 명나라 군대를 모방했으니 선진 군대라 할 수 있었으나 첫 등장은 말 그대로 살얼음판을 걷는 형국이었다고 한다.

훈련도감을 창설하자 여기저기서 불평불만이 터져 나왔기 때문이다. 조선인은 게으르고 어리석으니 직업 군인을 만들어봤자 중국인이나 왜인을 능가할 수 없을 거란 말이 나돌았다. 심지어 시정잡배를 모아놓은 꼴이라 얼마 못 갈 거라는 조정 대신의 허튼 말까지 나왔다.

하지만 비웃기라도 하듯 예상은 빗나갔다. 창설한 지 1년도 지나지 않아 명나라 최정예 포병인 절강 군병과 실력이 비슷해지는 성과를 냈기 때문이다. 명나라 장수들마저 놀랄 정도였다. 오히려 왜군보다 더 낫다는 평가를 받기도 했다.

흥미롭게도 다섯 해가 지나자 명나라군마저 압도해버린다. 선조는 "조선 포수 1천 명이면 명군 포수 5천 명을 당해낼 수 있겠다"라는 찬사까지 보냈다. 이것은 꾸준한 훈련과 함께 장졸을 긴밀하게 묶는 시스템이 낳은 결과였다. 이처럼 훈련도감은 정예부대로 부상했으나 뜻밖에도 현실적인 어려움에 부딪혔다. 바로 군비 문제였다. 상비군 체제는 그 특성상 늘 일정 병력을 유지해야 하는데, 이것은 한마디로 '돈 먹는 하마'와 같으리라.

엄청난 군비 경쟁이 역사에 등장하다

우연인지 모르겠지만 훈련도감이 등장한 16세기부터 유럽에서도 군비 문제가 절실해졌다. 왕권이 점차 강력해지면서 나라마다 전비 증강을 시작했기 때문이다. 이것은 동서양 근대화의 분기점으로 작용한다. 16~17세기 유럽에서 벌어진 전쟁은 영웅의 개인기로 결판이 나지 않았다. 그보다는 대규모 병력과 대포, 경제력으로 승부가 갈리는 일이 빈번해졌다. 그 결과, 힘을 추구하는 측면에서 서양이 동양을 압도하기 시작했다.

십자군 전쟁 때만 해도 수천 명에 불과한 기사단이 말을 타고 창을 휘둘렀다. 구식 기사는 창과 함께 구식 무기인 석궁, 화살을 쏘아대며 이교도들과 맞서기 바빴다. 하지만 이베리아(지금의 스페인·포르투갈 지역)의 기독교 왕국은 달랐다. 그들은 700년 동안이나 이슬람에 대항해 레콩키스타Reconquista(국토 회복 운동)를 진행했는데, 당시 이베리아반도의 지형적 협소함에 어울리는 독특한 보병 전술을 구사했다고 한다.

레콩키스타 경험은 유럽인을 조금씩 바꿔놓았다. 전술적 변화가 일어난 것이다. 이슬람에 대항한 유럽인 사이에는 소위 군사 혁명Military Revolution이 발생했다. 무엇보다 '아쿼버스arquebus'라는 화승총으로 무장한 보병이 등장했고 요새를 수비하거나 공격하는 야포도 이때 만들어졌다. 바다에서는 함포를 장착한 함선이 위용을 자랑했는데 이는 유럽 문명에서 커다란 변화의 시작점이었다.

어느 순간 중무장한 기사단은 점차 사라진다. 대신 수십 만에 달하는 대규모 기·보병이 방진을 형성하면서 총포와 전함 같은 거대하고 비싼 병기가 전장의 주인공으로 부상했다.

그런데 이전보다 규모가 커진 신식 군대는 그야말로 돈 먹는 하마였다. 거대해진 병력을 유지하는 일은 나라마다 고민거리였으며, 경제력과 자본력을 갖추고 증강하는 일이 절실해진 셈이다. 가령 18세기 왕립 해군Royal Navy(1707년 창설)은 대영제국이 자랑하던 군대였다. 영국 해군이 화려하게 등장할 수 있었던 이유는 그만큼 국가 재정이 튼튼했기 때문이다. 그렇다면 영국은 언제부터 재정력이 막강해진 것일까?

명예혁명으로 이룬 의회 민주주의와 선진 금융

영국이 유럽의 중심국가로 등장한 역사적인 사건이 있다. 그것은 17세기 무렵 네덜란드 오라녜 공쇼 빌럼을 잉글랜드 국왕으로 추대한 '명예혁명(1688)'이다. 여기서 혁명이라는 표현은 의미심장하다. 동양에서 혁명은 하늘의 명에 따라 통치 권력이 바뀐다는 것을 의미하지만, 서양은 약간 다르기 때문이다.

레볼루션Revolution은 원래 '전에 있던 자리로 다시 돌아온다'는 의미였다. 그 어원은 라틴어 레볼루티오Revolútĭo로 지구가 태양을 공전하듯 뱅글뱅글 굴러 제자리로 돌아온다는 순환의 의미를 달리 표현한 말이다.

그렇다면 레볼루션(순환)의 진정한 의미를 생각해보자. 군주를 몰아내고 공화정을 수립한 영국의 청교도 혁명은 진정한 혁명이 아니다. 그저 반동에 불과한 정치 변동일 뿐이다. 반면 예전부터 있던 왕을 제자리로 돌려놓은 명예혁명은 그야말로 '레볼루션(순환)'이란 어원에 들어맞는 정치적 사건이었다. 진정한 혁명 덕분인지 모르겠으나, 명예혁명 이후 영국은 재정 개혁과 국가 신용도 회복을 동력 삼아 경제력이 급상승했다.

명예혁명 이전 영국은 유럽의 변방에 불과했지만 모직물 산업을 비롯해 경제적 기반을 갖춘 나라였다. 그렇지만 바보 같은 왕이 연이어 등장하는 바람에 실정, 사치, 전쟁으로 모든 면에서 쇠약해졌다. 왕이 멋대로 부과한 세금은 비이상적으로 증가했고, 이전보다 늘어난 세금 때문에 젠트리라 불리는 부유층만 아니라 일반 백성도 고달파했다.

그러다가 상황이 돌변했다. 명예혁명이 일어났기 때문이다. 네덜란드의 오라네 공 빌럼(윌리엄 3세)이 부인 메리 공주와 함께 영국 국왕으로 즉위하자 모든 게 바뀌었다. 입헌군주제와 의회 민주주의가 정착하면서 군주의 독재정치가 사라졌다. 비로소 영국에서는 왕의 자의적인 세금부과가 막을 내렸고 의회에 의한 법률의 견제와 통제가 시작된다.

보통 전쟁이 일어나면 그 비용은 국왕의 단독 결정으로 마련했다. 단기차입이라는 채무 형식으로 말이다. 단기차입은 주로 용병을 구하거나 군대 보급품, 전쟁 무기 등의 군수물자 조달을

◀ 1689년 국민협의회가 영국 국왕 윌리 엄 3세와 메리 2세에게 제출한 권리 장전을 묘사한 동판화

영국 권리장전의 목적은 의회의 왕권 견 제에 있었다. 의회의 승인 없이는 과세 와 평화시의 상비군 유지를 금지한다.

▲ 테르시오 방진과 유럽 함대

1534년 스페인에서 테르시오tercio라는 신식 편제가 등장했다. 테르시오는 파이크로 무장한 창 병들이 밀집대형을 구성하는 형태다. 머스킷 총병들도 주위에서 열을 이뤄 적과 싸웠다.

목적으로 했는데, 비교적 높은 수익을 보장하는 채권을 활용했다. 그런데 여기에는 위험이 도사리고 있었다. 전쟁은 본래 승부를 예측하기 힘들다는 불확실성을 내포하고 있기 때문이다. 승리하면 전리품을 챙겨 채권을 갚겠지만 그 반대일 경우 채권은 휴지 조각에 지나지 않았다. 그래서 채권금리가 무척 높았으며 전쟁이 길어지기라도 한다면 채권 가치는 폭락하기 십상이었다. 심지어 채권이 국가 신용도까지 뒤흔들기도 한다는 맹점은 뼈를 때리는 현실이었다.

다행히 영국은 단기채권의 위험성을 차분히 극복했다. 세금 징수권과 법률제정권을 쥔 의회와 합심해 단기채권을 장기차입의 영구채권(콘솔)으로 재빨리 전환한 것이다. 콘솔 채권˙으로 자금을 조달하는 일은 네덜란드에서 주로 활용한 방식인데 여기에는 네덜란드 출신인 윌리엄 3세(오라녜 공 빌럼)의 노력이 숨어 있었다. 윌리엄은 영국으로 건너올 때 네덜란드의 유대계 금

● 콘솔 채권은 영구채라고도 불리며 따로 상환기한 없이 영원히 이자만 지급하는 채권이다. 발행자는 돈을 빌리긴 하지만 영원히 빚을 갚지 않아도 된다는 의미다. 단, 해마다 이자를 지급해야 하므로 확실하게 재원의 뒷받침을 받아야 한다. 결국 세금을 거두는 군주들에게 콘솔 채권은 매우 유용했다. 만일 채권 볼륨이 커져 이자 부담을 느끼면 직접 채권 시장에 뛰어들어 자신이 발행한 채권을 구입해 소각하면 그만이었다.

융인을 대거 데려왔고 이것은 첨단 채권금융을 영국으로 이식하는 효과를 낳았다. 또한 그는 장기 공채를 발행할 때마다 의회의 승인 아래 기존 세금을 조금씩 올려 받는 방식을 취했다. 나아가 새로운 세금을 신설할 때면 증세가 어려운 직접세 형식의 토지세보다 간접세 형식의 소비세로 상환 기금을 마련하며 난관을 이겨냈다.

영국의 재정 개혁은 국가 신용도를 튼튼하게 하는 한편, 콘솔 채권 이자마저 계속 낮추는 긍정적인 효과를 냈다. 1717년 영국 채권금리는 5%대를 유지했고 1730년 콘솔 이자는 3%에 불과했다. 덕분에 18세기 영국은 다른 유럽 국가보다 전쟁자금을 빠르면서도 대규모로 유치할 수 있었다. 돈으로 발라버린 전쟁은 비교적 단기간에 마무리되었다. 이처럼 영국은 여타 유럽 국가와 달리 전쟁에 따른 재정위기를 선진 금융으로 극복했던 것이다.

조선 군대는 어떻게 돈을 마련했을까?

영국 역사를 보면 채권이라는 금융기술로 군비를 조달했음을 알 수 있다. 하지만 동양 국가인 조선은 영국과 180도 달랐다. 빈약한 재정으로 허덕인 조선왕조에서는 대부분의 군대가 스스로 군비를 조달해야만 했다. 훈련도감(훈국)이 대표적인 케이스다.

임진왜란으로 인해 편성된 최정예 훈련도감은 소속 부대원에게 잘 다듬어진 무기와 화려한 갑옷, 군복을 지급했다. 비록 적은 액수지만 또박또박 월급까지 준 이전에 없던 형식으로 신모델 부대라 해도 손색이 없을 정도였다.

규모는 시대에 따라 달랐으나 대략 5천 명으로 이뤄졌다고 전언한다. 적다면 적고 많다면 많아 보이는 5천 명을 유지하기가 매우 버거웠다고 한다. 의식주를 모두 나라에서 해결해주는 상비군의 특성 때문이다. 양란(임진왜란, 병자호란)이라는 카운터펀치를 맞고 살림이 빠듯했던 조선 정부에서 훈련도감에 제대로 된 방위예산을 내줄 리 만무했다. 가난한 나라의 가난한 군대는 알아서 빈약한 재정을 꾸려가야만 했다.

만약 유럽 왕국이었다면 영국처럼 채권을 발행했을지도 모른다. 이리저리 융통 자금을 조달한 다음 군대를 육성했겠으나 16세기 조선에는 채권금융이란 제도 자체가 없었다. 조선은 18세기에 이르러서야 금융 서비스(어음, 수표)가 활발해진다. 결국 훈련도감은 다른 방식으로 머리를 굴려 방법을 찾고 분투해야만 했다. 흥미롭게도 훈련도감은 보기와 달리 매우 탁월한 비즈니스 마인드(?)를 갖추고 있었던 것 같다. 이들은 사업을 제대로 벌여 필요한 돈을 척척 만들어내면서 5천 명의 병력을 꾸준히 유지했기 때문이다. 부대가 벌인 사업은 제각각이었는데, 훈련도감이 맨 처음 벌인 일은 뜻밖에도 '서적 출판'이다.

▲ **단원 김홍도가 그린 〈북일영도〉**
훈련도감의 주둔지 중 한 곳인 북일영北一營을 묘사했다. 훈련도감은 도성 내외에 다섯 곳의 분
영(하위부대)을 유지했는데 그중 기마부대가 있던 북일영이 가장 규모가 작았다. 경희궁 무덕문
을 경비했던 이곳은 중대장 격인 초관 한 명과 기마병 55명이 근무했다고 한다. (고려대학교 박
물관)

　　출판기관이던 교서관校書館이 전쟁으로 기능을 상실하자, 조
선의 임금들(선조와 광해)은 훈국이 책을 만들어 판매하도록 명령
한다. 상업을 천시하던 나라가 상업으로 돈 버는 것을 인정한
상징적인 사건이었다.

　　그도 그럴 것이 아무리 선비라도 열흘을 굶으면 고상한 허물
을 벗게 마련이다. 배고프면 나무를 도끼질하고 시장에 내다 파

는 장사꾼도 마다하지 않는 법이다. 전쟁으로 국고가 텅 비자 유교 국가 조선이 군대에 장사를 허락한 것은 그런 이유에서였을 터다. 존경해 마지않는 성인 말씀이 담긴 책을 군대에서 만든다는 것은 꼿꼿하던 유교 패러다임이 전쟁으로 점차 유연하게 변화했음을 의미한다.

▲ 1900년 제작한 〈Map of the Seoul〉에 나타낸 교서관(빨간 칸)의 위치

지도에는 한글로 '교서관골'이라 적고 있다. 인근에는 주자동이 있었는데 교서관동과 주자동은 서적 인쇄를 담당한 교서관과 주자소가 있던 자리다. 오늘날 을지로 부근이다. 아직도 이곳에는 인쇄 골목이 자리 잡고 있다. (영국 왕립아시아학회)

훈련도감, 책 팔아 돈을 벌다

허락을 받은 훈련도감 군관들은 무척이나 고민했다. 아무리 생각해도 책은 출판 전문관청인 교서관이 만드는 일이지, 칼과 활을 다루는 군인들이 개입할 게 아니다. 어려움은 더 있었다. 책은 전문가인 장인 무리가 제작기술을 독점하고 있었고, 군인은 병법 외에 출판기술을 전혀 몰랐다.

그렇지만 군인은 불가능을 가능으로 만들어야 하는 존재였다. 그것이 군인 정신 아닌가. 당시는 전쟁이 끝난 직후라 서울

·지방 할 것 없이 사서삼경처럼 공부에 필요한 교과서가 인기였다. 어찌 보면 공부의 나라 조선다운 풍경이었다. 전쟁이 끝나자마자 시집과 문집 같은 문화 서적도 수요가 폭발했다. 출판사업은 책을 만들기만 하면 돈이 되는 사업임이 분명했다. 그런데 어디서부터 어떻게 시작해야 한단 말인가. 고민하던 훈국 군관들은 결국 출판사업과 관련해 다음 가이드라인을 세운 듯하다.

1. 베스트셀러나 스테디셀러에 오를만한 책을 선별해 인쇄할 것.
2. 화려하게 치장하지 않고 단순 간편하게 제작할 것.
3. 소품종으로 대량생산해 비용은 줄이고 이익은 극대화할 것.

책을 인쇄할 때는 보통 결이 곧고 뒤틀림이 적은 참죽나무를 사용한다. 나무를 곱게 다듬고 그 위에 글씨를 새겨 인쇄해야 하기 때문이다. 하지만 목판으로 쓸만한 참죽나무는 이미 모두 사라진 뒤였다. 전쟁 탓이다. 그렇다면 금속활자는 어떨까?

이 선진적인 출판기술을 쓰면 더욱 좋았겠지만 당시 금속활자를 제작할만한 장인들은 일본으로 끌려가거나 행방불명 상태였다. 더구나 구리로 제작하는 금속활자에는 또 다른 난관도 있었다. 그것은 상당한 비용이 든다는 사실이었다. 돈이 없던 훈련도감이 감히 엄두도 내지 못할 인쇄 기술인 셈이었다.

그러나 솟아날 구멍은 어디에나 있는 법이다. 궁하면 통한다고 전쟁에서 살아남은 쓸모없는 잡목들이 눈에 들어왔다. 이른바 목활자의 탄생 비화다. 목활자는 제조기법이 무척 단순해 경쟁력이 있었다. 비숙련자인 훈련도감 군인을 각수刻手(활자 만드는 장인)로 삼아 제작할 정도로 간단했다. 비용마저 저렴했다. 잡목으로 만든 활자는 자주 갈라지는 단점이 있었으나, 놀고먹던 군인을 각수로 동원해 자주 바꿔주기만 하면 그만이었다. 결국 제한적인 예산과 한정된 기술력으로 이뤄진 출판사업은 금속활자를 대체한 목활자 기반의 소품종 대량생산 체제였다.

연예인 마케팅(?)으로 곳간을 채우다

우연한 계기로 훈련도감 군관들 손에 안평대군安平大君(1418~1453)의 서첩이 들어온다. 아마 출판을 고민하던 그때였을 것이다. 안평대군은 세종의 셋째 아들로 풍류와 예술미가 넘치는 탕아蕩兒로 소문난 인물이다. 글씨를 잘 쓰기로 유명한 그는 명나라에까지 명성이 자자했다고 전한다. 사신으로 온 명나라의 관인 모두가 그의 글씨를 받아갈 정도였다.

조선 사대부들도 안평대군의 송설체를 '대군체'라 부르며 따라 쓰기를 마다하지 않았다. 지금으로 치면 잘나가는 연예인이나 인플루언서 정도로 볼 수 있을 것이다. 훈련도감 군관들은 대군의 글씨체를 목활자로 찍으면 좋지 않을까 하고 생각했다. 중국 대문호의 시집을 안평대군 글씨체의 목활자로 찍어 만들면 책벌레로 소문난 조선 사대부들이 물밀듯이 밀려들어 사갈 것이 분명했으리라. 일종의 연예인 마케팅 전략과 유사한 면모다.

일은 곧바로 벌어졌다. 먼저 활자에 능한 몇몇 장인과 그들을 보조할 병졸을 사업팀으로 꾸렸다. 안평대군 글씨체는 목활자로 만들어졌고 그것으로 대문호 한유韓愈의 문집《한창려집韓昌黎集》을 간행했다.

결과는 그야말로 대박이었다. 호사好事(일을 벌이길 좋아함)하는 사대부들이 대군의 글씨체라는 말에 앞다투어 달려왔다.《한창려집》을 판매한 수익은 공인들의 품삯을 해결하는 것을 넘어 이자를 불려주었다. 군량 창고마저 채울 수 있을 정도였다. 이 사실은 당시의 이항복 글에서도 확인이 가능하다.

> 훈련도감에서 군량을 마련하는 방도라면 반드시 작은 일까지도 빠뜨림 없이 추진해왔다. 간혹 여러 서책을 간행하여 팔기도 해 군량미를 저축하기도 했다. 그러다가 안평대군이 쓴 인쇄본을 조금 얻어 이를 베끼고 새겨 활자로 만드니 글자 모양이 원

만해 사랑스러웠다. 그 활자로 맨 먼저 이 책을 인쇄하자 호사하는 사대부들이 서로 다투어 사려고 달려왔다. 마침내 이것을 팔아 때에 따라 이익을 소모하기도 하고 불리기도 하면서 그 잉여분을 축적하니 훈련도감의 재정 관리가 여유 있음을 보고하였다.

▲ 안평대군이 쓴 《훈민정음》 해례본 서문
안평대군 이용李瑢은 원나라 시대 명필가인 조맹부의 송설체를 유려하게 구사했다. 그의 명성은 명나라까지 전해져 조선을 방문한 중국 사신들은 그의 글씨를 받아가길 원했다고 한다. (간송미술관)

공인工人(장인)들 급여를 모두 잉여분 이자로 충당하게 한 결과 이자만으로도 장인들의 임금을 충당하고 오히려 여분까지 있으니, 이것이 어찌 군사를 기르는 무武에만 이로움이 있겠는가. 또한 무武에 문文을 덧붙이고 서로를 크게 기르는 것도 된다.

다만 한스러운 것이 있다면 간행하는 책들이 대부분 소질小帙(적은 권수로 이뤄진 책 한 벌)을 표준으로 삼아 팔리기 쉬운 방도를 구하고 있다는 점이다. 심지어 고경대전古經大傳(옛 성인과 현인의 서적)에 이르러서는 마치 소서素書(군대와 관련된 병서)나 은문隱文(부정한 글)처럼 여겨 세속의 선비들이 팔을 내젓고 돌아보지도 않으므로 이 고경대전을 간행할 겨를이 없다.

아! 시세時勢에 따라 팔아서 장사만 하기로 들면 어찌 서책뿐이겠는가. 다음번에 이 일을 하는 자들이 만일 이번 일을 좇아 더욱 크게 사업을 벌여 나간다면 십 년 뒤 우리나라 서적들이 찬란하게 한우汗牛(서적이 많음을 이르는 말)를 이룰 테고, 이 책을 맨 먼저 간행한 것은 큰 강물 근원의 작은 샘이 될 것이니 후일의 군자들은 이를 힘쓸지어다.

— 《백사집》 2권, 훈련도감에서 《한창려집》을 간행한 것에 관해

이처럼 훈련도감 군인들은 팔릴만한 책을 전략적으로 선정해 적은 분량으로만 대량 판매했다. 131권 33책에 달하는 《사기》와 《한서》 같은 많은 분량의 역사서마저 약삭빠르게 몇 권의 요약집으로 만들어 판매한 것은 고도의 상술이라 표현해도 이상한 말이 아니다. 수십, 수백 권이 넘어가는 책은 활자 부족으로 만들기 힘든 법이다. 너무 비싸서 사려는 사람도 없다. 수요자가 원하는 것은 핵심 내용을 간단히 찾아볼 수 있는 값싼 요약본이었다. 훈련도감은 이런 욕구를 찾아내 선비들의 욕망을 마음껏 충족해주었다.

이항복은 군인이 책을 판매하는 것을 부정적으로 생각하지 않았다. 오히려 서적 판매가 작은 샘이 되어 큰 강물을 이뤘으면 좋겠다고 언급한 부분에서는 유연한 성품마저 엿볼 수 있다.

반대로 이항복이 날을 세우고 저격한 사람들은 바로 겉과 속이 다른 조선 선비들이었다. 그들은 겉으로 성리학을 공부한다고 하지만, 그들이 진정 바라던 서책은 도덕관념에 충실한 유학 경전이 아니었다. 그들이 원한 것은 당나라 시인 이백이나 문장가 한유 같은 감수성이 짠한 문학文學이었다. 도덕책처럼 지루한 글은 선비들이 거들떠보지도 않아 마땅한 수요가 창출되지 않았다. 군인들 역시 설령 이념으로 추앙받는 유교 경전이라 할지라도 팔리지 않을 책은 굳이 만들어 팔 생각이 없었다.

수요가 공급을 만드는 이 원칙이 바로 시장경제 원리다. 훈련도감 군관들은 경제학 원리를 몰랐겠지만 본능적으로 이익 창출의 원리만큼은 알고 있었음이 분명하리라. 앞서 말했듯 팔릴만한 아이템을 찾아 책을 간편하게 제작한 그들의 행동은 박리다매를 노리던 수요자 중심의 마케팅 전략과 닮아 있기 때문이다.

훈련도감이 한창 서책을 찍어내던 시절, 서양에서는 어떤 일이 벌어졌을까? 1600년 잉글랜드에서 상인들이 동인도회사를 설립했다. 1595년 무렵 네덜란드가 인도 항로에서 향신료 무역의 이익을 취하자 경쟁국이던 영국은 런던 상인을 중심으로 곧바로 동인도회사를 설립한다. 엘리자베스 1세의 특허를 받은 이 회사는 동인도 지역의 무역 독점을 허가받았다. 찰스 2세 시절에는 근대적인 형식의 주식회사로도 탈바꿈한다. 처음에는 무력보다 상업적 이익에 골몰했으나 17세기 후반부터 만년 라이벌 프랑스가 인도차이나에서 요새를 구축하고 전력화하자 전략을 바꾼다. 무장한 동인도회사는 여러 서양 세력과 함께 무력으로 동아시아를 침탈하기 시작한다.

참고문헌

- 김종수, 훈련도감 설치 및 운영의 동아시아적 특성, 〈장서각〉 제33권, 2015.
- 송정숙, 17세기 훈련도감의 인쇄·출판 활동, 〈서지학연구〉 제42권, 2009.
- 윤은주, 근대국가의 재정혁명 II, 〈서양사론〉 제110권 110호, 2011.

3

화폐를 발행한
경호부대,
금위영의 비밀

───── 궁금한 점이 하나 있다. 지금이야 한국은행이 조폐공사라는 단독기관의 지원으로 화폐를 공급하고 있지만, 조선시대에는 어떤 주체들이 화폐를 만들었을까? 지금처럼 단독기관이 수행했을까? 흥미롭게도 그 시절에는 많은 관청이 화폐를 만들었다.

오늘날의 재무관청에 해당하는 호조는 물론 경기감영, 개성부 등의 지방관청, 군대인 훈련도감, 어영청御營廳 같은 군영에서까지 화폐를 만들어 보급했다. 이처럼 다양한 발행 주체가 있었다니 신기하다.

밝혀진 바로는 서른여섯 군데 관청에서 화폐를 주조했지만, 원료 부족으로 화폐를 꼬박꼬박 발행한 것은 아니라고 한다. 이는 통화 부족 문제로 이어졌다. 정조 시절에는 통화 부족을 해결하기 위해 규칙적인 화폐 제조를 추진했으나 이 역시 허사로 돌아갔다. 그만큼 쉽지 않았던 게 화폐 발행 사업이었다.

그러다 보니 여유가 있는 관청만 독립적이자 비규칙적으로 돈을 찍어내는 구조가 만들어졌다. 어느 연도에는 A 기관이, 또 어느 연도에는 B 기관이 화폐를 발행할 수 있는 자본력과 노동력을 갖췄다. 이런 이유로 주조를 담당하는 부서가 단독관청이 아니라 여러 곳일 수밖에 없었을 것이다.

조폐공사를 자처한 조선의 관청들

그중 동전 발행에 적극적인 곳은 특이하게도 군대였다. 돈을 주조해 이익을 취하는 시뇨리지 효과Seigniorage Effect, 즉 주전鑄錢 차익이 군비 증강에 도움을 주었기 때문이다. 여기에는 군영만이 지닌 장점도 한몫했다. 기본적으로 군대는 보급품과 무기를 만드는 군수 공장을 보유하고 있었다. 공장은 화폐 주조에서 '규모의 경제' 효과를 낸다. 생산 효율성을 극대화할 수 있다는 의미다. 더구나 연륜이 쌓인 전문 철장鐵匠(대장장이)들도 척척 배속되어 있었으니 금속 화폐를 제조하기에는 그야말로 안성맞춤인 셈이었으리라.

역사적으로 상평통보를 전국적으로 유통시킨 때는 숙종 시대였다(상평통보는 인조 11년인 1633년 처음 주조했으나 당시에는 유통에 실패했다). 숙종 시절은 흔히 장희빈과 인현왕후 등 여인의 시대로 기억하지만, 실은 군영의 전성시대이기도 하다. 북벌 운동 논의가 거의 수그러들긴 했으나 무력을 장악한 무관과 군영의 발언은 가끔 왕과 조정 대신을 움직일 정도였다. 그래서 군인과 군영은 군비 증강을 명분 삼아 꿀단지 같던 화폐사업에 쉽게 뛰어들 수 있었다. 최초의 상평통보를 '초주단자전初鑄單字錢'이라고 부르는데, 초주단자전 제조에 참여한 관청은 일곱 군데였다. 바로 호조·상평청·사복시를 비롯해 훈련도감, 어영청, 수어청, 정초청(뒷날의 금위영禁衛營) 같은 군영이었다.

쉽지만은 않았던 화폐 주조사업

1678년 상평통보가 다시 등장했으나 화폐 주조는 쉬운 게 아니었다. 원자재인 구리 수급이 전반적으로 원활하지 못해 골치가 아팠다. 당시 조선에는 구리광산이라고 불리는 곳이 거의 없는 상태였다. 왜 그랬을까?

신라, 고려 때만 해도 우리나라에는 구리를 생산하는 광산이 많았고 품질도 우수했다. 그래서 당·송·원 나라에도 수출하고

▲ 1726년 암스테르담의 동인도회사 본점

네덜란드 연합동인도회사Vereenigde Oostindische Compagnie, VOC는 17세기부터 동아시아 교역에서 포르투갈을 제압했다. VOC는 뛰어난 비즈니스 능력으로 일본과도 교역해 막대한 구리를 손에 넣었다. 구리는 주로 인도 동남부에 있는 코로만델로 수출했는데 이때 인도산 면직물과 교환했다고 한다. 이외에 중국, 중동, 인도네시아, 유럽 등에도 수출했다. 그러다 18세기 후반 영국 동인도회사가 유럽산 구리를 아시아에 들여오면서 VOC의 구리 무역은 마침표를 찍는다.

일본조차 동종을 만들어달라고 요청했으나, 어찌 된 노릇인지 조선시대 들어 상황이 달라졌다. 원료 고갈과 함께 제련기술마저 사라진 상태였던 것이다.

아마도 이 결과는 억불정책의 부작용인 듯하다. 불상과 동종을 절에서 만들었으니 억불정책은 구리 제련기술도 절멸시킨 셈이다. 결국 정련한 구리를 일본 쓰시마번藩(대마도)을 통해 수입했는데, 17세기 후반 동아시아에서 은이 고갈되자 그 대체재로 구리를 화폐 결제 수단으로까지 썼다고 한다.

은 경제권에 속했던 동아시아권역은 점차 구리 경제로 이동했으며 동시에 구리 확보에 비상이 걸렸다. 이때 조선뿐 아니라 청나라와 네덜란드 동인도회사까지 합세해 일본산 구리를 구하기에 열을 올리기 시작한다. 그 탓에 구리 수급은 점점 불안정해졌고 구리 가격마저 급등했다.

아나나 다를까 일본 에도막부는 중국산 비단을 비롯한 해외 사치품을 구리와 교환하기 위해 대對조선 무역량을 크게 줄여버렸다. 쓰시마번이 조선에 공급하던 구리 쿼터량을 20만 근에서 10만 근으로 반 토막 낸 것이다. 이 여파로 조선 정부는 통상전략을 180도 바꿔야만 했다. 먼저 전략 상품인 조선 인삼을 일본에 내주고 그 대가로 은화를 들여왔다. 그 은으로 에도막부가 선호하는 중국산 사치품을 사들이는 데 썼다. 그리고 이것을 조선으로 가져와 동래東萊 왜관의 쓰시마번 상인과 거래하면서 최종적으로 구리 수입을 협상했다. 참 복잡한 거래다.

이런 거래가 가능한 이유는 당사자인 일본에 있었다. 일본 역시 은 고갈이 심했던지라, 1688년 나가사키에서 이뤄지던 대외적인 은 수출을 금지했다. 오직 쓰시마번과 조선과의 거래에만 은화 사용을 승인했다. 그래서 조선만이 인삼과 은을 교역했고 중국산 비단도 들여올 수 있었다. 조선은 비단을 교환 수단으로 삼아 일본산 구리를 가져온 것이다.

중국 물품을 일본산 구리와 교환하는 중개무역을 하면서, 조선은 소소한 양이나마 구리를 수입할 수 있었다. 그런데 이전의 교역 화폐였던 은화 대비 구리 가격이 엄청나게 올랐다. 국제적인 구리 수요가 상상 이상으로 증가한 탓이다. 결국 조선의 동전 주조 원가는 이전보다 비싸질 수밖에 없었다.

조선 정부는 난감했다. 주전 이익을 확보할 별다른 방법을 찾지 못했기 때문이다. 그저 원재료인 구리 말고 인건비나 연료비에서 주전 비용을 줄이는 수밖에 없었다. 인건비와 구리를 녹이고 동전을 구워내는 연료비가 제조 비용에서 각각 10%와 30%를 차지했으니, 현실적으로 원가 절감을 하려면 달리 방법이 없었던 셈이다. 구리를 제외한 40%의 비용을 어떻게 줄이는가에 따라 정부가 얻는 주전 차익이 결정된다고 해도 과언이 아니었다.

기록에 따르면 구리, 주석, 아연 같은 부재료를 인건비와 연료비 등을 투입해서 상평통보를 제조하면 제조원가가 화폐 액면가와 거의 일치했다고 전한다. 즉, 동전 10개를 만들면 정부는 동전 한 푼도 공짜로 챙기지 못하고 민간에 고스란히 내놓아야

만 했다. 돈을 만들어도 정부가 챙겨가는 이익은 거의 없다는
얘기다.

화폐사업에 특화(?)한 조선 군대

그렇지만 예외는 있었다. 훈련도감, 어영청, 금위영 같은 군영
에서 화폐를 제조할 적엔 최대 50~60%의 이익을 남길 수 있
었다. 이처럼 주전 이익을 크게 남길 수 있었던 이유는 무엇일
까? 노임을 싸게 부를 수 있고, 분업화한 장인으로 구성된 군수
공장이 있으며, 연료인 숯을 쉽게 얻을 수 있는 위치라는 3박자
를 모두 갖춘 데가 군대였기 때문이다.

원가보다 액면가가 훨씬 비싸면 그 차익은 오로지 화폐를 발
행한 정부에 귀속되게 마련이다. 조선에서는 이런 주조 차익을
'식리殖利(이익을 얻어 재물이 불어남)'라고도 했다. 돼지를 키우면
돼지가 새끼를 치듯, 화폐를 만들면 화폐가 새끼를 쳐 이윤을
남긴다는 말과 같다. 군영은 화폐의 식리를 잘 이해했다. 문관과
달리 군인들은 그만큼 물질주의 가치관에 익숙했다.

군인들이 좌지우지하던 조선 군영은 둔전이라는 토지도 소유
하고 있었는데, 둔전이란 말 그대로 군량을 확보하기 위해 갈아
먹는 땅을 의미했다. 둔전에는 이러한 땅 외에 숯 같은 화력 연
료를 얻게 해주는 임야와 구리, 철 등 금속류를 확보할 수 있는

▲ **종로구에 있는 기기국의 번사창**
1884년 건축한 번사창은 조선말 근대식 무기를 제작하던 공장이었다. 이곳에는 금속을 주조하는 주형 제작소도 있었다고 한다. 이처럼 무기 제작소는 화폐 같은 주형 제작도 동시에 진행했다. 그 이유는 비용 절감이 가능했기 때문이다.

광산도 있었다.

이것들은 군수품 생산에 필요한 현물이자 재화다. 군영이 갖춘 이 모든 여건은 구리에다 광석을 합금해 화폐를 주조하는 데 유리한 환경을 조성해주었다. 일본에서 구리를 비싸게 수입해도 금속을 녹일 때 소모하는 연료(숯)를 돈 들이지 않고 확보할 수 있다는 이점은 효율성 측면에서 만족스러웠다. 덕분에 군영이 화폐사업에 뛰어드는 것은 재정적으로도 굉장히 유리했으리

라. 물론 거기에는 사업으로 얻은 화폐 잉여분이 고스란히 군영의 저금통에 들어간다는 저축 효과도 포함되어 있다.

대외 여건을 극복하고 성공한 조선의 행전책

조선시대에 화폐를 만들어 유통하는 사업을 '행전行錢'이라 불렀다. 이 행전사업에서 가장 어려운 문제는 구리 수급이었다. 원래 우리나라에는 질 좋은 구리광산이 많이 존

▲ 태양왕으로 불린 프랑스 루이 14세의 어진
'시뇨리지'는 봉건 군주를 의미하는 프랑스어 '세뇨르'가 그 어원이다. 중세시대 때 군주의 권한으로 금화에 구리를 섞어 함량 미달의 불량 화폐를 만들었는데 이를 디베이스먼트Debasement라고 부른다. 이 같은 기만행위로 군주는 막대한 주조 차익을 얻었다. 수식으로 표현하면 '화폐 액면 금액−화폐 제조원가=주조 차익'으로 이것이 시뇨리지 효과다. (예일대학교 미술관)

재했지만 앞서 언급했듯이 신라, 고려로 내려오면서 불상이나 동종 제작에 많은 구리를 소비한 듯하다. 과도한 구리 채굴은 생각지 못한 공급 부족을 불러왔다. 조선시대 들어 구리광산이 바닥 난 것이다. 일본에서 구리를 수입할 수밖에 없었던 이유가 여기에 있었다.

1697년까지 구리 공급은 약 143만 근에 달할 정도로 안정적인 편이었지만, 18세기 초부터 동아시아의 구리 수요가 폭발했다. 앞서 말했듯 국제교역의 결제 수단으로 은 대신 구리를 썼기 때문이다. 더구나 중국과 네덜란드가 구리 사재기에 끼어들면서 조선에 큰 고통을 안겨주기 시작한다. 예상치 못한 원자재 공급 불안에 따른 외부적 충격이었다.

당시 중국 대륙은 청나라가 지배했는데 그들은 상평통보와 유사한 순치통보를 발행했다. 당연히 청나라는 구리가 절실했다. 이는 17세기 동아시아 무역을 주름잡던 네덜란드 동인도회사 VOC도 마찬가지였다.

그들의 중개무역에서 구리라는 녀석은 필수불가결했다. 당시 유럽은 아시아와 거래할만한 뛰어난 교역재가 없던 형편이었다. 그 결과 VOC는 유럽의 재화를 수출하는 대신 동아시아 역내 교역에 직접 참여하고 아시아 물품을 중개해 이익을 취하는 무역 구조를 만들어낸다.

특히 아시아산 재화를 지팡구로 불리던 일본에 내다 팔아 막대한 시세차익을 얻었다. 이때 VOC는 물건 결제 수단으로 금, 은 대신 구리를 화폐처럼 사용했다. 예전에는 금을 결제 수단으로 이용했으나 금이 귀해지자 대체 수단으로 구리를 쓴 것이다. 특히 인도에서 면직물을 사면서 구리를 가장 많이 활용했다.

▲ 네덜란드 상선 플류트 Fluyt

네덜란드 동인도회사는 네덜란드가 인도, 동남아시아 지역으로 진출해 경제적 이익을 얻고자
1602년 설립한 다국적 주식회사다. 무게 300여 톤, 전장 24m, 10여 문의 대포로 무장한 VOC의
플류트 상선은 17세기부터 경쟁국 포르투갈과 영국을 무력으로 제압하며 자카르타 등 동남아 거
점을 확보했다. 이들은 일본에 중국 비단과 아시아의 사치품을 수출하는 한편 일본에서 구리를
수입했다. 구리는 인도산 면직물과 교환하는 결제 수단으로 쓰였다. VOC는 조선과도 교역하기
위해 노력했으나 뜻대로 되지 않았다. 풍랑으로 조선에 억류된 네덜란드인 하멜은 동아시아를
오가던 VOC의 선원이었다.

    덕분에 구리는 낮은 몸값에서 환골탈태해 높은 몸값을 자랑
한다. 동아시아 전역에서 화폐 용도로 그 수요가 급증했기 때문
이다. 당시 최대 구리 생산국인 일본은 폭발하는 구리 수요에
무척이나 민감하게 반응한다. 그들은 전략적으로 '수출쿼터제
export quota(수출할당제도)'를 실시했는데 네덜란드 동인도회사에

는 235만 근을 배정했다.

반면 조선에 배정한 양은 10만 근에 불과했다. 조선의 경제 규모로 볼 때 10만 근은 턱없이 부족했다. 고민하던 조선 정부는 중대한 결단을 내렸다. 청·일 사이를 직접 파고 들어가 중개무역을 단행함으로써 이익을 예리하게 단단히 챙기겠다고 마음먹은 것이다.

조선 정부의 작전은 이러했다. 일본이 선호하는 중국 사치품을 북경에서 매입한 다음 일본에 되팔아 이윤 극대화를 누린다! 간단명료한 전략을 선택한 조선의 결정은 그야말로 탁월했다. 17세기 당시 조선이 중개무역으로 벌어들이는 수익은 예상보다 막대했고 일본으로부터 쿼터 이상의 구리도 확보할 수 있었다.

그러나 이것만으로는 부족해 보였다. 생각보다 조선의 경제 규모가 커지고 있었기 때문이다. 강희제 등장으로 동아시아 정세가 안정되면서 인구가 증가하는 데다 상업화와 도시화도 진행되는 중이었다. 덩달아 화폐 수요 역시 전과 달리 커지고 있었다. 나라에서 필요로 하는 구리 수급량은 좀처럼 채워지지 않았던 상황이었다.

상평통보를 과학적으로 분석하면 그 사실을 짐작할 수 있다. 1679년부터 1820년대까지 제조한 동전의 구리 함량은 계속 감소하고 있는데, 이는 충분한 구리를 확보하지 못해 디베이스먼

◀ **조선 후기 화가 변박卞璞의 〈초량왜관도〉**
동래에 있던 초량왜관은 쓰시마 사람들이
상주하던 곳이다. 왜관은 공무역과 사무역
을 통해 일본산 구리와 자명종, 네덜란드 동
판화 같은 서양 물품을 조선으로 수입한 창
구이기도 했다. (국립중앙박물관)

트가 일어났다는 증거다. 이는 화폐의 신뢰도와도 직결된 커다
란 문제였다.

한편, 18세기 들어 상업과 경제가 급격히 성장했으나 이를 뒷
받침해야 할 통화 공급은 원만하지 않았다. 조선은 100년 가까
이 전황錢荒(화폐 부족) 현상에 시달려야 했을 정도다. 19세기 들

◀ 예수회 신부들이 서양인처럼 묘사한 강
희제 어진

강희제의 등장으로 청나라 정벌이라는
북벌의 꿈은 허망하게 사라진다. 대신 조
선은 변경 걱정을 덜었고 오직 내부의 적
으로부터 서울만 지키면 왕조를 유지할
수 있다는 정치적 계산을 한다. 이 때문에
모든 군사력과 경제, 문화를 서울에 집중
하면서 도시화가 급격히 진행되었다.

어서야 겨우 이런 전황 현상을 해소했다. 일본에 홍삼을 본격적
으로 수출하면서 그 대금으로 구리를 들여왔기 때문이다. 여기
에 더해 국내 구리광산도 점차 개발하면서 통화 공급은 비로소
숨통이 트였다.

효율을 극대화해 최대 이익을 남긴 국왕 경호부대

많은 관청에서 화폐를 주조했으나, 그중 서울에 주둔한 훈련

도감, 어영청, 금위영의 주전 이익이 월등했다. 다른 관청들은 주전 이익이 50% 이하였지만 서울 삼군영三軍營(훈련도감, 어영청, 금위영)은 평균 60% 이상을 기록한다.

특히 왕실 경호부대인 금위영이 돋보였다. 금위영은 1년 이상 걸리는 주조 기간을 단 넉 달 만에 마무리할 만큼 경제력과 물력이 뛰어났다. 22만 3천 냥을 주조하면서 이익으로 남긴 동전만 해도 14만 5천 냥에 달한다. 수익률 역시 65%로 최고였다. 금위영은 어떻게 극강의 수익률을 올렸을까?

금위영 같은 조선 군영에는 총, 포, 활 등 각종 무기를 생산할 수 있는 공장이 존재했다. 그 철물 제조공장에는 전문 장인들이 포진하고 있었는데 그들은 단조 장인과 주조 장인으로 구분된다. 단조란 대장장이가 철물을 망치로 두드려 열처리와 가공 작업을 완성하는 일을 말한다. 반면 주조는 단조와 달리 분업에 따른 전문 장인의 협동 과정이 주를 이룬다. 대장장이들은 용광로에서 쇳물을 붓는 주장注匠과 기물을 만드는 주장鑄匠으로 나뉘었고, 주조 과정은 이들 전문 장인의 긴밀한 협업으로 이뤄졌다.

특히 화폐 제조사업은 단조가 아닌 복잡한 주조 과정으로 이뤄졌기에 그 공정이 쉽지만은 않았다. 우선 구리와 잡철(아연, 납 등)을 비율에 맞춰 용광로 안에서 녹여야만 했다. 이어 이것을 거푸집에 흘려보내 식히고 동전의 거친 표면을 연마한 뒤에야 완성품이 나왔다.

복잡한 과정을 거쳐 제작한 상평통보는 아연을 함유한 최초의 동전이었다. 아연을 넣은 이유는 따로 있다. 주조성이 좋기 때문이다. 아연을 넣으면 쇠붙이의 녹는 점이 낮아지고 금속 유동성은 이전보다 월등해진다. 덕분에 상평통보에 찍어 넣는 글자새김 역시 정교해졌다. 동전 자체가 품위 있고 아름답게 변하는 것이다. 이 같은 정교함과 아름다움은 동전의 신뢰성과 직결된 중요한 일이었다.

이것은 분명 합금기술의 진보였다. 하지만 화폐 진보를 방해한 요소도 있었으니 그것은 만성적인 구리 부족 문제였다. 구리 부족은 국가가 지녀야 할 본위 요소를 방해했다.

조선 정부는 구리가 비싸면 구리를 적게 넣는 대신 잡철을 몰래 집어넣었다. 한마디로 원가 절감을 위해 기만적인 행동을 자행한 것이다. 이것은 화폐경제 안정을 위해 절대로 하지 말아야 하는 일이었다. 화폐의 내재가치를 깎아 먹는 행위로 정부가 지녀야 할 품격과 시장 신뢰를 저버리는 일이기 때문이다.

금위영의 비밀은 구리광산 확보에 있었다?

18세기는 서양이나 조선이나 시장경제의 맹아가 싹트던 시기다. 조선 팔도에 서서히 시장경제가 형성되면서 장인들 처우에도 변화가 일어났다. 개인들이 점차 국가라는 속박에서 벗어나 공방을 만들고 상점을 운영한 것이다.

▲ **김득신**金得臣**의 〈대장간〉**
철물 제작에 꼭 필요한 화로가 보인다. 화폐 주조
는 내화 점토로 만든 도가니 안에 구리, 아연, 납
을 6:3:1 비율로 넣은 뒤 용광로에서 녹여 거푸
집에서 만들어냈다. (《긍재전신첩》, 간송미술관)

그러나 화폐를 만들던 장인들은 그렇지 못했다. 이들은 군영에 예속된 신분이었다. 관노비처럼 군대에 묶여 있어 다른 관청의 장인과 달리 함부로 공방을 열지 못했다. 반대로 생각하면 군영에서는 소속 장인을 노비처럼 부릴 수 있었던 셈이다. 이들을 민간 장인보다 저렴한 인건비로 활용하며 생산 효율성을 극대화했다.

그뿐 아니다. 결정적인 요소는 더 있다. 금위영이 다른 군영보다 유리했던 비밀은 사실 구리에 있었다. 그들은 둔전으로 구리 광산도 확보하고 있었다. 이러한 광산은 의외로 구리 채산성이 높아 비용 절감에 탁월했다.

안변安邊 구리광산의 경우, 매장 위치가 깊지 않은 노천광산과 유사해 채굴 생산성이 무척 뛰어났다고 전해진다. 채굴 비용은 당연히 저렴했다. 물류나 운반비까지 고려하면 일본에서 들여온 구리보다 비용이 적게 들었다. 국내산 구리의 이점은 여기에 있었다.

그러나 군대가 보유한 구리광산은 동전 제작만을 위한 게 아니었다. 군사 용도의 기계를 제작할 때도 구리는 중요한 재료다. 비상시를 대비해 금위영이 구리광산을 숨겨두고 있었을지도 모르겠다. 어쨌든 구리광산의 자체 보유는 동전 원가를 획기적으로 낮출 수 있다는 의미였다. 실제로 이전부터 제조원가를 결정한 중대 요소는 일본에서 수입한 구리의 양이었으니 말이다.

더구나 청나라와 네덜란드라는 경쟁자로 인해 어느 때보다 구리 가치가 상승하던 시절이 아닌가. 금위영처럼 국내산 구리를 확보할 수 있다면 그렇지 못한 관청보다 작업 기일을 앞당기는 것은 물론 주전 차익도 많이 남길 수 있었을 것이다. 앞서 말한 화폐 주조 경쟁력은 바로 이 부분에 있었다. 지금으로 치면 건물주가 자기 건물에서 직영하는 것과 비슷한 이치다. 임대료를 내지 않으니 당연히 가격 경쟁력이 높을 수밖에 없다. 이러한 비즈니스 전략을 구사한 조선의 군영이 바로 금위영이다.

네덜란드 동인도회사는 조선과 구리 수급을 다투던 경쟁자인 동시에 조선과의 교역을 갈망한 존재이기도 했다. 그들은 'Corea'라 불리는 상선까지 건조해 조선과의 만남을 기대했다. 이것은 모두 《하멜 표류기》로 조선이라는 존재가 알려지면서 벌어진 일이었다. 조선이 네덜란드에 알려진 때는 1595년이다. 이때 《동방안내기》를 출간한 얀 호이겐 반 린스호텐Jan Huyghen van Linschoten은 일본 상인이 코레이Coray라고 불리는 상인과 교역한다고 말하며 국호를 차오시엔Chaoxian(조선의 중국 발음)이라 적고 있다. 이후 네덜란드와 조선의 교역은 일본 쓰시마번의 지속적인 반대로 실패한다. 당시 조선과의 무역은 쓰시마번이 독점하고 있었다. 그러다가 1638년 VOC 본부의 17인 위원회가 '코레아를 발견하라'는 훈령을 내리면서 보물선 원정대를 꾸렸다. 1639년 6월 범선 두 척이 바타비아항을 떠나지만 열병과 풍랑으로 코레아 원정을 중도 포기한다.

참고문헌

- 이헌창, 1678~1865년간 화폐량과 화폐가치의 추이, 〈경제사학〉 제27권, 1999.
- 주경철, 네덜란드 동인도회사와 아시아 교역: 세계화의 초기화 단계, 〈서울대학교 미국학〉 제28권, 2005.
- 유현재, 18세기 은전비가의 변동과 의미, 〈역사와 현실 97호〉, 2015.
- 장수비, 조선시대 상평통보의 성분 조성과 미세조직을 통한 재료학적 특성 연구, 〈보존과학회지〉 제31권 3호, 2015.
- 유현재, 상평통보의 주전 이익과 활용, 〈한국문화〉 제79권, 2017.
- 이윤영, 17C 네덜란드와 아시아 국가 간 관계: 조선과 일본을 중심으로, 2020.

시끌벅적한 비트코인과 돈의 속성

──────── 비트코인 때문에 세상이 들썩이고 있다. 우선 금과
은 같은 자산asset인지 아니면 교환 화폐currency인지 논의하는
것부터 논쟁적이다. 비트코인은 발행량이 2,100만 개로 고정되
어 있어 기존 화폐와 달리 발행량을 무한히 늘릴 수 없다는 말
도 나온다. 이 때문에 비트코인은 시간이 갈수록 가치가 올라간
다고들 아우성이다. 한마디로 화폐가 아닌 안전자산의 예비 성
격에다 저장 가치로 신뢰성을 부여받는 것 같다. 비트코인이 매
장량이 한정된 금, 은처럼 안전자산이라는 말은 과연 사실일까?

비트코인의 불안정성과 그 반론

비트코인이 안전자산 아닌 위험자산이라는 사실은 명확하다. 비트코인에 투자하는 사람은 대부분 젊은 층인 2030 세대인데, 젊은 층은 대체로 위험을 선호하는 투자 전략을 구사한다. 그렇다면 비트코인은 변동성이 심할 수밖에 없다. 비트코인으로 벼락부자가 된 젊은 사람들조차 번 돈을 대부분 빌딩 같은 안전자산으로 옮기고 있다는 통계까지 나오고 있다. 투자자들마저 비트코인이 실물적인 기초가 없어 위험자산으로 판단한다는 의미다.

또한 비트코인의 변동성은 안전자산인 금과 같은 움직임을 보이지 않는다. 오히려 미국의 성장주로 불리는 나스닥 시장과 동조화하는 흐름마저 보인다. 다시 한번 비트코인은 예비적이면서 저장 가치를 지닌 안전자산이 아니라는 걸 보여준다.

한편 옹호자들은 비트코인류에 기존 법정화폐와 차별화한 장점이 있다고 말한다. 발전하는 디지털 기술 덕분에 정부나 중앙은행의 감시와 통제에서 벗어날 수 있다는 주장이다. 기술적인 믿음만 가지고 그렇다는 얘기다. 하지만 역사를 돌아볼 때 화폐가 정부 권력의 손아귀에서 벗어난다는 건 말이 되지 않는다. 선불리 비트코인의 미래를 말할 수는 없으나 비트코인을 화폐로 가정할 경우 화폐가 제공하는 시뇨리지 효과가 상당하기 때문이다.

보통 중앙은행에서 찍어내는 화폐는 회계상 부채(빚)로 설정하는데 그 부채에 따른 이자는 존재하지 않는다. 다시 말해 화폐는 무이자 채권이다. 그렇게 찍어낸 화폐는 통화정책을 위한 운용 수단으로 활용한다. 가령 민간에 대출하거나 국채를 매입하는 것이다. 민간에 대출하면 당연히 이자를 받고, 국채를 매입하면 그에 따른 채권 이자를 얻는다.

이처럼 화폐를 발행할 경우 시뇨리지 효과가 발생하며 대부분 이익만 얻는다. 손실을 볼 수도 있다고 말은 하지만 웬만하면 손해 보지 않는다. 이것은 동서양 모두 꿀단지 같은 재정 보전 수단이다. 국가가 통제권 안에 묶어둘 수밖에 없는 이익구조가 존재하는 셈이다. 과연 중앙정부가 꿀단지를 남이 가져가도록 놔둘까?

시뇨리지가 안겨주는 화폐 이익은 동양권에서 더욱 의미가 크다. 동양권에서는 전통적으로 이권재상利權在上(이익을 주는 권리는 통치자들이 갖는다는 사상)과 중앙 통제를 강조해오지 않았던가. 통치자는 화폐를 주조해 통치자금으로 전용하기도 했고 주전 차익을 굶주린 백성에게 나눠주기도 했다.

권위를 통해 신뢰를 부여한 돈의 속성

역사적으로 한·중·일 화폐는 통치 수단으로서 존엄과 권력을

▲ **원나라 지폐인 '지원통행보초'**
몽골제국을 이룩한 원나라는 구리 부족을 메우기 위해 교초를 발행했고 황제의 어새를 찍어 종이에 막강한 권위를 부여했다. 그 권위는 화폐 위조범의 목숨을 빼앗는 처벌로 강화했다. (일본 동경박물관)

지녔다. 그 덕분인지 몰라도 동양은 서양과 달리 화폐에 믿을만한 신용을 부여했다. 한낱 종이돈에 불과한 원나라의 교초交鈔가 천하에 유통된 것도 사람들이 황제의 권위에 의지했기 때문이다. 중국은 통치자가 직접 돈에 권위를 부여했고 일반 신민은 황제의 권위를 믿고 종이 화폐를 사용했다고 전한다. 당시 천자의 명령은 금金과 같은 신뢰를 지니고 있었기 때문이다.

이처럼 교초 같은 종이 화폐류는 강제적으로 통용권을 부여

받았지만 여기에는 맹점도 숨어 있다. 무엇보다 황제가 화폐 신뢰를 배반하고 마구 남발할 수 있었다. 이런 일이 벌어지면 그 나라는 필연적으로 망하는 도리밖에 없을 것이다. 이건 역사가 증명하는 일이다. 대표적으로 고대 로마가 그랬다.

아니나 다를까 원나라가 패망한 원인 중에는 화폐 부작용도 있었다. 원나라 황실은 신뢰를 배반하고 무질서하게 화폐를 찍어냈는데, 돈을 무한정 발행한 원 황실은 방탕과 사치를 즐겼고 지폐가 불러온 초인플레이션으로 인해 비극적인 최후를 맞이했다. 결국 원나라는 명나라에 천하를 내주고 말았다.

화폐가 국가의 산물이라는 의식은 우리나라도 마찬가지다. 1678년 발행한 상평통보는 조선 정부가 처음부터 통치 수단으로서 만든 화폐인데, 1678년부터 1697년까지 450만 냥 정도 발행했다고 한다.

이 무렵 한양에는 유통 중인 화폐가 있었다. 바로 은화였다. 구체적으로 말하면 일본에서 들어온 품질 좋은 왜은倭銀이다. 서울 백성조차 시장에서 일본 은화를 사용할 만큼 흔했던 걸로 보인다. 왜은은 순도가 80%에 가까워 신뢰도마저 매우 높았다고 한다.

'기자은'이라고도 하는 바둑돌 모양의 왜은은 가지고 다니기가 간편했다. 덕분에 꽤 인기가 있던 것도 같다. 하지만 화폐는

▲ **1806년 선혜청에서 발행한 상평통보**
무게는 25.1g, 지름은 24~40㎜, 두께는 2.8㎜였다. 일본에서는 상평통보를 큰 돈이라 하여 대전
大錢으로 불렀다. 18세기 일본 쓰시마번은 대조선 무역적자를 타개하기 위해 상평통보를 상품
처럼 만들어 수출할 계획도 세웠으나 무산되었다. 이권재상이라는 화폐의 속성을 잘 알았던 조
선에서 반대했기 때문이다.

국가가 그 차익과 편익을 독점해야 하는 이권재상의 물건이었
다. 이런 이유로 조선 정부는 왜은의 인기를 두려워했다. 국가는
주조 차익으로 부족한 재정을 충당하는 법인데 이는 통치를 위
한 좋은 방편이자 정책 수단이기 때문이다.

분명 왜은은 조선이 만든 게 아니었다. 혹여나 일본 정부가
왜은을 손에 쥐고 조선 경제를 좌지우지할 수도 있었다. 나라
규모가 아주 작지 않은 이상, 화폐 주권은 남의 나라에 내주면
안 되는 일이었으리라.

마음을 불편하게 만드는 요소는 또 있었다. 왜은은 서울을 제
외한 지방 서민이 사용하기에 너무나도 고액이라는 사실이다.

그래서 조선 정부는 은보다 가치가 낮은 상평통보를 하루빨리 만들어 보급하려 애를 썼다.

당시 화폐 주조는 아무나 할 수 있는 게 아니었다. 일단 동전 원자재인 구리부터 국가가 직접 수입하던 귀한 금속류였다. 당시 조선의 구리 채굴량은 화폐 목표치의 10% 정도만 가능한 수준이었다. 이처럼 채굴 생산성이 낮아 민간이 개발하기에는 리스크가 컸다. 여기에다 주조를 위한 거대한 용광로나 수천 톤의 숯 등 부재료도 국가 단위의 거대한 조직이라야 조달할 수 있었다. 한마디로 전통적 동양 화폐는 오늘날의 가상화폐(또는 가상자산)와 달리, 개인이 선불리 나서서 만들 수 있는 게 아니었다.

4

어영부영 어영청,
국왕 경호부대의 몰락

─────── 아마 '어영부영'이라는 말을 모르는 사람은 없으리라. 이것은 이도 저도 아닌 되는대로 행동하는 모양을 일컫는 말인데 그 어원은 '어영비영'이다. '어영청(어영)은 군영도 아니(비영)'라는 사자성어에서 유래했다고 전한다. 도성을 방비하던 어영청의 군기가 어찌나 허술했던지 오합지졸로 전락해 당나라 군대 같던 모습을 비꼰 말인 셈이다.

사실 이 비난에는 억울한 측면도 있다. 어영청이 제 몫을 하지 못한 채 몰락한 데는 통치자들이 어영청 군자금을 편법으로 전용한 역사가 있기 때문이다.

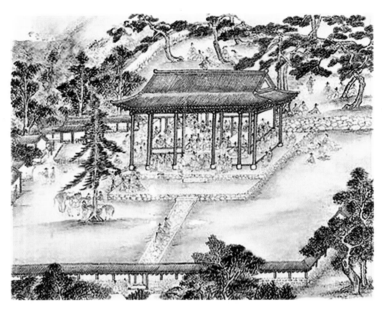

▲ 김홍도가 그린 어영청의 분영 남소영
지금의 충무로 근처에 있는 어영청의 남소영南小營에는 초관(중대장급) 한 명과 향군(지방에서
올라온 예비군) 12명이 근무했다고 한다. 남소영은 화약과 유황, 납탄 등을 보관한 군수창고로
서울의 한량들이 이곳에 모여 활쏘기 시합을 벌이기도 했다. (고려대학교 박물관)

　17세기만 해도 어영청은 어영부영하는 모습이 아니었다. 오
히려 북벌부대로 이름을 떨칠 만큼 강력했다. 최정예인 훈련도
감과 쌍벽을 이루면서, 미국과 중국을 G2라고 부르듯 두 부대
를 양국兩局이라 칭할 정도였다. 훗날 이들은 삼군문(또는 삼군영)
으로 편성되어 훈련도감, 금위영과 함께 서울과 국왕을 보호했
다. 도성을 방어하는 수도방위사령부로서 위용은 대단했으며

그에 걸맞게 방어 부대간의 합동훈련도 드세게 이뤄졌다.

그러나 어느 순간 최정예 어영청은 군대가 아닌 은행 같은 재정기구로 전락하고야 만다. 일반 백성조차 "어영청은 군대도 아니다"라고 비웃을 정도로 한낱 나라 곳간으로 추락한 이유는 무엇일까?

레버리지 효과를 활용해 대동사회를 꿈꾼 허생

고전 소설 중에 어영청이 등장하는 작품이 있다. 바로 《허생전》*이다. 18세기를 대표하는 연암 박지원朴趾源(1737~1805)의 노작인데, 조선 후기 사회와 정치 현실을 풍자했다고 전한다. 소설의 주인공 허생은 10년을 작정하고 《주역周易》을 읽은 서생이지만, 아내의 타박을 이기지 못해 말업末業으로 치부하던 상업에 뛰어들었다. 그는 꼿꼿하고 당당한 조선 선비의 모습을 십분 활용해 고신용 대출을 쉽게 얻어내는 데 성공한다. 나라의

• 《허생전》에 나오는 허생이 실존 인물이라는 주장이 있다. 와룡정 허호가 그 주인공이다. 경남 합천 선비인 허호는 인조와 효종 시대 인물로 남명 조식의 학문을 이어받아 문무 겸비를 추종했으며 제갈공명의 호를 본떠 청나라 정벌을 평생의 업으로 삼았다 한다. 자세한 내용은 김진균의 '許生 실재 인물설의 전개와 《許生傳》의 근대적 재인식'(〈대동문화연구〉 제62권 62호)을 참조할 것.

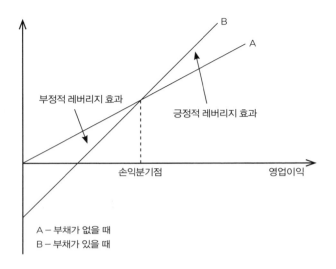

A - 부채가 없을 때
B - 부채가 있을 때

▲ 허생이 활용한 레버리지 효과
지렛대를 이용하면 작은 힘으로도 큰 물체를 들어 올리듯 부채를 이용해 투자 규모를 키우면 큰
수익을 올릴 수 있다. 이런 의미에서 금융에서는 '지렛대 작용'을 뜻하는 레버리지를 부채 또는
차입의 뜻으로 쓴다. (KDI 지식정보센터)

거부巨富 변 부자에게 무려 1만 금을 대출받은 것이다. 그리고
레버리지leverage라는 빚의 효과를 십분 활용하며 승승장구한
다. 허생은 10만 금을 굴려 물류와 유통 거점을 장악하고 장사
에 성공했다.

　허생의 치부 비법은《주역》을 읽은 힘에 있었다. 영어로 '변
화의 학문The Classic of Change'이라고 불리는《주역》은 수학을
동반한 동양철학서다. 허생이 10년 동안《주역》을 읽었다는 설

정은 그가 계산에 무척 능하고 변동성에 잘 대처하며 상황 판단에도 뛰어나다는 사실을 말해준다. 오늘날로 치면 전략 경영컨설턴트처럼 직관력과 통찰력이 대단했을 것이다. 이를 증명하듯 허생은 빅테크 기업 아마존처럼 독점 전략을 활용해 막대한 수익을 올렸다. 무려 원금의 열 배인 10만 금을 영업이익으로 남긴 것이다.

장사로 큰돈을 번 허생은 주역에서 말하는 대동사회를 구현하려 했다. 도적 떼인 군도群盜를 이끌고 외딴섬으로 이주했는데, 그 결과 나라 안에 도둑이 없어졌다. 허생은 도적들에게 농사를 가르쳤고 그렇게 얻은 곡물로 일본 장기도長碕島와 국제무역을 단행해 100만 냥의 수익을 올린다.

하지만 허생은 돈을 멀리하는 조선 선비답게 이익을 취하지 않았다. 일정량의 돈을 바다에 뿌리면서 물욕에서 벗어난 초인超人의 모습을 보여준다. 그리고 남은 은화 10만 냥을 변 부자에게 돌려준다는 내용은 사뭇 감동적이기까지 하다.

소설 후반에는 전쟁광(?)이자 어영청의 우두머리인 이완李浣 대장이 등장한다. 허생의 비범함을 눈치챈 변 부자가 이 대장에게 그를 소개한 것이다. 허생은 청나라 오랑캐를 대적하던 이완에게 북벌 계책을 일갈한다. 말의 핵심은 사대부들에게 변발을 하라는 것이었다. 그는 이완에게 오랑캐의 의복을 입고 활을 잡으라고 강권한다.

계책을 들은 이완은 "조선은 예의의 나라"라며 실행하기가 난감하다고 했다. 고개를 젓는 이완 대장을 보며 허생은 자신과 마음이 맞지 않음을 깨닫는다. 소설은 크게 화를 내는 허생을 보여주고 "너 같은 신하는 목을 베어야 한다"라고 꾸짖으며 군인인 이완 대장과의 갈등을 심화시키고 있다.

어영대장 이완이 허생을 찾아온 진짜 이유는?

《허생전》이 소설이 아닌 진짜 이야기라고 가정해보자. 이완 대장이 허생을 만나러 온 것은 분명 북벌 계책을 듣기 위해서가 아니었을 터다. 변 부자도 마찬가지다. 허생을 제갈량 같은 책사로 생각하고 이 대장에게 소개해주었을까? 그렇지 않다.

그럼 이 대장과 변 부자는 허생을 어떻게 이해하고 그 능력을 높이 평가했을까? 앞서 말한 것처럼 어영청은 북벌을 목적으로 성장한 군대다. 어영청은 최정예 부대인 훈련도감과 함께 양국으로 부상했으나 북벌 운동으로 막대한 군비가 시급하던 시절이었다.

이완이 대장을 맡았을 적엔 병력이 무려 2만 1천 명까지 불어나 있었다. 나라 재정이 감당하기에 불가능한 사안이었으리라. 어영청 운영을 위해 백성에게 징수하는 쌀만 해도 무려 2만여

석에 달할 정도였다. 이처럼 재정적 현실에 부딪히자 이 대장과 변 부자는 모종의 해결책을 찾으려 했을 것이다. 허생이 막대한 군비를 해결해주지 않을까 하는 일말의 기대감으로 찾아온 것인지도 모른다. 별 볼 일 없는 서생에게 1만 냥을 빌려주었더니 단번에 10만 냥으로 만들지 않았던가.

이 대장과 변 부자는 허생을 두고 다른 생각을 하지 않았다. 상인으로서의 능력을 높이 샀다. 어떻게 하면 어영청 규모를 유지할 수 있을지 조언을 얻으려 했을 뿐이다. 그런데 허생은 뜻밖에도 군비를 마련할 비책은 알려주지 않고 실행 불가능한 정치 담론만 설파했다. 그걸 듣고 있던 이완의 당황스러움은 충분히 이해할만한 극적 요소다.

이완 대장 입장에서 허생은 허許씨 성을 쓰는 사람이 아니라 공리공론만 외쳐대는 전형적인 조선 선비, 즉 아무 쓸모 없는 허虛 자의 서생이지 않았을까.

그럼 선비이자 군자인 허생의 입장에서 생각해보자. 이완 대장은 더불어 대의를 담론할 수 없는 사람이다. 허생은 장사치가 아니라 《주역》을 읽으며 대동사회를 꿈꾼 군자다. 대동사회를 시험해보고자 초가집을 나섰고 장사로 돈을 모았다. 그가 가난 때문에 도둑이 될 수밖에 없던 군도를 섬으로 이주하게 하자 나라 안에 도둑이 사라졌다.

해외무역으로 부를 축적해 옛날에 도둑이던 섬의 백성에게 풍요로움을 안겨준 것은 작은 성공이었다. 그런 허생의 입장에서 백성에게 쌀 2만 석의 군비를 떠안기고 전쟁 준비에 한창인 이완은, 군자가 성취해야 할 대동사회와 대척점에 있는 불편한 인물임이 분명하다. 이는 허생이 10년 동안 공부한 《주역》의 괘卦인 '천화동인天火同人' '과 어긋나는 가치관이었다.

대동사회 구현을 위해 재정기구가 된 북벌부대

이완 대장이 어영청 재정 문제를 고심한 것은 뜻밖의 일이 아니다. 어영청은 상비군이자 정예병력인 훈련도감과는 그 성격이 달랐기 때문이다. 어영청은 두 달마다 지방에서 올라오는 번상병番上兵(예비군)으로만 운영한 부대였다. 농민이 서울로 올라와 두 달 동안 국방의 의무를 수행하는 예비군이 주요 전력이다. 어영청 번상병에게도 월급(한 달에 쌀 아홉 두)은 주어야만 했

- 천화동인은 주역 64괘 중 각각 열세 번째 괘다. 동인의 괘상은 하늘을 상징하는 건괘 아래에 불을 나타내는 이괘가 있다. 그래서 천화라 한 것이다. 불은 위로 올라가는 성질이 있다. 이들 둘은 다르지만 같은 방향을 보고 있다. 이것이 동인의 뜻이다. 즉, 뜻을 같이하는 사람들이 일을 도모하는 모양이다.

다. 그들은 생계를 파하고 서울로 온 무지렁이 백성이어서 최소한의 생활비는 지급할 필요가 있었다.

하지만 훈련도감 군사 5천 명을 유지하는 데 국가 재정의 절반을 쓰는 판국에, 어영청 군사 1만 2천 명이 비록 2개월씩 교대해 1천 명 정도만 서울에 상주한다 해도 국가 재정을 위협할 것은 뻔한 일이었다. 어영대장 이완이 1만 금으로 10만 금을 만든 '장사의 신神' 허생을 찾아간 것도 이해가 간다.

다행인지 불행인지 모르지만 이때 동아시아에서 '천고일제千古一帝(천 년에 한 번 나오는 황제)'라 불리는 청나라 강희제가 등장한다. 그가 남은 명나라 세력을 소탕하자, 북벌의 꿈은 허망하게 사라지고 만다. 북벌 운동을 기치로 우뚝 선 어영청은 존재감마저 불투명해졌다. 때문에 막대한 군비를 소모하는 군영의 존폐가 화두로 등장하는 것은 당연했다. 북벌 폐지는 이완 대장 같은 군인의 입김도 줄어들게 만든다.

반대로 《허생전》의 허생처럼 대동사회를 지향한 문관 집단이 힘을 얻는다. 막대한 군비가 드는 어영청을 두고 볼 수 없던 문관들은 왕조 유지와 기민 구제에 어영청 자금을 활용하기로 결정한다. 문관들의 계책은 이러했다.

서울에 올라와 급료만 축내는 어영청의 번상병을 줄인다. 단, 서류상의 번상병 수는 줄이지 않고 그대로 남겨둔다. 그러면 그들에게 지급할 급료는 고스란히 남을 것이며, 급료는 백성 구휼을 위한 통치자금으로 전용한다는 작전(?)이었다. 이와 같은 편법으로 어영청의 재정은 대동사회 구현을 위한 자금 창구로 변신한 것이다.

한편, 17세기 중반부터 동북아시아 정세는 점차 안정을 찾았다. 이른바 청나라의 강건성세康乾盛世 시작으로 태평성세가 도래했기 때문이다. 조선의 국방 정책도 바뀌었다. 청나라 정벌의 꿈을 접자, 이제부터 내란을 막는 것이 중요한 일이 되었다. 국왕과 서울 귀족의 거주지인 도성 방어가 문제였으나 최정예 훈련도감만 버티고 있으면 이걸로도 충분하다 여겼다.

이제부터 돈 먹는 하마인 나머지 군영의 군비 축소에 신경을 써야만 했다. 어영청은 북벌부대로 성장한 군영이다. 북벌의 꿈이 물거품이 된 이상 가치가 없는 부대였다. 문관 통치자들은 편법을 써서 어영청 군량미를 물가조절이나 가뭄 해결에 전용하기로 단단히 결심했다. 민생을 위해 쓰면 대동사회를 구현하고 최종적으로는 왕조 수명을 연장할 수 있었기 때문이다. 그렇게 북벌부대 어영청은 왕조의 재정기구로 전락해버렸다.

다음은 《승정원일기》에 실린 1683년(숙종 9) 민유중의 장계다. 민유중이 어영청 자금을 전용해 흉년 구제에 사용하자고 건의한 전말을 살필 수 있다. 조선은 대동사회 구현을 이처럼 실행하고 있었다.

> 지금 쌀값이 올라 한양도성 백성의 생활이 심히 곤궁합니다. 그
> 러나 진휼청에는 다만 대미가 수백 석, 전미가 3천 석밖에 없어
> 결단코 도성 백성에게 두루 분배할 수 없습니다. 먼저 극히 궁
> 핍한 사람들에게 나누어주고자 하더라도 1만 석 가까운 곡식을
> 얻은 다음에야 한 번에 한양 백성에게 나누어주어 목전의 급함
> 을 구제할 수 있기에 어영청과 금위영 양영의 군량미를 덜어 나
> 누어줄 것으로 장계를 올립니다.
>
> ___《승정원일기》, 숙종 9년 2월 13일 기사

화성 건설 비용, 어영청 군자금으로 충당하다

18세기 들어 전쟁 없는 평화가 계속 이어졌고 어영청은 군대
라기보다 통치를 위한 금고로 전락했다. 이것은 '어영비영'의
신호탄이었다. 대표적인 사례가 수원의 화성 건설이다. 화성은
정조가 아들인 순조에게 왕위를 물려주고 상왕으로서 거처하
기 위해 만든 행궁이라는 게 정설로 여겨지고 있다. 과연 그 정
설은 진실일까? 궁금해진다. 정조가 건설한 화성에는 굉장히
뜻깊은 상징성이 있었는데 그것은 효의 실천이라는 유교 철학
이었다. 정조 입장에서 화성에 있는 현륭원은 아버지 사도세자

▲ 회화식으로 묘사한 수원 화성의 모습
1801년 수원 화성의 장안문을 아름다운 색채미로 표현하였다. (《화성성역의궤》, 프랑스 소장본)

의 묘소이며, 어머니 혜경궁 홍씨 역시 그곳에 모신다면 부모에게 효도를 다 하는 셈이기 때문이다. 명분상 매우 훌륭한 도시였으리라.

정조의 효성이 담긴 화성 건설에는 무려 76만 냥이라는 비용이 들었다고 한다. 비용 출처를 살펴보면, 재무부서인 균역청에서 가져온 자금이 30만 냥이다. 어영청과 금위영 같은 서울 군영에서도 각각 4만 냥을 부담했다. 그뿐 아니라 정조의 사병조직이나 다름없는 장용영 자금도 들어갔는데, 공식적으로 25만 냥이나 투입했다. 비용 절반을 담당한 균역청은 오늘날의 재무 관청 같은 조직이다. 균역청이 축성 비용을 부담하는 것은 당연한 처사이며 그들의 임무였을 것이다. 그러나 어영청, 금위영, 장용영 같은 서울 군영에서 돈을 끌어온 일에는 다른 의미가 숨어 있다.

왜냐하면 조선 후기 들어 군대가 단순히 군사적 역할만 한 게 아니라 재정기구 역할도 맡았음을 보여주기 때문이다. 여기서 우리는 더욱더 의미심장한 점을 발견할 수 있다. 바로 "장용영이 애초부터 부담했다"라고 기록된(《정조실록》, 정조 19년 7월 갑자) 축성 비용 25만 냥을 어영청과 금위영이 떠안도록 편법으로 설계(?)했다는 점이다.

구체적으로 말하면, 기한을 두고 두 군영이 장용영에 25만 냥을 상환하는 형식이었다. 이는 오늘날의 원리금 균등 상환 형식과 비슷하지만 실제로 있는 빚을 갚는 건 아니다. 두 군영이 장용영에 거액 25만 냥을 대출해준 건 아니었으니 말이다. 당시 존재한 '외획外劃'이라는 회계 처리 방식과 비슷해 보이지만 정확한 내용은 알 수 없다. 조선시대 상업 역사는 밝혀진 부분이 매우 적어 접근하기가 어렵기 때문이다.

장부(《정조실록》, 정조 19년 7월 갑자)에 기록한 장용영 자금 25만 냥의 규모가 어느 정도냐면, 장용영의 한 해 예산과 맞먹는 큰돈이다. 이런 큰돈을 장용영이 부담할 경우 정조 입장에서는 친위부대를 금전적으로 와해하는 꼴이 된다. 막대한 군비 소모는 부대의 존폐를 결정할 만큼 중요한 변수이기 때문이다. 여기에는 우리가 알지 못하는 내막이 있는 듯하다.

연구자에 따르면, 화성 건축은 애초부터 서울에 주둔한 어영청과 금위영 자금으로 완성한 거나 다름없다고 한다. 그렇다면 장용영의 금전적 지출이나 손실은 거의 없었던 셈이다. 이것은 무슨 의미일까? 여기에 숨은 맥락은 무엇일까?

◀ 아름다운 화성의 모습
성역을 무사히 완공한 것을 성곽의 신 '성
신城神'께 감사드리라는 임금의 명령으로
1796년 완성한 사당이다. 화성 건축에는 어
영청 자금이 비밀리에 들어갔다. (《화성성
역의궤》)

　알다시피 어영청, 금위영, 훈련도감의 서울 군영은 보수세력
으로 불리던 노론이 장악한 군부대였다. 이들 군부대가 정치자
금 창구라는 것은 세상이 다 아는 사실이다. 왕권을 강화하려
한 정조는 이들의 무력과 재력을 무척이나 두려워했다.

　아마도 그는 경제력과 무력을 장악한 여러 군영을 와해할 방
법을 어떻게든 구상했을 것이다. 그래야 기득권이 장악한 유무
형 권력이 서울에서 신도시인 화성으로 이동할 테니 말이다.
효를 명분 삼아 화성 건설이라는 핑계를 대고 서울 군영의 재
정력을 서서히 와해하는 동시에, 수원 화성과 장용영의 근력

을 키우려던 건 아니었을까? 화성을 건설한 배경에는 정조의 은밀하고도 철저한 정치적 구상이 깔려 있지 않나 짐작해볼 뿐이다.

정조의 이런 구상은 어떻게 가능했던 것일까? 군대가 지녀야 할 본위를 잃어버렸기 때문이라고 본다. 군대가 통치 권력의 자금줄이 되어버린 비정상적인 모습은 미묘한 공백을 드러냈다. 정조 같은 정치력이 높은 최고 통치자에게 좋은 명분을 제공한 것이다. 정치 권력이 재정 영역으로 둔갑한 군대 속에 침투하도록 여지를 남긴 것은 어영청을 어영부영한 모습으로 만든 장본인이었다. 나아가 문관들이 자행한 편법은 결국 나라를 좀먹는 관행이 되었고, 19세기에는 국방 시스템을 비롯해 전반적인 관료제도를 무력화시켰다. 이것이 조선왕조의 수명을 갉아먹은 원흉이었다.

정조가 왕권 강화를 위해 수원 화성을 완공했을 때(1796), 서양에서는 어떤 일이 벌어지고 있었을까? 당시 프랑스는 혁명(1789)으로 매우 혼란스러운 상황이었다. 1793년 혁명 세력이 루이 16세를 처형하자 유럽제국은 큰 충격에 빠진다. 프랑스의 이웃인 영국, 스페인을 비롯한 11개 왕정 국가는 프랑스 혁명정부를 적대시하며 동맹을 결성한다. 모든 유럽 군주가 '왕 없이도 통치가 가능하다'라는 불온한 사상이 백성에게 퍼져가는 걸 두려워했기 때문이다. 프랑스 혁명정부를 무력으로 제압하기 위해 선봉장으로 나선 나라는 바로 라이벌이던 영국이었다.

참고문헌

- 이방섭, 정조의 장용영 운영과 정치적 구상, 〈조선시대사학보〉 제53권, 2010.
- 이광우, 19세기 전반기 삼군문三軍門의 재정 운영 실태, 〈軍史〉 제89호, 2013.
- 송기중, 17세기~18세기 전반 어영청 재정의 운영과 변화, 〈軍史〉 제1호, 2016.
- 김정애, 〈아기장수〉와 〈허생전〉의 새로운 세상 구축을 위한 과정과 그 의미: 《주역》의 천화동인괘天火同人卦와 관련하여, 〈겨레어문학〉 제57권 57호, 2016.

2

부와 권력은 하나다

1

엘리트 군인의
흥망사

──────── 엘리트 군인은 나라의 귀중한 인재로 키워졌지만 동서양 할 것 없이 군인 직분에 걸맞지 않게 돈을 벌거나 탐하면 언제든 견제가 들어왔다. 위정자들이 '혹여 반란을 획책하는 게 아닐까?' 싶어 의심의 싹을 틔웠기 때문이다. 실제로 조선시대 위정자이자 문관들은 토색討索질하는 무관을 끊임없이 탄핵했다. 홍문관, 사헌부, 사간원 같은 대표 엘리트 언관言官이 팔뚝질을 해대며 토색하는 군인을 내쫓아버린 것이다.

명분상 녹을 먹는 관리는 청렴해야 한다는 발상이지만 늘 무력을 관리하는 군인이 재력까지 갖추면 누구도 제어할 수 없는 법이다. 상상할 수 없는 반란이나 반정 같은 이벤트가 벌어질 가능성이 크다는 건 상식적인 생각이다.

그 대표적인 사례가 중인 출신으로 종2품 총융사摠戎使 직위에 오른 장희재張希載다. 장희재는 희빈 장씨의 오라비로 숙종 시대에 군부의 일인자로 인정받았으나 여당인 서인 세력이 역적으로 낙인찍어 제거했다.

장희재의 죄과는 중인 출신이라는 미천한 신분이 아니다. 그가 군영 대장인 총융사로 재직하면서 화폐 주조사업을 도맡은 것이 더 큰 이유였다. 장희재와 그의 당여黨與들은 화폐를 활용해 재력을 쌓는 동시에 정치자금을 마련하려 했다. 무력과 재력을 갖춘 실력자는 어느 존재보다 강한 법이었으리라. 강력한 정적의 도전을 받은 서인 세력이 장희재를 그냥 둘 리 없었다. 정적 제거는 필수였다.

비단 장희재뿐이 아니다. 후술하겠지만 서양 역사에서도 통치자의 의심을 받은 엘리트 군인들을 발견할 수 있다. 예를 들면, 십자군 전쟁 당시 명성이 드높던 성전 기사단이 있다. 프랑스의 미남왕le Bel, Ederra 필리프 4세(재위 1285~1314)는 기사단원들에게 억울한 누명을 씌워 제거했는데 이는 동서양의 공통적인 역사 흐름이었다.

상업을 혐오한 동서양의 통치자들

조선시대 위정자인 문관 집단은 머리가 똑똑한 인텔리였던 것 같다. 정치 술수에 능해 권력의 향배와 시대 변화를 재빠르게 파악하고 대응했으니 말이다. 그래서 조선왕조가 500년을 버텼는지도 모른다. 상업 발달은 세상의 갈등을 조장하고 그 갈등이 심화하면 아무리 유능한 사람일지라도 쉽게 해결할 수 없다는 걸 잘 알고 있었다.

그들은 가능하면 상업 발달과 진전을 억제하려 했다. 그러나 임진왜란과 병자호란이 터지면서 국가 재건 문제가 시급해진다. 임시방편으로나마 상업 부흥을 촉진해 텅 빈 국고를 가득 채워야만 했다. 문관 집단은 상업의 중요성을 알고 있었지만 직접 뛰어드는 것은 꺼려했다. 집단 자체가 문학을 숭상하며 고담준론高談峻論을 즐기던 우아한 사람들이라 돈 같은 더러운 물건에 손을 댈 수 없었던 까닭이다.

비단 조선의 문관들만 그러한 이중성을 보인 건 아니다. 서양의 가톨릭 수사들도 마찬가지였다. 그들은 누구보다 돈을 좋아했다. 십일조로 거둔 자신의 재량예금을 유대 상인에게 맡겨 재산을 불렸다. 그렇지만 면죄부를 팔아 돈을 벌면서도 상업을 극도로 천시한다.

특히 유대인 금융업자를 극렬히 멸시해 거주지를 특별구역으

로 제한했고 일반 시민이 그들을 가까이하지 못하도록 했다. 유
대인 금융업자가 종교인의 비밀 자금을 관리한다는 사실이 드
러날까 두려웠기 때문이다.

가톨릭 수사들이 유대 상인에게 돈을 맡긴 것처럼 조선의 통
치자인 유학자들도 돈을 관리하고 상업 활동을 대신 해줄 사람
이 필요했다. 쉽게 말해 실무 인력이다. 화폐 주조, 광산 개발,
무역 시장 활동으로 나라 경제를 한층 끌어올리려면 사람이 필
요하지 않겠는가. 여기에 적합한 인력이 군대의 직업 군인이었

▲ **우아하고 고상하게 고담준론을 즐긴 프랑스 왕족과 귀족**
조선시대 양반처럼 프랑스에서는 귀족이 상업에 종사하는 것을 금지했다. 만약 귀족이 비즈니스에 뛰어들면 그 작위를 박탈했다.

다. 그리고 그중 주목할만한 인물이 엘리트 군인 장희재였다.

장희재는 숙종의 후궁인 희빈 장씨의 오라비로 그 덕분에 출세한 인물이다. 그의 배경은 매우 독특하다. 《조선왕조실록》을 살펴보면, 시전市廛에서 입신한 인물이라 평가하고 있다. 시전이란 종로의 관허상인을 말한다. 원래부터 장사꾼 집안인 셈이다. 윗대 할아버지 때부터 역관을 겸해 상업에 뛰어들었다고 한다. 장희재의 삼촌뻘인 장현 역시 역상譯商(상업에 종사한 역관)으로 활동하며 당대의 부자로 이름을 날린 것은 돈과 관련된 그의 배경을 더욱 확실하게 해준다.

화폐를 주조한 조선의 엘리트 군인 장희재

장희재는 장사꾼 집안에서 태어났으나 중인 신분의 한계를 무너뜨린 입지전적 인물이다. 오군영 대장인 종2품 총융사 직책까지 진출했으니 말이다. 대장에 오른 것은 중전 자리에 있던 여동생 장희빈의 후광이긴 했으나 이전부터 그는 출중한 군인으로 인정받았다고 한다.

장희재는 여동생이 일개 궁녀로 있던 1680년에 이미 왕실 경호원의 일원이었다. 왕실경호대 내삼청內三廳의 내금위 군관으로 활약한 것이다. 내금위는 용모와 신수가 뛰어날 뿐 아니라 무예에도 능숙해야 선발이 가능한 최정예 장교였다. 이 사실은 애초에 장희재가 평범한 인물이 아니었음을 증명한다.

1690년 장희빈이 중전이 되자 장희재는 출세 가도를 달렸다. 중인 아닌 사대부 출신 군인의 길을 걸었던 것이다. 엘리트 요직인 내승, 도총부都摠府 도사, 도총부 경력經歷, 훈련부정, 금군별장을 거쳐 최종적으로 총융사까지 올랐다. 군부의 대장이 되었으니 실력자로 부상하는 건 당연했고 조정에서도 주목을 받았다.

그가 활약하던 숙종 시대에는 군영 정치가 한창이었다. 앞서 말했듯 문관들이 군영에 소속된 군인들을 내세워 여러 가지 상업 활동과 토목사업을 전개했는데 화폐 발행도 마찬가지였다. 이들은 군대의 여유 자원을 활용해 화폐를 주조하게 했으며 시뇨리지 효과로 얻은 잉여분은 군영의 운영자금으로 남겨 훗날을 대비했다. 이러한 사실은 《조선왕조실록》에도 실려 있다.

> 대신들과 비변사의 여러 재상을 인견引見하고 총융청에 1년 동안 돈을 만들기를 허락했다. 당초에 영중추부사領中樞府事 김덕원金德遠이 모래밭에서 군대를 사열할 때 총융청은 경제력이 피폐하므로 조정에서 마땅히 마음을 써서 세稅를 거두어야 함을 극력 말하고, 총융사 장희재가 드디어 새로 돈을 만들어 용도가 넉넉하기를 청했었다. 이때 이르러 영의정 권대운權大運이 아뢰어 임금의 허락을 받게 된 것이다.
>
> ___ 《숙종실록》 24권, 숙종 18년 8월 23일 기사

북한산성 인근에는 총융청이란 군대가 주둔했다. 서울을 방어하던 5개 부대 중 한 곳이지만 재정이 형편없었던 모양이다. 군수와 군량을 담당하는 낭관郎官(실무자)조차 없어서 군비 확장에 서툴렀다. 장희재가 총융사로 부임해 군권 실력자로 부상하자 야당 출신의 고위급 문관들이 그를 밀어주기 시작했다. 실

◀ 권신응權信應이 그린 〈북악십경〉 중 총융청 광경
원래 총융청은 사직동에 있었으나 1750년 신청사를 짓
고 지금의 세검정초등학교로 이전했다. 당시 규모는
300칸이었으며 인근 사찰인 정의사도 800칸에 이르렀
다. 고래등 같은 기와로 이어진 이곳은 그 경치가 대단
했다고 전한다. (개인 소장본)

록에서 보듯 영의정 권대운과 영중추부사(1품 대신) 김덕원이 숙
종에게 장희재가 화폐를 주조할 수 있게 왕의 허락을 받아낸 것
이다.

당시 관청에서 소비하던 비용은 관청이 알아서 조달하는 게
원칙이었다. 총융청도 예외는 아니다. 하지만 관청 운영비를 만
드는 건 말처럼 쉬운 일이 아니었다. 가장 좋은 방법은 말 그대
로 돈을 주조해 재미를 보는 것이었다. 후술하겠지만 프랑스 미
남왕 필리프 4세가 그러했듯 화폐 주조사업은 시뇨리지 효과
덕에 어느 사업보다 이윤 남기기가 좋았다. 상인 집안 출신인
장희재도 이 점을 잘 알고 있을 터였다.

주목할 점은 화폐사업을 밀어준 고관들이 남인 세력의 우두머리라는 사실이다. 권대운과 김덕원이 그들이다. 여기엔 숨겨진 정치적 의도가 있었다. 총융청을 남인 세력이 포섭한다면 자당 이익을 수호하는 무력 기구를 만들 좋은 기회였기 때문이다. 총융청에서 만든 화폐를 남인의 정치자금으로 활용할 수도 있었다.

장희재는 1년을 기한으로 정해 주조사업을 진행하면 1만 냥의 잉여분을 남길 수 있다며 남인 출신 고관에게 호언장담한 듯하다. 또한 1만 냥을 밑천 삼아 고리대를 놓으면 무너져가는 총융청을 굳건하게 세울 수 있다고 판단했다. 당시 대출금리가 50% 이상이라 장희재의 말은 실제로도 거짓이 아니었다.

그렇지만 계획은 여기까지였다. 주조사업이 성공적이었는지는 아무도 알 수 없다. 그 이유는 인현왕후 민씨가 복위하는 동시에 희빈 장씨가 중전 자리에서 쫓겨났기 때문이다. 그 여파로 오라비 장희재도 무사할 수 없었다. 정치자금이 될지도 모를 돈줄을 만들려는 고위 장성을 반대파가 그냥 놔둘 리 없지 않은가. 능력 있는 군인이지만 정치적 사건 탓에 자리를 보전하지 못한 것은 하늘이 정한 그의 운명이었다.

▲ **북악산 밑 신영동에 위치했던 총융청 사진**
300칸이 넘는 군영으로 한양의 전초기지인 북한산성을 방어했다. 조선시대 군영은 군사적 역할
뿐 아니라 화폐를 주조하는 등 재정적 역할도 맡았다.

큰 부를 만들고 유럽의 실력자로 자리매김한 템플 기사단

유럽에서도 장희재처럼 돈을 주조한 엘리트 군인을 찾아볼
수 있다. 흥미롭게도 그들 역시 누명을 쓰고 몰락했다. 바로 중
세시대 기사단으로 잘 알려진 템플 기사단이다. '성전聖殿 기사
단'이라 불리기도 한 그들은 교황 직속 기사단으로 1128년 공
식 인준을 받는다. 특별한 점은 기사단의 경우 프랑스 카페왕조
의 후원으로 급속히 성장했다는 사실이다. 그래서인지 십자군
전쟁 당시 프랑스 국왕 루이 7세를 금전적으로 밀어준 세력도
템플 기사단(또는 템플러)이었다. 그야말로 프랑스와의 인연이 참

으로 각별해 보였다.

초창기 템플러들은 베네딕토 교회 규칙을 채택했다. '청빈, 청결, 순명'이라는 세 가지 서원과 함께 하느님과 교황의 전사로서 이교도와 싸울 것을 언명한다. 신심 깊은 수도사와 용맹한 전사 이미지가 융합하면서 템플러는 많은 사람에게 감동을 주었고 무척 인기가 많았다고 한다. 특히 예루살렘을 순례하는 사람들을 보호하자 유럽 각지에서 후원이 넘쳐났다고 전해진다.

십자군 전쟁 당시 전방위로 활약한 템플러는 점령지의 이슬람인을 고용했다. 덕분에 고도로 발달한 아라비안 금융을 습득할 수 있었고 기사단원의 재산뿐 아니라 스폰서의 후원금을 효율적으로 관리해 부를 늘려갔다. 무엇보다 순례자들의 예금을 유치하는 등 은행 같은 역할까지 도맡으면서 급속히 성장했다.

금융기관으로 부상한 템플 기사단은 시간이 흐르자 유럽 각지의 국왕에게 통치자금과 전쟁 비용을 빌려주었다. 이들이 막강한 영향력을 발휘한 것은 두말할 나위가 없다. 그중 프랑스 국왕 필리프 4세는 프랑스와의 인연이 각별한 템플러에게 엄청난 자금을 빌린 차주借主(빚을 진 사람)였다. 그 무렵 필리프 4세와의 관계가 인연에서 악연으로 돌변해 템플러에게 치명적인 결과를 안겨주리라고 예상한 사람은 아무도 없었다.

잘난 외모로 유명해 미남왕이라 불리던 필리프 4세는 왕권

▲ **기병으로 묘사한 템플 기사단 이미지**
방패에 성전 기사단의 문장인 십자가와 함께 12세기부터 프랑스 왕가의 문장으로 등장한 백합이 보인다.

강화와 중앙 집권에 열성을 보인 인물이었다. 이는 12세기부터 카페왕조가 전승하던 통치 이념이기도 했다. 제후 권력을 억누르고 프랑스 영토에 국왕의 존엄을 뿌리내리는 것이 카페왕조의 궁극적인 목적이었기 때문이다. 세속적인 통치뿐 아니라 교황처럼 각박한 현실에서 고통받는 백성의 구원자 역할까지 도맡으려 한 것이었다.

십자군 전쟁 이후 교황권이 쇠퇴하자 유럽 각 지역에 점차 국왕 중심의 봉건 체제가 출현했다. 이에 편승한 필리프 4세는 교황보다 강하고 신성한 왕권을 수립하려고 부단히 노력했다. 그는 강력한 통치 시스템을 원했는데 이를 현실적으로 뒷받침하는 것은 바로 돈, 돈, 돈이었다.

왕실 재정의 안정을 확보하려면 막대한 자금이 필요했으나 선대 국왕 루이 9세는 십자군 원정으로 국가 재정을 크게 말아먹었고, 부친 필리프 3세마저 전쟁으로 빚만 잔뜩 남겨놓았다. 결국 필리프 4세는 미남왕이 아니라 부채왕이라는 별명이 어울릴 정도로 극악의 재정 문제에 직면한다. 그는 왕권 안정을 도모하는 동시에 재정위기를 극복해야만 했다.

미남왕 필리프 4세의 음모

필리프 4세는 자신에게 돈줄이 되어줄 희생양을 찾기 시작했다. 그때 눈에 띈 존재가 있었다. 바로 자신의 대주貸主(돈을 빌려준 주체)이자 재력이 넘쳐나던 템플 기사단이었다. 그렇다고 필리프 4세가 단순무식하게 돈 때문에 이들을 노린 것은 아니었다. 템플 기사단은 교황 직속의 무력 집단으로 군주권을 위협할 수 있는 두려운 존재이기도 했다. 여기에는 그럴만한 속사정이 있었다.

필리프 4세를 비롯한 카페왕조 통치자들은 이전부터 교황권에서 벗어나 절대적인 왕권을 행사하길 갈망했다. 특히 필리프 4세는 프랑스 교회가 교황청에 보내던 교부금을 전용하려 했고, 이로 인해 갈등을 빚던 교황 보니파시오 8세(1235~1303)를 감금한 후 뺨을 때릴 정도로 교황을 두려워하지 않았다.

▲ 필리프 4세

카페왕조 후계자들 중에는 대체로 미남이 많았다. 증언에 따르면 필리프 4세는 금발에다 튼튼한 체격과 냉철한 모습의 사자 같은 인물이었다고 한다.

그도 그럴 것이 십자군 전쟁 이후 유럽에서 교황권은 추락하고 있었다. 프랑스 국왕들은 로마에 있는 교황을 프랑스 변방의 아비뇽에 유폐한 전력까지 있을 정도였다. 교황을 군주의 꼭두각시처럼 활용할 만큼 남다른 권력을 행사했다고 전하는데, 아이러니하게도 아비뇽에 유폐된 7인의 교황은 모두 프랑스 국왕과 말이 통하는 프랑스 출신이었다고 한다.

반면, 이탈리아 출신인 교황 보니파시오 8세는 강단 있는 인물이었다. 그는 추락하는 교황의 권위를 살려보려 무척 애를 썼다. 보니파시오 8세는 자신의 반대파인 로마 귀족 콜론나Colonna 가문을 가차 없이 타도했다. 또한 충분한 재정을 확보하고자 "로마 교회의 모든 사제는 교황의 허락 없이 군주에게 세금을 낼 수 없다"며 소위 '재속 사제에게 고함Clericis laicos'이라는 칙령도 반포하며 으름장을 놓았다.

유럽 군주들은 당연히 반발했다. 프랑스 필리프 4세는 "국왕의 허락 없이 자국의 금은보화를 외국으로 유출할 수 없다"는 왕명으로 칙령을 반박했다. 프랑스 국왕뿐이 아니다. 영국 에드워드 1세는 "교회 사제는 교황이 아니라 국왕의 보호를 받는 자들이라며 세속 정부에 도움을 주지 않으면 안 된다"라고 겁박했다.

이런 와중에 교회 사제들은 대세를 눈치채고 있었다. 시대 흐름은 세속 군주 편이었고 권력의 무게추마저 교황 아닌 국왕에게 넘어가고 있었다. 그래서 그들은 국왕 편을 들었다. 이런 현실에서 필리프 4세가 보니파시오 8세를 감금하고 측근을 사주해 뺨을 때리는 것은 숨 쉬듯 간단한 일이었다.

그 결과 쇠락하던 로마 교회와의 수위권 갈등은 말 그대로 극에 달했다. 그러니 교회 권위에 기대 교황에게 충성하던 템플러의 존재는 필리프 4세에게 눈엣가시일 수밖에 없었다. 더구나 막강한 재정을 앞세워 강력한 세력을 구축한 템플 기사단은 왕권을 맹렬히 위협할 수도 있었다. 필리프 4세 입장에서 반드시 제거해야 하는 정적이었던 셈이다.

유럽 최고의 전사, 템플 기사단의 몰락

공교롭게도 당시 템플 기사단은 필리프 4세가 다스리는 프랑
스 내에 거대한 영토와 많은 성채를 소유하고 있었다. 이슬람
문명과 충돌하면서 얻은 선진 금융기술과 대부업을 활용해 기
사단 재산을 크게 불려놓은 것이다. 주목할 것은 기독교인인 이
들이 혐오 산업으로 여겨지던 대부업에 종사하는 것을 꺼리지
않았다는 사실이다.

이는 기독교인이 그토록 박해하던 유대인의 관행을 긍정하는
꼴이었다. 템플러들은 아랑곳하지 않고 필리프 4세를 비롯한
유럽의 통치자에게 이자를 받아내 돈을 불렸다. 돈이 항상 궁했

던 필리프 4세는 고리대금업을 겸하던 템플러가 탐탁지 않았으나, 프랑스에서 영향력이 지대했기에 왕실 재정관으로 임명해 돈독한 관계를 유지해야만 했으리라. 그러나 인간의 욕심은 마치 폭주하는 기관차와도 같은 법이었다. 필리프 4세는 신성한 왕권을 드높이기 위한 전쟁 욕망에 사로잡혔다. 그리고 이를 감당할 막대한 비용을 마련하려 했다. 결국 프랑스 미남왕은 화폐를 개주改鑄하는 한편, 기존 환율을 조작해 차익을 뜯어내려고 단단히 마음먹는다.

한마디로 말해 시뇨리지 효과를 노린 것이다. 당시는 중앙은행이 부재했으므로 건전한 통화정책이 있을 리 만무했다. 필리프 4세는 국제기준인 가치화폐 '그로 트루누아(G)'와 유통화폐 '드니에(D)'의 교환비를 조작했다. 1285년 무렵 1:12(G/D)로 유지했던 교환 비율을 1303년 1:9(G/D)로 평가절하했다. 왕실은 수시로 적정 환율을 변경했고 코인을 만들어 주조 차익을 얻으려 했다. 결국 막대한 통화량이 시중에 뿌려진다. 처음에는 인식 시차recognition lag 때문에 별다른 영향이 없었으나 시간이 흐르면서 시장에는 엄청난 부작용이 발생했다. 화폐가치가 문란해지는 동시에 물가가 폭등하는 건 불 보듯 뻔한 일이었다.

그 결과 프랑스 경제는 파리 백성이 봉기를 일으킬 정도로 피폐해졌다. 1306년에는 필리프 4세가 시위대를 피해 템플 기사단의 파리 지부로 피신할 만큼 치안 상태가 엉망이 되었다. 최악의 경제 상황에 직면한 필리프 4세는 1307년 템플 기사단을 해체하기로 마음먹는다. 피폐해진 국가를 재건하고 왕실 곳간을 채우려면 기사단 재산을 약탈하는 수밖에 없다는 생각에 다다랐기 때문이다. 단기간에 돈을 쉽게 마련하는 방법은 역시 은행털이와 강도짓이라는 걸 프랑스 미남왕은 잘 알고 있었다.

은밀한 작업은 의외로 쉽게 진행되었다. 아비뇽 유수*로 교황권을 손아귀에 쥐고 있던 필리프 4세에게는 무언의 자신감도 있었다. 그는 전격 체포조를 보내 교황의 충복이던 기사단장과 3천여 명의 템플러를 감금했다. 가장 중요한 재산 몰수라는 조치와 함께 말이다. 그런 다음 실질적 수장이던 교황 클레멘스 5세를 겁박해 기사단 해체를 명령하도록 사주했다. 본연의 임무에서 벗어나 부패와 탐욕의 상징인 대부업에 치중한다는 죄목을 비롯해 교리에 어긋나는 동성행위, 우상숭배, 십자가 모독이라는 무려 127개의 혐의를 주홍글씨로 새겨놓았다. 그런 다음 고문으로 죄를 고백하게 만들고 기사단원을 이단으로 치부해 화형에 처했다.

• 1309년부터 1377년까지 7대에 걸쳐 교황청을 아비뇽으로 이전한 사건

필리프 4세 입장에서는 일석이조의 유쾌한 일이었다. 기사단 재산을 손에 넣는 동시에 중앙 집권을 방해하던 정적을 제거했으니 말이다.

왕은 여기서 멈추지 않았다. 유대인과 롬바르디아 상인, 유력 은행가 재산까지 탈탈 털었다. 특히 기독교인이 혐오하던 유대 상인을 프랑스에서 추방하는 추태까지 벌인다. 당시 추방당한 유대 상인은 10만 명에 달했고 이는 프랑스 경제에 큰 타격을 안겨주기 충분했다. 구체적으로 프랑스의 도시가 최소 20개에서 최대 50개까지 사라질 정도였다. 그만큼 경제적으로 부정적인 효과를 냈다고 전해진다.

필리프 4세의 비이성적 행위는 최악이라는 단어가 모자라지 않을 행동이었다. 그래서 그런지 프랑스 카페왕조는 필리프 4세 이후 점차 자손이 끊겼고, 1328년부터 왕조는 발루아 왕가와 부르봉 왕가로 넘어간다. 이것은 분명 필리프 4세가 남긴 죄악의 결과였다.

성전 기사단을 해체한 1307년 우리나라에서는 어떤 일이 벌어지고 있었을까? 이때 고려의 통치자 충선왕은 심양왕이란 직위에 오른다. 충선왕은 원나라 황제 쿠빌라이 칸의 외손자였다. 이러한 혈통 관계 덕분에 원나라 황실의 실력자로 부상한다. 그는 황실의 권력다툼에도 뛰어들었고 원무종의 등극을 도와 일등 공신이 되었다. 그래서 명목상 요동 지역을 다스리는 심양왕에 임명된 것이다. 흥미로운 점은 고려 왕씨들이 물려받던 심양왕의 권력 서열이 37위인데 고려왕은 두 단계 낮은 39위였다는 사실이다. 황실은 이 미묘한 서열 관계를 고려에 분란과 정쟁을 일으키기 위한 정치적 도구로 활용했다.

참고문헌

• 정해은, 조선 후기 무신의 중앙 관료생활 연구: 《盧尚樞日記》를 중심으로-, 〈한국사연구〉 143호, 2008.
• 윤진영, 조선후기 免新禮의 관행과 宣傳官契會圖, 〈서울학연구〉 54호, 2014.
• 정해은, 17세기 常賤 무과급제자에 대한 차별과 士族의 勸武, 〈조선시대사학보〉 제42권 42호, 2007.
• 안상준, 템플기사단의 해체와 필리프 4세, 〈프랑스연구〉 28호, 2013.
• 이영재, 중세 말 아비뇽 교황청은 유폐인가? 아니면 성장인가?, 〈한국서양중세사학회〉, 2013.
• 《대전통편》, 조선시대 법령자료집
• 《전율통보》, 조선시대 법령자료집
• 《승정원일기》

짱짱맨이던
조선왕조 엘리트 군인

——— 조선시대에 돈을 벌고 부를 성취하는 방법은 명예로운 지위에 오르는 것이었다. 신분제 사회였으니 당연한 얘기일 것이다. 그래도 출세를 위한 노력 역시 필요한 법이다. 아무리 좋은 출발선상에서 인생 경기를 시작해도 특별히 노력하지 않거나 노력이 부족하면 결실을 얻지 못하는 것은 지금도 마찬가지다. 중세시대인 조선왕조 때도 그랬다.

군인들 세계는 더욱더 그러한 것 같다. 당시 조선에는 '선부수(선전관, 부장, 수문장) 삼천'이라는 인사제도가 있었는데, 지금으로 치면 군 장교를 육사와 비육사 출신으로 나눠 커리어를 부여하는 것과 유사하다. 조선시대에는 선천(선전관 직책의 추천)을 얻어야 엘리트 군인으로 대접받았다. 이들이 청요직(핵심 직책)과 꽃보직에 나갈 수 있었기 때문이다.

선천을 얻었다고 만사형통이었던 건 아니다. 선전관 출신도 오늘날 장관급에 해당하는 병마절도사나 수군절도사 같은 고위급 지휘관에 오르는 게 쉽지 않았다. 기피 지역인 국경지대에서 근무하는 것은 물론, 군내에 사건이나 사고가 발생하지 않도록 부대 관리도 잘해야 했다. 그뿐 아니라 문관들의 정치놀음에 빠지지 않고 군무에만 집중해야만 했다. 그렇지 않으면 당파 싸움에 빠진 군인이라 하여 탄핵당하고 미끄러지기 일쑤였다.

어쨌든 문관보다 무관으로 입신양명하는 것이 출세는 몰라도 부자가 되는 지름길임은 분명했다. 조선시대에 돈을 주조한 관청은 군영이었기 때문이다. 군영은 해외무역을 관장하기도 했고 각종 이권 사업에도 개입했다. 당연히 소속 장교나 군졸은 이권을 공유하며 부를 쌓았다. 여기에다 임금을 곁에서 경호하는 선전관과 내금위 같은 시종무관에게는 날마다 왕의 선물이 내려왔다. 부유한 생활을 영위하는 게 어려운 일은 아니었다고 전한다.

한편, 조선 무관의 출세와 지위는 왕명을 전달하던 선전관청에 달려 있다고 해도 과언이 아니었다. 그곳을 초임으로 추천받는 것은 경력상 중요한 사안이기 때문이다.

조선시대 방어사防禦使나 절도사節度使 직책은 지금의 장관급 지휘관이다. 이들은 국경지대에서 독자적인 지휘가 가능한 사령관이었다. 특히 함경도 북변北邊 병사나 수사를 우대해 곤수閫帥라고도 불렀다. 곤수를 역임한 무관은 혹독한 형벌을 면

▲ 정조 임금이 무겸 선전관인 김의에게 내린 하선장(하사품을 적은 기록)
정조는 자신의 신변 보호를 맡은 선전관 김의에게 웅어와 밴댕이를 한 두름씩 선물했다. 이처럼 선전관청宣傳官廳은 왕에게 자주 현물을 하사받을 정도로 귀한 대접을 받았다. (무반벌열 해풍 김씨 도록)

제받을 정도로 조정에서 큰 예우를 받았다. 이 같은 예우와 특권은 누구나 누리고 싶은 게 본능일 것이다. 이 자리에 오르려면 선전관청의 우두머리 격인 당상堂上 선전관을 꼭 거쳐야 했다. 당상 선전관이란 정3품 품계를 받은 고급 관리를 말한다.

여기서 당상이란 단어는 왕이 있는 편전에 들어갈 수 있다는 뜻이기도 하다. 즉, 왕과 얼굴을 맞대고 정책을 논의하는 고급 관료인 셈이다. 당상 선전관에서 승진해 곤수가 되려면 새내기

군관 시절부터 선전관청에 이름이 올라야 했는데, 그 처우는 오늘날 육군사관학교를 거쳐 엘리트 장교가 되는 것과 유사하다.

출세의 시작점, 면신례 풍경

조선시대 무관 세계에도 전입 신고식이 있었나 보다. 그들에게 '면신례免新禮'라 부르던 세레모니가 있었는데 이는 엘리트 관청에 있던 초짜들의 신고식으로 전해진다. 그런데 군인들 신고식은 너무 혹독해 논란거리로 회자되기도 했다.

절름발이 흉내나 부엉이 울음소리를 내는 등 우스꽝스러운 몸짓을 요구하는 것은 어린아이 장난 수준이었다. 선배가 후배의 의복을 찢고 갓을 부수거나 진흙탕에서 구르도록 하는 등 추태마저 부렸다고 전언한다. 조선시대 석학 율곡 이이李珥는 문관 출신이지만 면신례를 거부해 선배들에게 따돌림을 받았다. 문관의 경우가 이 정도였으니 군 장교들은 어떠했을지 짐작이 간다. 군부의 엘리트인 선전관도 신고식에서 예외가 아니었다. 이들은 결속을 다지기 위한 허참례와 면신례를 통과해야 진정한 동료로 인정했다.

다음 고문서는 신입 선전관 임백현이 발급받은 문서다. 그는 신고식인 면신례를 마치고서야 선전관청 입직을 허락받았는데 그 증거물이 면신첩이었다. 당시 관청에서 벌어지던 신기하고

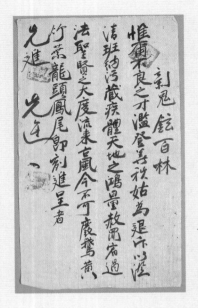

新鬼 鉉百林

惟爾不良之才濫登美秩姑為退斥以澄
清班納汚藏疾體天地之鴻量救聞宿過
法聖賢之大度流來言氣今不可廣鶩薦
竹葉龍頭鳳尾即刻進呈者
先進 先年 一

▶ **임백현의 면신첩**
임백현은 1855년 무과에 급제한 무관 출신으로 훈련원 주부, 도총부 경력, 병조좌랑, 무신 겸 선전관, 총융청 파총, 훈련원 첨정 등의 무반 요직을 거친 인물이다. (서울역사박물관)

우스꽝스러운 신고식 장면을 유추해볼 수 있어 무척 흥미롭다.

"신귀新鬼(새로 들어온 귀신. 신입 관리를 말함). 현백림鉉百林(임백현의 이름을 거꾸로 부름). 너는 좋지 않은 재주로 함부로 좋은 관직에 올랐으니, 우선은 너를 내침으로써 청반淸班(여기서는 선전관청을 지칭함)을 깨끗이 해야 하겠지만 더러움은 거두고 나쁜 점은 덮어두고자 한다. 이는 우리가 천지 같은 넓은 도량을 본받았기 때문이다. 네 죄와 허물을 용서하니 이는 우리 선배가 성인, 현

◀ 선전관청 계회도
1789년(정조 13) 9월, 22명의 선전관청 관원이 신입 선전관 2명의 신고식을 치르기 위해 한강 변에 모였다. 계회도契會圖는 신고식을 마친 선전관들이 참석자에게 전달하던 일종의 기념품이다. 그런데 계회도를 마련하는 비용이 만만치 않아 무척 고생했다고 한다. (진주국립박물관)

자와 같은 큰 도량을 지닌 까닭이다. 내려오는 옛 풍습을 이제
와 그만둘 수는 없으므로 좋은 술과 맛있는 안주를 즉각 선배들
에게 바치도록 하라."

조선의 엘리트 군인은 어떤 커리어를 밟았을까?

조선시대 군인의 엘리트 코스를 요약하면 이러하다. 일단 양
반 사대부 후손으로 붓을 잡기보다 군인이 되길 갈망해야 한다.
이후 전·현직 고위 무관의 추천을 받아야만 했다. 유력자 추천

으로 무예를 권장받는 권무군관이 되면 비로소 군문에 첫발을 내디딜 수 있었다.

오늘날 초급장교 격인 권무군관은 각 군영에 배속돼 본격적인 무예 연마에 들어간다. 어느 정도 적응하면 임금의 말[馬]을 관리하는 사복시 내승內乘이란 직책이나 임금 곁에서 명령을 전달하는 남행南行(조상의 음덕으로 벼슬길에 오르던 일) 선전관으로 전출된다. 대개는 권무군관 신분으로 무예를 익히며 출세의 필수 관문인 무과시험을 차분히 준비했다고 한다.

한편 중세시대에는 동서양을 막론하고 국왕 주변을 숙위하고 순찰하는 근위병을 최정예로 예우했다. 조선시대로 치면 앞서 말한 시종무관인 내승, 선전관, 별군직別軍職 같은 군인이다. 서양에서는 로마 황제를 호위하던 '프라이토리아니Praetoriani'가 대표적이다. 엘리트 부대로 잘 알려진 이들은 황제를 근접 경호하는 동시에 궁성을 돌며 외곽을 순찰했다.

조선에도 프라이토리아니와 유사하게 궁성을 돌며 순찰하던 부대가 있었다. 오위五衛라는 부대다. 이 오위를 지휘 감독한 사령부가 오위도총부다. 임금 주변을 지키는 관청답게 우두머리인 도총관은 주로 왕족이나 당상관급 이상의 고위 관리가 도맡았다. 그 밑에는 실무를 담당하는 중견 장교가 있었는데 이들이 도총부의 경력(종4품)과 도사(종5품)다. 포도청 종사관처럼 문필

◀ **고대 로마의 근위대 프라이토리아니**
엘리트 부대는 혈통 좋은 본국인으로만
구성했는데 이들은 황제를 갈아치우는
등 정치군인으로 활약하기도 했다.

을 담당한 군부의 행정 관료로 똑똑한 우수 자원이다. 지금으로
치면 국방부나 합참에서 근무하는 영관급 엘리트 장교라 할 수
있다.

엘리트 중견 장교가 반드시 거쳐야 하는 도총부 관원

오위도총부는 궁성 관리 같은 자질구레한 일을 도맡긴 했지
만 본래 지엄한 명령을 내리던 군령기관이다. 그래서 참모본부
처럼 명령 문서가 오가는 군무 행정이 존재했다. 당연히 실무를
담당한 도총부 소속 장교에게는 문서를 처리할만한 문필 능력
이 필요했다. 기관 성격상 이 자리는 문무를 겸비한 사람만 임

명할 수밖에 없었기에 양반 사대부 후손이자 엘리트 군인이 독점했다.

이에 따라 도총부의 실무관료 '경력'과 '도사' 자리는 요직으로 분류했다. 그런 만큼 문벌 좋은 가문의 후손을 임명했다. 조선 후기 장성급으로 분류한 병마사, 통제사, 각 군영 대장의 이력을 보면 80~90%가 도총부 관원 커리어를 밟은 것으로 나온다. 도총부 관원이란 아무에게나 주어지지 않은 직책임을 유추할 수 있다.

도총부 관원과 관련된 일화가 하나 있다. 명나라 제독 이여송의 후손인 이희장李熙章이 무과에 급제하자, 정조는 명장의 자손이라 칭찬했다. 그를 도총부 경력 자리에 임명하도록 명령할 정도로 도총부 커리어는 엘리트 코스로 여겨졌다.

임금이 전교하였다. "무과에 급제한 전 선전관宣傳官 이희장李熙章은 제독提督 충렬공忠烈公(명나라 장수 이여송)의 후손이다. 이 제독이 우리나라에 왔을 때 우리나라 양반의 딸을 맞아들여 사내아이를 낳았고 그 아이가 우리나라에 남아 희장의 선조가 되었다. 그러나 해변 땅에 떠돈 지 수백 년 만에 이제 처음 급제자가 나왔으니 어찌 기특하지 않은가. 해당 관청에 명령해 도총부 경력 자리를 하나 더 마련하여 이희장을 추천 명단에 넣도록 하

▶ **임란 당시 조선을 도운 명나라 제독 이여송 초상화**
이여송 후손들은 조선에 들어와 농서 이씨 가문을 형성했다. 그들은 황조인(명나라 사람)이라며 귀한 대접을 받았고 무관으로 입신해 종2품 병마절도사와 정3품 수군절도사 같은 고위직까지 진출했다. (일본 덴리대)

고, 내일 임금에게 사례하는 자리에 그도 함께 사은하도록 하라. 이는 종의鍾儀가 고국의 음악을 연주하던 경우처럼 그 근본을 잊지 않은 것이다. 앞으로 희장 집안사람으로서 문, 무과에 급제한 자가 있을 때는 합격자를 발표하는 날 화패花牌 차림으로 선무사宣武祠와 제독의 사우祠宇를 인사하게 하는 규정을 삼도록 하라."

___《정조실록》 54권, 정조 24년 4월 8일 경인 두 번째 기사

2

돈과 이념 둘 다 잡은
무반벌열과 전투귀족

──────── 조선시대 군인을 단순히 서책 제작, 화폐 주조 같은
상업에 매몰된 이들로 치부하면 안 된다. 그들은 엄연히 조선왕
조 이념과 체제를 수호하는 무력 집단으로 행세했다. 그중 주목
할만한 군부 집단은 무반벌열武班閥閱이라 불리던 사람들이다.

'벌열'은 대문 옆에 걸던 나무판 형식의 방榜을 일컫는다. 고
대 중국에서는 가문의 공적과 이력을 벌열이란 나무판에 적어
놓았는데 그 단어를 우리가 따온 것이다. 조선시대는 집안의 3세
대마다 당상관*을 한 명 이상 배출하면 벌열이라 불렀다. 쉽게
말해 고조할아버지가 정3품 당상관을 지냈으나 증조할아버지,

할아버지 대에서 당상관을 배출하지 못했고 다시 아버지 대에서 정3품 이상 당상관을 지냈다면 그 가문은 벌열로 판정했다.

이처럼 군인의 업을 대대로 이어온 조선시대 무반벌열은 훈련도감 같은 정예부대를 장악하고 왕조를 수호했다. 이것은 최고 통치자가 인위적으로 만든 것이나 다름없다. 통치자가 왕조와 정권 수호를 위해 엘리트 코스를 만들어 특혜를 부여하면서 육성했으니 말이다. 조선시대 무과급제자의 평균 합격 연령은 33.2세 전후였지만 벌열 가문은 달랐다. 학자들의 연구에 따르면 그들의 합격 연령은 평균 24.1세다. 정부의 특혜와 후원으로 평균보다 9년이나 빨랐던 셈이다.

왕조와 정권 수호자 무반벌열

조선 정부에서 무반벌열에게 특혜를 준 데는 이유가 있었다. 왕조 수호를 위한 방패막이 역할을 했기 때문이다. 대표적인 인물이 이경하다. 그는 흥선대원군 시절 천주교를 박해해 이름을 날렸다. 무반벌열 일족(전주 이씨)인 그는 '낙동 염라'라는 별명으

• 임금이 정무를 보던 편전 안에 들어가 정책을 논의할 수 있는 고관. 지금의 고위공무원이다.

◀ 정조의 신임을 받아 수원 화성 공역에 참여한 김후 장군 초상화
김후는 고위 무관을 배출한 해풍 김씨 일원이다. 그는 21세 때 이미 비변사 낭청이라는 엘리트 코스를 밟고 있었다. 경기 중군 시절 그는 수원 화성 연무대를 만들었고 그 공으로 승진해 전라도 병마절도사로 부임했다. 이후 황해도 병마절도사와 내금위장을 역임한다. (해풍 김씨 도록, 개인 소장본)

로 불렸는데, 포도대장으로서 천주교도들을 잔인하게 학살한 탓에 얻은 악명이다. 이경하가 공포를 자아내며 탄압을 자행한 것은 왕조의 성리학 체제를 수호하려는 의지가 강해서였을 것이다. 그뿐 아니다. 이경하는 병인양요 때 프랑스가 강화도에 상륙하자 순무사가 되어 도성을 방비하며 왕을 지켰다. 이처럼 무반벌열은 정예부대를 장악했고 왕조에 대항하는 반란이나 사변을 폭력과 무력으로 해결하려 했다.

그런 공적 덕분인지 무반벌열 층은 혼맥으로 얽히고설켜 요직을 물려받았다. 이들은 구한말까지 최고위 무관직을 독점·세습했다. 세습 가문 중 하나가 임진왜란의 영웅 이순신 집안이다. 충무공 후손은 대대손손 서울과 충청도에 거주하며 조상의 음덕을 누렸다. 수군사령관 격인 삼도수군통제사 208명 가운데 충무공 직계만 13명으로 파악될 정도다. 충무공 가문 외에도 이름 높은 서울 출신 군인 가문은 여럿 있는데 LG그룹의 선조인 능성 구씨를 비롯해 전의 이씨, 전주 이씨 등이 그들이다.

이인좌李麟佐의 난과 홍경래의 난은 지방에서 발생한 대표적인 역모 사건이었다. 반란은 경군京軍이라 불리던 서울부대(훈련도감, 금위영, 어영청)가 진압했다. 당연히 부대 지휘관은 서울 출신의 무반벌열이었다. 군 인사를 단행할 때마다 서울 벌열이 요직을 차지하도록 엘리트 코스를 만들고 배치했으니 말이다.

이처럼 조선 정부가 무반벌열이 훈련도감 같은 막강한 부대를 손에 넣게 한 데는 특별한 의도가 있었다. 그 목적은 왕조가 내부적 위기에 처할 때마다 왕도정치보다 무단통치 형식으로 정권 안정을 확보하는 데 있었다.

이인좌의 난이 발생하자 훈련도감과 금위영 주축의 기병 400여 기가 활약했고, 홍경래의 난 때도 훈련도감 주축의 순무영이 반군을 잔인하게 토벌했다고 전한다. 잔인성으로 인해 경군은 지방민에게 두려운 존재로 각인된다. 경군이 내려온다는 풍문만 들어도 떨 만큼 공포 그 자체였다. 이는 당시 지배자들의 통치술이자 전략적 행동이었을 것이다. 대체로 조선왕조와 이념을 수호해야 하는 서울 출신 무반들이 공포심을 조장했다.

결국 무반벌열 집단은 대동사회처럼 공동체를 지키기 위한 '코먼웰스'가 아니었다. 이들은 공동선을 위한 가치 집단이 아니라 서울 기득권을 수호하는 이익 집단에 불과했다.

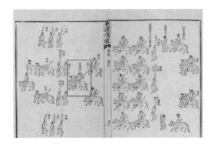

▲ 《원행을묘정리의궤》에 나오는 금군별장 류효원의 모습

류효원은 무반벌열 후손으로 1795년 정조가 수원 화성에 행차하자 금군별장으로서 국왕을 근접 경호했다. 홍경래의 난이 일어났을 때는 훈련도감 주축의 순무영 중군으로 발탁된다. 그는 평안도로 출전해 정주성을 폭파하고 난을 평정했다. 류효원은 반군 1,917명을 잔인하게 처형해 조정에서 큰 논란이 벌어지기도 했다. (서울대학교 규장각한국학연구원)

실물경제를 만들고 장려한 무반벌열

그렇다고 무반벌열을 비롯한 조선의 군인이 악행만 저지른 것은 아니었다. 그들은 조선의 위정자이자 문관들의 손발이 되어 형이하학적 문제를 해결했다. 예를 들면 도로나 성곽 건축, 광산 개발, 공장 세우기, 상설시장 개설과 감독 등의 역할을 도맡았다.

특히 수군총사령관인 통제사가 거느린 통제영에는 12공방(여

기서 12는 아주 많다는 의미)이라는 수공업체를 설치했는데 이곳은 군수물자와 진상품뿐 아니라, 서울 백성들의 생필품까지 생산하던 한강 이남 최대의 제조공장이었다. 수공업 장인만 해도 400여 명이 근무하고 있었다. 그들은 갓, 부채, 목기류, 나전칠기, 신발, 말안장, 소반, 화살, 대나무 공예품 등을 생산하면서 서울뿐 아니라 조선의 내수 경제를 떠받쳤다. 그뿐이 아니다. 통영(통제영이 있던 도시)에서 생활하는 군인만 해도 8천여 명에 달했다.

조선 후기 군인집단은 대부분 상업도 겸했으므로 통영 군인들은 12공방에서 제조한 생필품을 전국으로 유통한 상인이나 다름없었다. 통영에는 군인이자 상인인 이들을 먹여 살리던 미곡 객주만 해도 70~80곳이나 성업 중이었다. 당시 통영이 얼마나 큰 도시였는지 짐작할 수 있는 부분이다. 통영은 군사기지였지만 실은 생필품 유통의 핵심지였으며 경상도뿐 아니라 전라도까지 재화를 유통하던 물류 중심지였던 셈이다.

벌열에서 재벌로 변신한 승산리 구씨 가문

특혜를 보장받은 무반벌열은 조선시대 내내 이념과 체제 수호자로 활약한다. 동시에 조선의 실물경제를 장려하는 한 축으로 활동하기도 했다. 오늘날에도 그 후예가 대한민국 시장경제를 수호하며 자본시장에서 열심히 활동하고 있는데, 대표적인 벌열 후손으로 LG그룹의 구씨 가문을 꼽을 수 있다. 구씨 가문은 진주 승산마을이 본가지만, 원래 서울에 거주한 경화사족京華士族 능성 구씨 가문의 일파이기도 하다. 무슨 일인지 모르겠으나 18세기 구반이라는 사람이 처가(김해 허씨의 허륜 가문)가 있는 경상도 진주晉州 지역으로 이주한다.

능성 구씨는 조선 후기 무반벌열을 형성한 대표적인 집안 중 하나다. 조선시대 엘리트 군인들이 화폐 주조를 관장해 돈을 불리고 광산 개발과 중개무역에도 뛰어들어 거부가 된 사실을 상기하면, 구씨 일족이 대한민국 재벌로 부상한 것은 꽤 흥미로운 일로 보인다. 어쩌면 그들에게 피를 타고 내려오는 사업 DNA가 있을지도 모른다.

귀가 솔깃해지는 이야기는 더 있다. LG에서 계열 분리한 GS그룹 역시 진주 지방의 무반가문이던 김해 허씨 일족이라는 점이다. 구씨, 허씨 두 가문은 무반가문 후손이라 혼맥으로 얽혔고 사업도 동업한 것이었다. 두 집안 사이에는 흥미로운 역사가 하나 있다. 당시 두 집안 사이에는 보이지 않는 차이가 존재했다. 그 내막은 이러하다.

승산리에 거주한 두 가문 후손들은 비슷한 시기에 무과에 급제해 서울로 올라갔는데 구씨 가문은 구준, 허씨 가문은 허회라는 인물이었다. 둘은 6촌지간 이성 혈족으로 매우 가까운 사이였다. 그런데 조정에서는 허씨 가문이 아닌, 구씨 가문 후손만 엘리트 군인으로 우대했다.

구준은 선전관청에 배속되어 엘리트 무반의 길을 걸었지만 허회는 선전관청 바로 아래인 부장청에 배속되었다. 서울에 기반을 둔 구씨 가문이 무반직을 세습한 훈무세가'로 이름이 높았으며 대표적인 무반벌열로 인정했기에 특혜를 받은 걸로 보인다. 오군영 대장(지금의 육군 대장)만 10명을 배출할 정도로 능성 구씨 일족은 당대 최상급 무반이자 최고의 명문가였던 셈이다.

남아 있는 기록을 살펴보자. 고종 시절에 만든 공문서로 '관북관안'이라는 게 있다. 함경도에 부임한 41명의 지방관 명단이다. 여기서 그들의 신상도 파악할 수 있는데 41명 중 27명이 무관 출신이다. 대부분 서울에 거주하는 벌열 가문으로 연일 정씨와 능성 구씨가 각각 3명씩 가장 많다.

다음 순위가 안동 김씨, 청주 한씨, 인동 장씨, 전의 이씨다. 이들 모두 조선 후기 엘리트 군인층을 형성한 대표적인 성씨로

- 능성 구씨가 훈무세가로 성장한 배경은 집중적인 무과급제자 배출과 공신 책봉, 국혼을 비롯한 왕실과의 혼인에 있었다. 능성 구씨는 인조반정을 계기로 무반 중심의 훈무세가로 본격 전환했다(차장섭, 綾城具氏 族譜의 刊行과 그 特徵, 〈한국사학보〉 22호).

이름이 났다. 반면 김해 허씨는 명단에 보이지 않는다. 허씨 일족이 영남 지역에 기반을 둔 향반이었고, 당색 역시 권력과 멀어진 남인 계열이 대다수였기 때문이다. 그러니 조정에서 능성 구씨만 우대했을 터다.

▲ 훈무세가인 능성 구씨 구희조의 이력서
구희조의 이력은 조선 후기 무반벌열의 전형적인 출세를 보여준다. 이력서를 보면 구희조는 혈통 귀족만 가능한 선천의 추천을 얻는다. 이후 남행 선전관 → 무과급제(서총대 등과) → 훈련원 주부 → 도총부 도사 → 도총부 경력 → 훈련도감 파총 → 무신 겸 선전관을 거친다. 이러한 엘리트 코스가 정예부대를 장악하게 만들고 왕조와 이념을 수호한 정치군인을 배출한 것이다. (개인 소장본)

그렇다고 김해 허씨가 처지는 가문은 전혀 아니었다. 승산리에서는 오히려 허씨가 서양 봉건영주처럼 지역 패권을 쥐고 있었다 전한다. 서울 구씨 가문이 낙향해 지역 기반을 갖춘 것도 외가인 김해 허씨의 명망과 경제력 덕분에 가능했던 일이다. 아무튼 구씨는 승산리에 거주할 때면 허씨 가문의 위세에 눌려 지내야 했다.

이 사실은 조선 후기 양반제도 개념을 제대로 이해하게 해준다. 양반의 본위는 지역마다 달랐으며 국가를 대표하는 국반國班, 각 도를 대표하는 도반道班, 각 마을을 대표하는 향반鄕班이 따로따로 존재했다. 구씨와 허씨를 예로 들어 말하자면, 구씨는

나라를 대표하는 국반으로 명예가 있었고 허씨는 지역을 대표
하는 향반으로 위세가 있었다. 이처럼 양반이라 불리는 성씨가
지역마다 그 모습과 명성이 달랐다는 점은 이제껏 잘 알려지지
않은 역사의 진실이다.

무반벌열과 비견할만한 이베리아반도의 전투귀족

체제와 이념 수호자로 활약한 이들이 조선왕조에만 있었던
건 아니다. 서양 역사에도 비슷한 사례가 발견된다. 이베리아반
도에서 활약한 스페인과 포르투갈 전투귀족이 무반벌열과 비견
할 만한 사람들이다.

15~16세기 유럽의 패자는 단연 포르투갈과 스페인이었다.
특히 포르투갈은 대항해 시대 서막을 연 국가로 잘 알려져 있
다. 포르투갈은 아프리카를 시작으로 남아메리카와 아시아까지
험난한 바닷길을 뚫었다. 덕분에 대서양을 거쳐 3개 대륙을 연
결하는 교역 활동으로 막대한 부를 거머쥐었다.

이런 포르투갈의 성공에는 여타 유럽 국가와 다른 무언가가
있었다. 그것은 몰락한 기사, 그러니까 포르투갈 전투귀족의 특
별한 신념과 욕망으로 귀결된다. 그들은 해외 모험으로 기독교
신앙을 전파하려 했다. 잃어버린 지위와 부까지 회복하려 한 사
실은 잘 알려지지 않은 내막이다. 여기에는 그럴만한 역사적 배

경이 숨어 있다.

14세기 무렵 포르투갈 리스본에서 부르주아 혁명이 일어났다. 그 결과 주앙 1세의 아비스왕조가 들어서고 신흥계급 부르주아가 통치의 전면에 나선다. 반면 주앙 1세의 정적인 카스티야의 후안 1세를 지지하던 포르투갈 전통 귀족은 몰락의 길을 걸었다. 아비스왕조는 상인계급이 합심해서 만든 왕조라 그런지 해외 팽창에 적극적이었다. 더구나 이베리아반도는 농업이 빈약한 곳이기에 현실적으로 나라 곳간을 채울 길은 해외 교역밖에 없었다.

그들은 배를 띄워 이슬람 세력이 들끓던 아프리카 일대를 항행하며 상업이윤을 찾아다녔는데, 포르투갈 전통 귀족 역시 해외 비즈니스에 적극적이었다고 한다. 비즈니스는 잃어버린 지위와 부를 되찾는 좋은 방편이었기 때문이다. 부르주아 계급이 교역망을 개척하면 기사 계급, 즉 전투귀족은 요새를 건설하고 부르주아를 지원했다. 이뿐이 아니다. 수백 년간 이베리아반도에서 횡행한 레콩키스타 운동은 포르투갈 전투귀족의 정신적 지향점으로 작용했다. 그래서 아프리카의 이슬람 세력을 무력으로 토벌하며 기독교 문명을 회복하고자 부단히 노력했다. 한마디로 이베리아반도의 전투귀족은 기독교 체제와 이념의 수호자였던 셈이다.

폭력적인 식민지 개척의 배후, 레콩키스타

포르투갈과 스페인의 지정학적 위치를 살펴보자. 두 나라는 이베리아반도의 이슬람 영역과 접하며 최전선을 형성하고 있다. 이 같은 지리적 위치는 722년부터 1492년까지 무려 781년 동안 지속된 레콩키스타의 출발점

▲ 동아프리카의 프레스터 존 왕국을 나타낸 네덜란드 지도

1603년 제작한 프레스터 존의 지도다. 하단에는 사제왕 요한을 동아프리카 아비시니아(에티오피아)의 황제로 묘사하고 있다. 바스쿠 다가마는 향신료와 프레스터 존을 찾다가 아프리카 희망봉을 돌았고 결국 인도에 도착한다.

이 되었다. 처음엔 그저 영토 정복 성격이었으나 9세기경 이곳에서 야고보의 유골을 발견하면서 유럽의 눈길을 받았고, 11세기경부터 십자군 전쟁과 맞물리며 레콩키스타는 점차 성전으로 승격했다. 이단인 이슬람 세력에 맞서 기독교 문명을 수호해야 한다는 종교적 신념으로 돌변한 것이다.

레콩키스타의 신심信心은 이베리아반도의 다른 국가인 스페인에까지 영향을 미쳤다. 스페인이 어느 가톨릭 국가보다 원리주의적 모습을 띠게 된 데는 레콩키스타의 파급력이 결정적이었다. 16세기 무렵 종교전쟁에서 스페인이 가톨릭 세계 선봉장

으로 나서서 피가 터지게 싸운 것은 이교도들과 첨예하게 대립한 경험치에서 나왔음은 두말할 필요가 없다.

스페인과 함께 최전방에서 이교도와 전쟁을 벌인 포르투갈 귀족은 어느 순간부터 전투 근력을 기르기 시작했다. 그 근력은 향후 펼쳐진 대항해 시대

▲ 북아프리카의 세우타항(현 스페인 자치도시)
포르투갈의 항해 왕자로 유명한 엔히크를 비롯해 아비스왕조의 궁정 세력은 이슬람의 상업 요충지 세우타를 정복해 경제부흥과 기독교 전파라는 두 마리 토끼를 잡고자 했다. 이들은 4년간의 준비 끝에 전함 200척과 원정군 2만 명을 투입했다. 그리고 1415년 8월 21일 마침내 정복에 성공한다. 포르투갈 전통 귀족이자 기사 계급은 이곳을 요새화했고 지브롤터해협을 건너는 기독교 선박들을 해적선으로부터 보호했다.

에 폭력적인 힘으로 드러났고 강력한 제해권은 곳곳에 식민지를 구축하는 원동력으로 작용했다. 15~16세기 포르투갈은 남아메리카를 비롯해 서아프리카, 인도양 플라카해협 전역에 점령 깃발을 꽂았다. 이것은 다름 아니라 약탈과 폭력으로 구축한 제국주의 식민지였다. 이들은 아프리카에서 노예무역으로 돈을 벌었고 아시아에서는 향신료 무역으로 부를 쌓았다. 그렇게 포르투갈 전투귀족은 이전에 잃어버린 지위와 재력을 되찾고 있었다.

포르투갈, 폭력으로 바다를 제압하다

포르투갈의 전투귀족은 인도양의 이슬람인을 몰아내고 후추, 육두구, 정향, 육계 같은 새로운 향신료마저 독점했다. 하지만 희망봉을 돌아온 고생에 비하면 이익이 부족해 보였다. 인도를 오간 포르투갈 상선은 고작 수십여 척에 불과했고 상주하는 포르투갈인마저 7천여 명에 지나지 않았기 때문이다.

다른 이익을 고민한 그들은 얼마 지나지 않아 희한한 권리를 만들었다. 바로 통행증 발급이다. 1502년부터 그들은 인도양을 오가는 상선을 협박해 카르타스Cartaz라는 통행증*을 팔아먹으며 또 하나의 수입원을 만든 것이다. 통행증 덕분에 포르투갈은 거대한 부를 축적했다. 포르투갈이 이처럼 폭력적인 방식으로 약탈행위를 저지른 데는 그만 한 이유가 있었다. 당시 유럽에는 동방 세계의 화려한 물품과 등가 교환할만한 교역재가 전무했기 때문이다. 이것은 캘리컷 통치자 자모린Zamorin에게 예물로 준 바스쿠 다가마의 보잘것없는 유럽산 재화에서도 엿볼

• 카르타스는 겉으로는 통행증 판매였으나 실은 해적질에 가까운 약탈이나 다름없었다. 일부 역사가는 포르투갈의 이런 동방 무역을 자본주의 원칙이 아니라 무력에 기반한 수취 또는 재분배 형식이었다고 비판한다.

수 있다.

그뿐이 아니다. 설령 훌륭한 교역재가 있을지라도, 인도 항해는 고난도 모험이었다. 물품을 싣고 대서양과 아프리카 해안을 돌아 아시아까지 가는 여정은 너무 길었고 각종 질병과도 싸워야 했다. 선박 수준으로 보나 항해술로 보나 16세기 유럽인에게 상당히 부담 가는 일이었으며 원양 항해 때 비타민 부족으로 발생하는 괴혈병은 그야말로 공포 그 자체였다. 그래서 16세기 포

▲ 바스쿠 다가마 초상화

바스쿠 다가마는 포르투갈 출신의 귀족으로 기사단에 입단한 군인이다. 그는 동방 무역 중심지인 인도 항해에 성공해 왕족에 버금가는 백작 작위를 얻었다. 그토록 갈망하던 잃어버린 지위와 부를 되찾은 것이다. 그러나 미리호 사건을 비롯해 이슬람인과 현지인을 학살한 흑역사가 있다. 그 탓에 바스쿠 다가마를 최초의 제국주의자로 혹평하는 역사가도 많다.

르투갈은 동아시아의 역내 삼각무역을 단행하거나 인도양을 오가는 타국 상선을 현지 약탈하는 쪽으로 방향을 전환한 것이다. 이것이 더 편하고 돈이 되는 일이었으니 말이다.

포르투갈의 동방 진출은 비록 폭력적인 방식이었으나 중국,

일본과도 교류하며 동서양을 잇는 해양 루트를 완성했다. 그들의 영향력 아래 많은 서양 선교사가 동양 세계로 침투해 기독교 문명을 뿌리내리려 노력했다.

포르투갈인이 동양 세계에서 많은 피땀과 눈물을 흘린 것은 부정할 수 없을 만큼 잘 알려진 사실이다. 심지어 일본에서 활동하던 예수회 출신 포르투갈 선교사 가스파르 빌렐라Gaspar Vilelar가 1571년(선조 4) 포교를 위해 유교 국가인 조선으로 들어오려 했다가 전국시대戰國時代 혼란 때문에 좌절할 정도로 그들의 맹목적 신앙심은 대단했다.

고압적 자세 때문에 일본에서 쫓겨난 포르투갈

동아시아의 해상 거점을 뚫던 포르투갈은 1543년 일본에 상륙한다. 나가사키에 무역항을 연 이들은 거점인 마카오와 연결해 돈 되는 일만 찾아다녔다. 그러다가 중국과 일본 사이의 생사生絲(명주실) 무역을 발견하고 독점하기 시작했다. 당시 일본 통치자들은 중국산 사치품인 비단을 선호했으나 해금 정책으로 명나라와의 관계가 단절된 상태였다. 그 빈틈을 포르투갈이 메워준 것이었다. 포르투갈은 마카오에서 두 나라 사이에 비단을 중개해 큰돈을 벌었다. 하지만 17세기 들면서 유리한 상황은 불리함으로 돌변한다. 명나라가 점차 노쇠하면서 해금 정책이 유

▲ 흑선黑船이라 불린 포르투갈의 카락
15세기 말 포르투갈은 원양 함선 카락Carrack을 타고 인도양을 개척했다. 인도 고아와 중국 마카오를 전초로 삼은 포르투갈 상인은 선교사와 함께 일본에도 상륙한다. 이들은 열도에 일방적으로 기독교 문명을 전파하려 했지만 키리시탄 추방령과 게이초 금교령 같은 반발을 불러일으켜 결국 실패로 돌아갔다. 오늘날 일본의 가톨릭 신자 비율은 전체 인구의 1%도 넘지 않는다.

명무실해진 탓이다.

중국 상인은 중앙정부의 눈을 아랑곳하지 않고 동남아시아에서 일본과 접촉했는데, 이는 일종의 밀무역이자 우회무역이었다. 당연히 포르투갈의 독점 이익은 줄어들었고 손해 때문에 뿔이 난 것은 당연했다. 손해를 보면 고개를 숙이고 들어가야 하지만 포르투갈은 일본과 결연하는 순간까지 그러지 못했다. 전투귀족답게 고압적인 자세만 유지한 것이다.

여기에 더해 포르투갈의 경쟁자인 영국과 네덜란드가 동아시아 무역에 뛰어들어 일본과 포르투갈 사이를 이간질하자 사태는 더욱 심각해졌다. 일본과 포르투갈의 우호적인 관계는 점차 틀어졌다. 결국 감정이 폭발하면서 포르투갈과 막부 정권 사이에 여러 차례 분쟁이 일어났다. 마카오의 일본인 소요 사건(1608)과 데우스호 폭침 사건(1610)은 대표적인 충돌로 남아 있다.

특히 사상 분쟁이 가장 큰 문제였다. 쇼군 도쿠가와는 애초에 기독교(가톨릭)에 적대적이지 않았다. 전국 통일이라는 대업을 이루는 데 공로가 컸기 때문이다. 그러나 열도를 통일하자 모든 게 달라졌다. 이념과 사상 통제가 정치 문제로 부상한 것이다. 쇼군 일인 아래 단결한 병영 국가를 구축하려면 쇄국령이 필요했고 바다를 건너온 가톨릭 세력은 몰아내는 게 마땅했다.

결국 일본은 기독교 금교령을 반포해 종교의 자유를 막는 지경에 이른다. 이로 인해 일본에서 포르투갈의 입김은 점점 줄어든다. 그 와중에 기독교인이 일으킨 시마바라의 난(1637)이 벌어지면서 포르투갈과 가톨릭의 명줄은 아예 끊어지고 말았다. 쇼

군과 막부는 반란 세력 뒤
에 포르투갈이 있다고 의
심했다. 막부의 권력자들
이 포르투갈에 이를 갈 수
밖에 없었던 이유였다.

▲ 네덜란드기가 걸린 인공섬 데지마 상관의 전경

이때 기가 막히게도 포
르투갈의 경쟁자 네덜란
드 VOC는 쇼군의 막부
편에 선다. 당시 VOC는
가톨릭이 아닌 개신교도
세력이었다. 상업이윤에
목마른 집단답게 이들은
신념보다 실용적인 선택
을 했다. 반란에 대항해
대포와 함선을 제공하면

1636년부터 데지마 상관은 일본과 서양의 유일
한 교류 창구 역할을 한다. 일본이 포르투갈을 추
방하자 상관에 부임한 엥게르벨트 캠벨과 칼 튠
베리크, 시볼트 등의 네덜란드인은 일본의 문화
와 동·식물을 고국과 유럽에 소개한다. 상관 규
모는 약 4천 평(축구장 2개 크기)으로 조선의 초
량왜관(11만 평)에 비해 초라한 편이었다. 도쿠가
와 요시무네德川吉宗가 실학을 장려하고 양서를
해금 조치한 결과 데지마에서 입수한 서양 서적
이 의학, 천문, 역학 등의 연구를 촉진한다. 이곳
은 원칙적으로 공무상 출입을 허용한 일본 관리
외에 출입을 금지했다. 네덜란드인도 예외적인
경우를 제외하고 체류 기간 내내 좁은 데지마 안
에서만 지내야 했다.

서 막부 세력을 도와 큰 공도 세웠다.

결국 목을 뻣뻣이 들고 일방통행하던 포르투갈은 발로 엉덩
이를 차이며 쫓겨갈 수밖에 없었다. 정이대장군(쇼군)의 임무가
오랑캐 정벌이었으므로, 그의 미움을 받은 서양 오랑캐로서는
어쩔 수 없는 숙명이었으리라.

1639년 포르투갈이 서둘러 일본 데지마 상관을 떠나자 1641년부터 네덜란드가 손바닥을 비벼댔다. 그들은 고개를 숙이고 들어와 포르투갈의 자리를 이어받는다. 자신감을 얻은 네덜란드 VOC는 믈

▲ **포르투갈의 카락과 일본의 뗏목**
일본을 오가던 포르투갈 상선에는 엄청난 양의 교역품이 실려 있었다. 네덜란드 동인도회사는 이를 노략질하기도 했다. 16~17세기 서양 세력이 몰려들자 평화롭던 동아시아 바다는 뺏고 뺏기는 무법지대로 변해버렸다.

라카에서 포르투갈을 몰아내며 숨통을 완전히 끊어버렸다. 이로써 200년(1641~1859) 가까이 동아시아와 일본의 교역을 독점한 네덜란드 역사가 펼쳐진다.

이러한 역사가 주는 교훈은 별다른 게 아니다. 부를 쟁취하고 돈을 벌려면 유연해져야 한다는 점이다. 포르투갈이 네덜란드에 패해 일본에서 쫓겨난 것은 실리보다 이데올로기적 관념을 추종한 탓이다. 이것은 오늘날에도 통용되는 교훈이다.

1497년 포르투갈이 리스본을 떠나 인도 항로를 개척하고 있을 때 조선에서는 어떤 일이 벌어졌을까? 그때는 연산군이 왕위에 오른 지 4년 차 되던 해(연산군 3)였다. 연산군은 동성(같은 성씨) 혼인이 가능한지 신하들에게 자문한다. 신하들은 국초에 나랏법이 정해지지 않아 간혹 동성 혼인이 있었지만, 세종 치세 이후로는 없다며 사실상 같은 성씨끼리의 혼인은 불가하다는 답변을 올렸다. 이처럼 조선은 성리학적 예법에 점점 물들어가며 유교 국가로 나아가고 있었다.

참 고 문 헌

- 주경철, 《대항해 시대: 해상 팽창과 근대 세계의 형성》, 서울대학교출판부, 2008.
- 장혜진, 일본 전국시대의 포르투갈 동아시아 교역과 일본 예수회의 선교활동, 〈동아시아고대학〉 제57권 57호, 2020.

3

무역이냐 내수냐,
크롬웰과 조선의 엇갈린 선택

———— 마오쩌둥의 유명한 언사 중에 "권력은 총구에서 나온다"라는 말이 있다. 이는 1927년 8월 7일 중국공산당 최고회의 석상에서 언급한 것으로, 당과 군권의 관계를 정리하고자 한 말이다. 군대는 사적 조직인 공산당의 무력이어야 한다는 뜻이리라.

마오쩌둥은 권력 투쟁의 본질을 꿰뚫고 있던 사람이었다. 군을 장악해야 권력 집중을 완성하고 최종적으로 사회주의를 실현할 수 있다고 믿은 듯하다. 오늘날 인민해방군은 국군國軍이 아니다. 대한민국과 같이 국민을 위한 국민의 군대가 아니라는 말이다. 그저 사적인 의미, 즉 당을 위한 군대에 불과하다. 비단

마오쩌둥만 군을 이처럼 통찰한 것이 아니었다.

조선왕조 위정자들도 그랬다. 이들은 군대라는 물리력을 자당 이익을 위한 방패막이로 만들려고 노력했다. 왕의 군대가 아니라 당의 군대를 만들어 당의 기득권을 유지하려 한 계책인 셈이다. 이러한 사적 군대는 동양에만 있었던 것도 아니다. 서양 역사에도 권력 쟁취를 위한 개인 군대가 존재했다. 그중 유명한 부대가 바로 영국의 호국경Lord Protector 올리버 크롬웰의 철기대Ironside다.

중국 공산당과 조선왕조의 서인 세력 그리고 영국 크롬웰은 막강한 군권을 바탕으로 국민당, 남인 세력, 국왕의 군대를 무너뜨리고 그들만의 정권을 세운다. 나아가 그들만의 이상향도 꿈꾼다. 마오쩌둥에게는 사회주의, 조선의 서인 세력에게는 성리학 체제, 크롬웰에게는 기독교 국가 완성이 그것이다. 이러한 일당 독재정치는 뜻밖에도 경제 부문에 긍정적 영향을 주었다. 특히 크롬웰은 진일보한 무역정책을 이끌어 대영제국의 초석을 쌓았다.

국왕의 군대를 궤멸한 늙은 철인의 군대

크롬웰이 추구한 이상사회는 소수의 성인聖人이 이끄는 기독교적 성도 국가였다. 성도란 대다수의 평범한 잉글랜드인이었다. 반면 성도를 이끄는 소수의 성인은 오늘날의 엘리트와 유사하다. 대표적으로 의회 의원, 관료, 군인, 성직자가 있었다. 그중 크롬웰은 군인의 역할을 매우 중요하게 여겼는데, 엘리트 군인이 잉글랜드를 선도해야 한다는 크롬웰의 아이디어를 기반으로 그 유명한 철기대가 탄생한 셈이다.

당시 크롬웰에게는 '늙은 철인'이라는 별칭이 있었고 '아이언 사이드'라는 철기대 명칭은 여기에서 유래했다고 한다. 정예 기병으로 이뤄진 철기대는 나중에 '신모범군New Model Army'이라고도 불렀다. 1645년 의회파Parliamentarians 군대를 철기대와 같은 형식으로 개편하면서 '신모범군'이라고 명명했기 때문이다. 사실 1643년 창설한 크롬웰의 기병연대(훗날 철기대)는 아주 위태로운 상황에서 탄생했다.

당시 영국은 내전이 한창이었다. 찰스 1세가 이끄는 왕당파Royalists에 대항해 전투를 벌인 올리버 크롬웰과 의회파는 연전연패 중이었다. 그도 그럴 것이 왕의 군대는 전투 경험이 많은 귀족들로 이뤄진 정규군으로 충성심뿐 아니라 용기와 명예로 똘똘 뭉친 정예부대였다. 반면 의회파 군대 구성원은 훈련을 제대로 받지 못한 늙은 농민과 배움이 부족한 하인들이었다. 한마디로 오합지졸이다.

냉혹한 현실을 파악한 크롬웰은 합리적인 해결책을 찾아야 했다. 그는 고향인 헌팅턴에서 기병연대를 창설하며 유독 신앙심 깊은 젊은 청교도만 부대원으로 모집했다고 전언한다. 그들은 크롬웰의 엄격한 규율 아래 혹독하게 훈련을 받았다. 기병연대는 점차 달라진다. 오직 크롬웰만 맹목적으로 따랐는데 그 모습이 마치 문화혁명 시절의 홍위병 같았다고 한다. 1643년 7월 크롬웰 부대는 게인즈버러 전투에서 중대한 승리를 거둔다. 그들은 전투 사령관 찰스 캐번디시 대령과 그의 병력 300여 명을 늪지대로 몰아낸 다음 말에서 떨어뜨려 죽게 만들었다. 여기서 멈출 크롬웰이 아니었다. 다음 해 결정적인 전과를 올린다.

크롬웰, 한 번의 전투로 흔들리지 않을 명성을 얻다

1644년에 벌어진 마스턴 무어 전투가 그것이다. 여기서 크롬웰은 역사에 기록될만한 승리를 거두는데, 찰스 1세의 왕당파 병력 4천여 명을 한꺼번에 괴멸하는 동시에 1,500여 명의 포로를 사로잡는 전과를 올린다. 이 승리는 전에 없던 성과였다. 크롬웰은 흔들리지 않는 명성을 얻었으며 크롬웰 자신조차 마스턴 무어 전투를 가리켜 "신의 축복으로 얻은 절대적인 승리"라고 자평했다. 마스턴 무어 전투 이후 크롬웰은 의회와 군대에서 강력한 영향력을 행사할 수 있게 된다. 그러면서 크롬웰의 기병연대는 철기대라는 애칭으로 불리며 유명세를 누렸다.

마스턴 무어 전투 이후 의회파 군대는 진일보한다. 크롬웰의 철기대를 본떠 신모범군으로 재편성했기 때문이다. 특별한 변화는 또 있었다. 새로운 군대에 새로운 장교를 만든 것이다. 장교단은 이전의 전통적인 관습인 서열

▲ **마스턴 무어 전투 후의 크롬웰**
마스턴 무어 전투 승리 이후 크롬웰의 모습이다. 이 전투에서 왕당파를 괴멸하면서 크롬웰의 명성은 영국 전역에 퍼졌고, 그의 기병연대 역시 그 유명한 철기대로 불린다.

이나 신분으로 발탁한 게 아니었다. 오직 실력으로만 임관시켰다. 여기에다 스웨덴의 선진 전술까지 벤치마킹하자 의회군은 이전의 민병 수준이 아니었다. 정규군 뺨칠 만큼 변모한 이들은 왕당파 군대를 능가할 정도로 탈바꿈했다.

1645년 크롬웰은 한껏 달라진 신모범군을 이끌고 네이즈비 전투에 참전했다. 이때 그는 찰스 1세가 이끄는 왕당파 군대의 예봉을 꺾으며 다시 승리의 전과를 올린다. 기세를 몰아 그는 랭포트 전투에서 남아 있던 왕의 군대마저 격멸했다. 마침내 영국 내전의 대세는 크롬웰 쪽으로 기울고야 만다. 다음 해인 1646년 의회파는 국왕이 있던 옥스퍼드로 진격해 왕실 사령부를 포위 공격했으나 찰스 1세는 비겁하게도 변장하고 시종 2명

만 대동한 채 스코틀랜드로 도망쳤다.

스코틀랜드 의회는 그런 도망자를 받아들이지 않았다. 그들은 영국 의회의 승리를 인정했고 찰스 1세를 크롬웰 측에 넘겨주었다. 붙잡힌 왕은 다시 한번 프랑스로의 탈주극을 벌이지만 또다시 붙잡혀 어이없는 신세가 된다. 이후 크롬웰은 웨일스에서 일어난 왕당파의 봉기를 진압하는 한편, 잉글랜드로 남하하던 스코틀랜드 군대마저 격파하며 명실공히 잉글랜드 최고 권력자로 자리매김한다. 영국 의회는 이때부터 입헌군주제와 공화제를 놓고 치열하게 싸웠으나 1등 공신이자 총사령관인 올리버 크롬웰이 공화제를 지지하면서 결국 찰스 1세의 목은 떨어지고 말았다.

대영제국의 초석을 쌓은 항해조례와 해외무역

왕을 처단한 크롬웰은 귀족원을 폐지하고 공화국(또는 연방)을 선포한다. 무력의 총사령관으로서 국무회의 최고 의장에 오른 그는 행정 수반 임무를 시작했는데, 여기서 우리가 주목할 크롬웰의 정책이 하나 있다. 그것은 1651년 발표한 항해조례다. 항해조례가 중요한 이유는 훗날 바다를 제패한 대영제국의 초석이 되었기 때문이다. 간단히 말해 영국과 영국 식민지에서 나온 상품은 영국 국적의 배에만 실을 수 있게 만든 법안이다.

당시 해양 패권은 금융 강국 네덜란드가 쥐고 있었다. 네덜란드 독립전쟁(1567~1648) 덕분에 많은 유대 상인과 개신교도가 암스테르담에 몰려들어 금융과 상업이 발달하면서 네덜란드의 국력이 상승하고 있었다. 특히 네덜란드 동인도회사VOC 설립으로 동방 무역을 장악하는 한편, 대서양을 오가는 선박이 대부분 네덜란드 국적의 상선일 정도로 번영을 누린다.

항해조례를 발표한 영국의 태도는 다분히 의도적이었다. 크롬웰은 국무회의 의장에 취임하자마자 중상주의 정책을 채택했는데, 이는 자신의 지지층이자 상업 계층인 젠트리의 요구사항이기도 했으나 근본 이유는 따로 있었다. 당시 잉글랜드는 무능한 왕들과 잦은 전쟁으로 채무 불이행이 심각했다. 채권 금리마저 10%를 넘나들고 있었다. 한마디로 국가 신용도가 엉망이었고 경제를 회복하려면 무역 독점이 필요했던 것이다. 이를 위해서는 제해권을 장악하고 있던 네덜란드를 넘어서야만 했다.

항해조례를 발표한 영국의 도발에 네덜란드는 심기가 불편해졌다. 당연히 두 국가 사이에 전쟁이 터졌는데 이것이 1차 영국-네덜란드 전쟁(1652~1654)이다. 도버해협에서 일어난 이 전쟁의 초반은 최강을 자랑하던 네덜란드가 우위를 점한다. 그러나 1653년에 벌어진 스헤베닝언 전투Battle of Scheveningen가 전세를 바꿔놓았다.

◀ **크롬웰에게 처형당한 찰스 1세의 초상화**
제임스 1세의 아들인 찰스 1세는 아버지가
무너뜨린 해상 전력을 강화하기 위해 일방
적으로 건함세Ship money를 거둔다. 의회
를 무시한 왕의 행동으로 의회와 왕이 대
립하면서 내전으로 치달았고 크롬웰이 청
교도 혁명을 일으키자 왕은 형장의 이슬로
사라진다.

전력을 키운 영국이 네덜란드에 한 방 먹이며 전함 11척과 병
력 4천 명을 수장시켰다. 적장인 제독 마르텐 트롬프Maarten
Tromp도 이때 전사했다. 네덜란드는 당황했고 전쟁의 장기화를
우려해 재빨리 평화조약을 맺는다. 이렇게 1차 영국-네덜란드
전쟁은 무승부로 막을 내렸다.

전투는 무승부로 끝났으나 영국은 네덜란드의 바다 패권에서
벗어났다. 즉, 항해조례를 인정받고 전함 수도 크게 늘렸다. 전

쟁 이전에 영국 전함은 39척에 불과했다(아이러니하게도 이것조차 의회의 반대를 뚫고 찰스 1세가 강제로 거둔 건함세로 건조한 것이다). 아주 미미한 수준이라 해도 과언이 아니었다. 그러다가 1차 영국-네덜란드 전쟁을 거치며 전함을 200척 이상 건조하게 된다.

달라진 전력으로 영국은 제해권 장악뿐 아니라 해외 식민지 개척에도 적극 나섰다. 훗날 부와 권력을 거머쥔 대영제국의 초석은 크롬웰이 만든 항해조례와 1차 영국-네덜란드 전쟁에 있다고 해도 무방할 정도다.

자신감을 얻은 영국은 네덜란드를 완벽하게 제압하기 위한 군사 작전에 돌입한다. 영국은 적국이던 프랑스와 동맹을 맺을 정도로 승부에 집착했다. 네덜란드로부터 해상패권을 빼앗는 게 그만큼 절실했던 바였다. 마지막 4차 영국-네덜란드 전쟁(1781~1784)에서 영국은 드디어 승전보를 울린다. 1784년 5월에 끝난 이 전쟁으로 네덜란드 국력은 완전히 피폐해졌으며 해상 교역의 우위마저 상실했다. 이때부터 영국은 해상 강국으로 발돋움하며 20세기까지 세계 각국에 식민지를 확보해갔다. 그렇게 해가 지지 않는 대영제국 신화가 탄생했다.

잉글랜드를 괴롭힌 크롬웰의 금욕주의 정책

호국경 크롬웰이 잉글랜드를 다스리던 시절은 17세기다. 이

153

때 조선은 서인 세력이 인
조반정을 일으킨 후 여당
으로 집권하고 있었다. 흥
미로운 사실 하나가 발견
된다. 조선왕조 통치자들
인 서인 세력 역시 크롬
웰과 유사하게 당의 군대
(오군영 체제)를 만들어 정
권을 유지하려 했던 점이
다. 그뿐 아니다. 크롬웰
이 종교적 원리주의를 이

▲ 1653년 1차 영국−네덜란드 전쟁 중에 벌어진
스헤베닝언 전투
이 전쟁으로 대규모 함대를 키운 영국은 해양 패
권에 한 걸음 더 다가간다. 한편 영국−네덜란드
전쟁은 범선 함대의 체계적인 전술과 포술 운용
이 처음 등장한 해상 전투였다. 서양에서는 군사
분야의 혁명적 변화로 평가한다. (영국 국립해양
박물관)

상향으로 내세운 것처럼, 조선의 통치자들은 성리학 체제를 이
상향으로 여겼다. 종교와 학문을 이념화하려던 모습이 놀랍게
도 유사해 보인다.

　하지만 경제 부문에서 크롬웰과 조선의 통치자들은 서로 달
랐다. 해외무역과 중상주의를 내세워 밖으로 나가려 한 크롬웰
은 내수 경제에 그다지 신경 쓰지 않은 듯하다. 그는 군인들을
앞세워 기독교 원리주의 성도 국가를 유지하려 노력했다. 군인
을 일컬어 잉글랜드를 개혁할 신성한 의무를 지닌 이들이라고
치켜세운 그는 군인을 신의 도구로 활용해 다수의 성도인 잉글

랜드인을 다스릴 계획이었다.

이에 따라 크롬웰은 소장major-generals이라는 독특한 통치제도를 만든다. 영국을 11개 지역으로 나눠 각 지역을 소장들이 다스리게 했는데, 오늘날의 종교경찰과 유사했다. 이들은 잉글랜드인에게 금욕적인 생활을 강요하고 술, 도박, 경마, 스포츠 등을 엄격히 금지했다. 해외무역과 중상주의를 중요하게 여긴 크롬웰이지만 이처럼 내수 경제는 무시한 듯 보인다.

반면 17세기 조선의 통치자들은 달랐다. 크롬웰처럼 엄격한 금욕주의로 백성을 옥죄지 않았다. 오히려 군인인 무관을 활용해 각 지방에 교방을 설치함으로써 지역 문화 발달을 꾀하고 내수 경제 진흥까지 도모했다.

조선의 무관, 교방을 만들고 내수를 진작하다

조선 후기 들어 관아마다 교방청이 등장했는데 교방은 기생과 악공을 길러내던 예능 기관이었다. 이들은 지방마다 독특한 춤과 음악, 음식 문화를 만들었다. 이 사실은 사료에서도 확인할 수 있다.

조선 후기 서울 출신 무반벌열 이우항은 전라도방어사 겸 제주목사로 제주도에 부임했다. 그는 장춘원이라는 교방을 설치했는데, 소속 기생이 많을 때는 80여 명에 이르렀다. 기생들에게 딸린 하인과 하녀까지 감안하면 제주에서는 적은 수가 아니다. 교방은 제주도 유흥의 중심지이자 최대 소비처였다. 제주 기생이 소비하는 여러 물품은 물론, 교방에서 진행한 연회 역시 제주도의 내수 경제를 진작했다. 조선 후기 제주도의 쌀 수입이 늘어난 이유도 삼읍 구진으로 불리는 제주 관청들의 소비문화가 있었기 때문이었다. 우리가 잘 아는 김만덕은 이런 제주의 소비 재화를 충당하던 대표적인 객줏집의 주인이었다.

한편 제주 기생은 권세가 드높기가 조선 팔도 가운데 최고였다고 전한다. 제주에 부임하는 목사와 비장에게는 기생을 첩으로 배정했는데 제주 기생은 권력의 말단에서 세도를 부린 셈이다. 그녀들의 뒷배는 서울에서 내려온 권력자들이었다. 그래서 그런지 제주 기생들은 제주 사람이 걸치지도 못하는 고급 비단을 두르고 화려한 삶을 살기도 했다. 제주도 판관을 지낸 남구만은 제주 기생을 두고 평을 남겼는데, 권력이 있기로는 제주 기생이 제일이고 제주 선비가 가장 권세가 없다는 웃픈 내용이다.

그뿐 아니다. 평안도 등 서북 지역은 무관들이 자주 부임하던 곳이었다. 이곳에는 많은 기생을 배치해 군관들의 수발을 들게 했다. 평양에는 등록한 관기만도 200여 명이 있었다고 전한다. 평양 기생들에게 딸린 가무악단 식구를 감안하면 이것 역시 대단한 규모다. 당연히 그 지역에는 많은 유흥문화와 음식문화가 번성했으며 평양냉면 같은 음식문화가 발달한 것도 기생들이 주도한 연회가 있었기 때문이다. 이처럼 유흥에 따른 경제활동은 내수마저 촉진했다.

교방은 지방문화가 발달하는 데도 큰 역할을 했다. 특히 경상도의 전통춤들은 교방에서 전승해왔음을 확인할 수 있다. 지방 관청에서 연회를 베풀 때마다 기악을 연주하곤 했는데 많은 기생이 무대로 나와 아름다운 춤을 선보였다. 18세기 사료에 따르면 영남 기생들은 검무, 황창무, 처용, 천도, 무동, 중춤 등을 장기로 내세워 추었다고 전한다. 그중 검무가 천하제일이었다.

1711년 의성 문소루에서는 청송 기생들이 검무를 추었는데 쌍검을 위로 던졌다가 한 손으로 받는 기술이 일품이었다고 한다. 1719년 신유한은 조선통신사 제술관 신분으로 일본에 파견을 나간다. 그는 경상좌수사 신명인이 개최한 연회를 기록으로 남겼는데 우리는 여기서 연회 문화를 엿볼 수 있다. 당시 밀양, 동래, 경주의 어여쁜 기생이 부산으로 대거 내려와 무대를 만들고 공연했다. 기생들은 음악에 맞춰 한두 명씩 번갈아 춤을 추며 흥을 돋운 듯하다.

집이 떠나갈 듯한 웅장한 소리에 백성도 가득 모였다. 신유한은 지역민 모두가 연회를 즐겼으며 밤이 되어서야 파장했다고 적고 있다. 춤이나 공연을 진행할 때는 보통 신분 높은 고관이나 양반만 관람한 게 아니다. 고을 백성 모두 몰려나와 구경했다고 하니 연회 문화는 민중 모두가 즐기던 문화인 셈이다.

한편 진주의 교방에는 미색이 출중하고 재색을 겸비한 예기(예능 기생)들이 많았다고 전해진다. 진주 기생만도 100여 명에 달했으니 그럴만하다. 경상도의 여타 지역보다 많았다. 진주 지역에 음식과 연회 문화가 발달한 연유도 여기에 있을 법하다. 특히 진주 육전냉면은 기방에서 유행한 음식으로 진주의 예기와 활 쏘는 한량이 어울려 놀다가 맛본 별미였다. 밤에 야참으로 즐겨 먹었는데 이것은 지역 대표 음식으로 뻗어나갔다. 진주 지역 관리와 유지, 나아가 평범한 서민에게까지 전해진 것이다.

권불십년으로 끝난 크롬웰과 500년을 지속한 조선

크롬웰과 조선왕조 위정자들이 통치 수단으로 군인을 십분 활용한 점은 유사한 흐름이다. 그러나 방향성은 서로 달랐다. 크롬웰은 군인을 종교경찰로 활용하며 잉글랜드인의 욕망을 억제했다. 도박, 경마, 술 같은 말초신경을 자극하는 것을 청교도적 금욕주의 아래 죄과로 다스렸다. 이러한 통치는 시민들의 불만으로 이어져 크롬웰을 독재자로 인식하는 계기로 작용한다. 결국 크롬웰이 죽은 뒤 공화정은 무너졌고 잉글랜드는 다시 왕정으로 돌아가고야 말았다.

조선왕조 위정자들은 성리학적 관념 체제를 이념으로 채택했지만, 욕망만큼은 크게 억누르지 않았다. 오히려 무관들이 교방 같은 예능 기관을 잔뜩 설치하며 유흥과 음식, 놀이 문화를 진작했다. 군인들이 주도한 유흥 문화는 내수 경제 진작으로 이어지기도 했다. 구체적으로 통제영의 무관들은 12공방을 만들어 수공업을 장려했다. 전라도 강진 병영의 군관과 장교들은 상인처럼 직접 여러 물자를 공급해 지역 경제를 활성화한 것이 또 하나의 강한 증거다. 조선왕조가 500년을 유지한 이유는 유교 철학을 국가이념으로 채택했으나 세속국가 면모를 포기하지 않아서였다. 이것은 영국 크롬웰의 실패와 달리 성공적인 통치 전략이었다.

1643년(인조 21) 크롬웰이 철기대를 창설할 때 동양에서는 어떤 일이 벌어졌을까? 조선은 일본에 사절단을 파견한다. 쇼군 도쿠가와 이에요시의 후계자 탄생을 축하하기 위해서였다. 당시 조선은 청나라의 연이은 침입(정묘호란, 병자호란)으로 피폐해진 상황이었다. 북쪽 변방도 어려운데 남쪽 변방까지 혼란해지면 조선은 나라를 유지하기 힘들 만큼 절체절명의 위기에 빠질 수 있었다. 이를 눈치챈 일본 정부는 조선에 무리한 요청을 자주 해왔다. 이번 사행도 그 연장선에 있었다. 조선은 후계자 탄생이라는 별 볼 일 없는 사안임에도 막부 요청을 받아들여 사신을 파견한다. 이처럼 굴욕적인(?) 사행 때문인지 사절단 수장 조경趙絅은 쓰시마 번이 베푼 연회에 참석하지 않았으며 심지어 귀국하는 여정 중에 일본이 선물한 왜검을 바다에 던져버렸다.

참고문헌

- 신로사, 1643년 통신 사행과 趙絅의 일본 인식에 관한 小考, 〈민족문화〉 제41권, 2013.
- 박광용, 《역사를 전환시킨 해전과 해양개척인물》, 해상왕장보고기념사업회, 2008.

4

유흥에 돈을 탕진한
한양의 군인들

──── 조선 후기 '만과萬科'라는 유행어가 있었는데 이는 무과에서만 수천 명을 합격시키는 무분별한 시험 관행을 비꼰 말이다. 일만 만萬 자를 상징적으로 써서 합격자의 분별없음을 통탄한 것이리라. 그도 그럴 것이 조선 후기 무과 합격자의 80% 는 양반이 아닌 평민 출신이었으며 실제 관직에 나가지 못했다.

조선왕조가 신분을 차별하기도 했지만 무엇보다 이들을 수용 할만한 관직 자리가 없었던 게 더 큰 이유였다. 이들은 '선달先 達', '출신出身'이라는 헛된 명예만 얻은 채 늙어갔다. 그야말로 "빛 좋은 개살구"라는 표현이 딱 어울리는 상황이었다.

그런데 이들의 수가 감당할 수 없을 만큼 늘어나자, 평민 출신의 선달을 다독일 필요가 생겼다. 관직에 나가지 못하는 자들이 국가에 불만을 품지 않도록 위로하고 회유해야만 했던 것이다. 실제로 뛰어난 군인에게는 신분 상승 사다리를 만들어주기도 했다.

최정예 부대 훈련도감에서는 '국출신局出身'이라는 특별한 부대를 편성했는데 이는 무과에 급제한 선달·출신으로만 구성한 간부급 부대였다. 국출신은 문벌이 아닌 무예 실력으로만 선발했으니 그들은 조선 최고의 정예 요원인 셈이다. 임무는 지금의 수방사처럼 창덕궁 후원 영숙문永肅門을 경비하는 일이었다.

영숙문에는 규장각과 주합루라는 왕립도서관이 있었는데 정조가 이곳에서 초계문신들과 고급 학술을 토론했다고 하니, 정예 간부급으로만 배치한 것도 이상한 일은 아니다. 국출신을 지휘하는 국별장局別將도 양반 출신의 신분 좋은 장교로 가려서 배치했다. 엘리트 코스인 '변지이력邊地履歷'*이라는 커리어를 갖춰야만 국별장이 가능했던 셈이다.

- 조선시대에 해변 또는 국경 변두리 수비관원을 지낸 이력. 무관이 병사, 수사같이 고급 무관으로 임명되기 위해 반드시 거쳐야만 했다.

훈련도감 국출신은 여러 부대를 옮겨 다니지 않았다. 이들은 평생 국출신으로만 근무하며 국왕을 호위하고 궁궐을 경비해야만 했다. 근위부대인 국출신은 복무 혜택을 비교적 많이 받았다. 그중 하나가 변경 지역 부대장으로 승진해서 나갈 수 있

▲ 창덕궁을 묘사한 〈동궐도〉(국보 제249-2호)와 그 안의 주합루 전경
정조는 왕위에 오른 뒤 주위 척신들을 견제하는 동시에 학문을 연마하며 자신의 정책을 펼치기 위한 공간으로 주합루를 선택했다. 주합宙合은 《관자管子》에서 유래한 말로 '우주와 합일한다' 라는 의미다. 시간과 공간이 어우러진 철학적인 단어다. (동아대학교 석당박물관)

는 특혜였다. 이 특혜는 군문을 오래 지키며 수고한 군인에게만 주어졌는데 일종의 신분 상승 사다리를 열어준 셈이다.

이 제도를 유식한 말로 '경군문 구근차제과'라고 부른다. 어려운 용어이지만 우리말로 풀이하면 '서울에 있는 군부대에서 오랫동안 근무한 군인에게 벼슬을 제수하는 자리'라고 할 수 있다. 제도 방식은 대체로 이랬다.

먼저 서울의 하급장교(대개 신분은 미천했으나 능력이 있는 군인) 가운데 정예부대에 오래 근무한 자를 선별해 뽑는다. 이들은 주로 함경도의 외진 지역이나 서해안, 남해안 인근 부대 지휘관으로 보냈다. 이들이 부임한 곳 역시 전략적으로 중요하지 않은 위치

이며 직업 군인으로서 승진 가점도 없었다. 결국 이 제도는 그저 지휘관 명함 한 번 파주는 것에 지나지 않았던 셈이다. 그 사실은《승정원일기》에도 잘 나와 있다.

> "병조에는 변경 지역 지휘관 자리가 많습니다. 오랫동안 근무한 군인들을 임명한 후에도 여전히 남은 자리가 있습니다만, 종4품 만호萬戶에 오를만한 실력이 아닌 자도 자리를 얻었다고 하니 이는 좋지 않은 듯합니다." 상(영조)이 이르기를 "군공軍功을 세운 자들은 몇 사람을 벼슬자리에 썼는가?"라고 하였다.
> 김재로가 아뢰기를 "듣자니 여필선呂必善을 위도첨사蝟島僉使로 삼았다고 합니다. 그런데 소신은 잘못됐다고 생각합니다. 자리를 만들 때 반드시 양반으로만 임명토록 했는데 지금 항오行伍(군졸이나 졸병) 출신을 승진시켜 첨사僉使로 임명한다면, 비록 이력(엘리트 군인을 임명하는 벼슬자리)이 존재하더라도 관방官方(국가 방위)은 끝내 무너지는 것이 불가합니다." 상이 이르기를 "필선은 국출신인 듯하다."
>
> ─《승정원일기》 952책(탈초본 52책), 영조 18년 12월 29일 기사

'빛 좋은 개살구'에 불과한 조정의 회유책

《승정원일기》에 실린 일화는 곱씹어볼 만하다. 철옹성 같던

신분제도가 차츰 무너지는 모습을 엿볼 수 있어서다. 여기에는 예기치 않은 반전도 숨어 있다.

《승정원일기》에 등장하는 주인공 여필선은 국출신 소속의 무관으로 그 신분이 미천했다. 양반이 아닌 평민 계층이었으리라. 그렇지만 필선은 오랫동안 근무한 장기복무 군인이었

▲ 1872년에 제작한 부안 위도진 지도
섬을 대략 묘사했고 수군 진에 정박한 전함 한 척과 병선 그리고 자그마한 척후선들이 보인다. (서울대학교 규장각한국학연구원)

다. 그래서 임금에게 공로를 인정받고 뜻하지 않게 바닷가 근처의 위도진 첨절제사僉節制使로 발탁되었다. 위도라는 곳을 잘 들어보지 못했을 수도 있다. 전북 부안에 있는 아주 조그마한 섬이다. 눈치 빠른 사람이라면 '위도첨사'라는 보직이 엘리트 군인의 승진 코스가 아니라는 것을 알아챘을 것이다.

필선을 이 자리에 임명한 데는 다른 이유가 없다. 위도 자체가 잔약한 섬이라 엘리트 군인이 모두 기피해서였다. 물론 비천한 국출신에게는 그런 섬조차 소중하고 갈망하던 바였다. 그런데 고위 재상 김재로金在魯는 병조의 이런 결정에조차 태클을

걸며 불만스러워했다. 첨절제사 지위는 양반을 임명하는 관직이기 때문이다. 평민 출신 여필선이 자리를 차지하면 군령이 서지 않아 변경지대가 문란해진다는 게 그의 논리이자 명분이었다.

하지만 진심은 따로 있었다. 평민이 양반이 되면 성리학적 신분 질서가 무너지지 않을까 하는 두려움이 도사리고 있었다. 영조는 김재로의 말에 당황하면서 국출신이니 그 자리에 임명한 게 아니겠냐며 서둘러 사태를 마무리해버렸다.

한편, 필선은 고위 재상의 반대에도 불구하고 '경군문 구근차제과' 덕택에 첨사로 부임한 걸로 보인다. 국출신으로서 능력이 출중하고 오랫동안 군문을 지킨 노고를 인정받았기 때문이다. 또한 규정에 있는 보상 시스템이니 지엄한 임금의 명령을 거스를 순 없는 법이었다.

김재로는 신분제도가 무너지는 것이 무척이나 불쾌했지만 시대 흐름마저 바꿀 수는 없었다. 왕과 도성을 호위하는 일반 군인에게 충성심을 고취하기 위해서라도 조정은 양반 지위를 조금씩 허용해야만 했다. 왕조 수호와 관련된 중차대한 사안이었으니 말이다. 사실 필선에게 허락한 위도첨사 직위는 말 그대로 빛 좋은 개살구였다. 군인으로 출세할 수 있는 엘리트 코스가 아니었다. 단지 허울 좋은 명예만 있었을 뿐 승진 경력도 인정받는 자리가 아니기 때문이다.

오늘날의 장관급 사령관인 방어사나 병마사 같은 고위 관직에 올라가는 데 어떠한 가점도 인정하지 않은 것은 그야말로 치명적이었다. 가점 인정은 '변지이력'이라는 보직에만 존재했다. 변지이력은 그야말로 귀족층의 무반벌열 엘리트나 허락받는 꽃보직이다. 앞서 말한 반전 요소가 바로 이것이다. 평민이 감히 쳐다보거나 올라갈 수 없는 유리천장은 엄연히 존재한 셈이다.

그래도 여필선 정도면 성공한 군인이었다. 일선 부대 지휘관까지 지냈으니 말이다. 태평성대에 보통의 군인은 그저 변방에서 늙어가는 신세일 뿐이었다. 이순신 장군조차 왜란이 없었다면 북방의 군관으로만 전전했을 터다. 더구나 당시는 아무리 출중한 무관이라 하더라도 새파란 젊은 문관에게 끌려가 죄 없이 볼기를 맞던 때다.

그만큼이나 조선의 군인은 신세가 비천했다. 그래서 이런 일도 있었다. 정조는 정약용을 친위 무관으로 삼아 크게 키우려고 작정하지만 정약용은 온몸으로 저항했다. "천한 군인이 될 바엔 시골로 낙향하겠다"라며 임금에게 으름장을 놓았던 것이다.

이 에피소드는 당시 무관의 지위가 어떠했는지 알게 해준다. 조선 무사는 뛰어난 무력과 능력을 갖춰도 결국 문관 발밑에 서야 했다. 전쟁이 없는 시절은 백성에게 다행스럽겠으나 조선 무관에게는 자신의 재주와 용기를 10분의 1도 발휘하지 못한 불

◀ 전(傳) 김홍도의 풍속도 가운데 활쏘기
그림 속 글은 '무과급제한 평범한 출신이 소망하는 바는 임금님이 주관하는 활쏘기 시험에서 3중 4분의 점수를 받아 변장(변경부대 말직 지휘관)이라도 기대할 수 있다면 그저 만족한다'라는 내용이다. 조선 후기 무과급제자에게는 변방의 말직 지휘관이라도 되는 것이 평생의 꿈이었다. (국립중앙박물관)

행한 시절임이 분명하다.

서울 군인들, 밤거리의 왈짜로 행세하다

동서양을 막론하고 군인은 힘이 넘치고 활동력이 끓는 존재다. 남성적 욕구를 분출하고 다스리는 것은 자연의 섭리일 것이다. 말인즉슨 먹고 즐기는 소비문화가 필요하다는 얘기로 바꿔 말할 수 있다.

이를 증명하듯 서울을 방어한 비천한 군인들은 한양을 먹여 살린 집단이기도 하다. 한마디로 유흥의 최대 소비자였다. 연구에 따르면 조선 후기 한양에 상주한 군인 수는 서울 인구의 5%였다고 한다. 그 5%가 비천한 군인 신세를 한탄하며 기방과 색주가에 눌러앉았던 셈이다. 그들은 술을 마시고 여자를 품고 노름판에서 패를 돌렸다.

조선시대 유흥공간에는 기방과 색주가 외에 풍류방이라는 곳도 있었다. 이곳은 신분 높은 사대부들의 전용공간인데, 이름 높은 기생들과 어울려 시문과 음악을 즐기던 우아한 장소였다. 군인들이 이곳을 방문하지는 않았을 것이다. 반면 우리가 익히 들어서 아는 색주가와 기방은 음주가무 소비와 함께 성적 향락을 도맡던 곳이다. 바로 이곳이 서울 군인들의 유흥공간이었다.

특히 한강 변 마포나루는 색주가들이 몰려 있는 곳으로 유명했는데, 집마다 술을 뜨는 도구인 용수에다 갓모를 씌워 장대에 묶어 놓고 유흥업을 벌였다. 그 옆에 붉은 등을 달자 마포는 그야말로 불야성을 이루는 홍등가가 되어버렸다.

서울을 방어하던 훈련도감을 비롯해 삼군문 하급 군졸인 군총들은 이곳에서 늙은 주모와 수작을 벌이며 돈을 뿌렸다. 상비군 월급으로 꼬박꼬박 받은 돈을 하룻밤 유흥으로 날려 먹었던 게 분명했다. 유흥에 빠진 군총들은 자주 드나들던 늙은 주모의 뒤를 봐주는 서방이 되기도 했는데 그들을 창부娼夫라고 했다.

군총보다 직급이 높은 군관들은 색주가가 아닌 근사한 기방에서 놀았다. 조선 후기 들어 점차 관의 영향력이 줄어들자 상업경제가 발달한다. 이와 함께 관에 묶인 젊은 기생들은 폭발하는 유흥 소비에 대응해 사적인 영업행위에 나선다. 기생은 사설 기방의 주인이 되었지만 뒤를 봐주는 사람이 필요했다. 오늘날로 치면 스폰서나 패트론이 절실했다는 말이다.

조선시대에는 이들을 기부妓夫라고 불렀으며 순우리말로는 기둥서방이라고 했다. 기둥서방은 예쁘장한 기녀의 살림살이를 책임진 재력 있는 인물이었다. 손님이 있을 때는 손님에게 양보하지만 없을 때는 동침하던 남성이기도 했다. 과연 기녀들의 기둥서방은 누구였을까?

이름 높은 기방은 종로나 남대문 밖인 관왕묘 부근에 있었는데, 기방을 드나드는 서방은 한양 밤거리를 주름잡던 왈짜패였다. 왈짜들은 화려한 붉은 군복을 입고 한 손에 쇠몽둥이를 들고 다녔다. 이들은 조선 후기 유흥문화를 주도한 오렌지족이자 최신 패션을 선도한 멋쟁이이기도 했다. 그러니까 서울 뒷골목을 장악한 불량배는 사실 군영 소속의 군관이나 임금을 호위하던 무예별감이었던 셈이다.

한양도성의 기둥서방은 아무나 될 수 없었다. 고종 시절의 실력자인 흥선대원군은 손수 기부의 계층을 정했는데, 각 전의 별감, 군관, 왕족의 청지기, 군영 무사로만 한정했다. 여기에는 그

▲ **신윤복의 〈유곽쟁웅〉**
  기방에서 싸움을 말리고 있는 무예별감이 보인다. 빨간색 철릭을 입은 별감들은 서울의 유흥과
  패션을 선도하던 오렌지족 그 자체였다. (간송미술관)

만 한 이유가 있다. 경제력이 없으면 기생의 머리를 올려주는
소위 머리값을 감당할 수 없어서였다. 흥선대원군은 기생의 머
리를 올려주는 가격도 책정했는데 표준가가 120냥이었다. 돈을
물 쓰듯 쓰던 별감이나 군관이 아니면 쉽게 내줄 수 없는 값임
이 분명하리라.

　이처럼 화려한 밤거리의 주인공인 무예별감은 훈련도감의 정
예병이던 별기군에서 차출했는데, 그들은 임금의 재가를 받고

임명한 친위 군병이었다고 전한다. 시대에 따라 앞서 말한 국출신에 배속되어 정예 군관으로 대우받기도 했다. 정조 때는 장용위에 소속되어 왕의 친위 장교로 활약하기도 했다. 하지만 권력의 말단에서 대우받다 보니 도성에서 많은 사고를 치기도 해서 조정의 애를 태우기도 했다.

1649년(인조 27) 무예별감 김흥선이 무리를 이끌고 민간의 소를 훔친다. 백악산에서 소를 잡아먹고 궁궐에 들어오니 포도청 군사들도 그를 잡지 못해 어찌할 바를 몰랐다. 1703년(숙종 29) 무예별감 임후필이 길거리에서 싸움을 하다 이를 보고 말리던 조정 대신을 능욕해 귀양을 가기도 했다. 1811년(순조 11) 무예별감 안처의는 술에 취해 소동을 벌이다 귀양형에 처해졌는데, 무예별감 90여 명이 집단으로 궁궐로 들어가 따진다며 군영 대장을 난처하게 만든 역사가 전해올 정도로 답이 없던 왈짜패들이었다. 하지만 서울 상업을 뒷받침한 이들 역시 비천한 군인이었으니, 그들의 활약을 폄하할 수도 없는 일이다.

18세기 정조 시대는 서양의 절대왕정과 유사한 시기다. 특히 군사 분야가 그러하다. 정조 통치기에는 평민 출신 무사가 관직에 진출하는 일이 유독 많았는데, 이 사실은 1784년(정조 8) '책봉 경과'의 문·무과 급제자 명단으로도 확인할 수 있다. 강력한 군주의 권한으로 귀족이 아닌 평민 출신이 관계官界에 진출하게 한 것이다. 특히 정조가 창설한 장용영의 마병(기병)들은 출세에 배고픈 평민 출신으로 구성했으며 그들은 단조총이라는 총포를 쏘며 돌격하기도 했다. 그래서 프랑스 총기병Horse Carabiniers과도 비견한다. 총기병도 대부분 가난한 집안 장교로 구성했다. 이처럼 정조 시대 변화는 서양에서 벌어진 군사 혁명 흐름과 유사해 보인다. 절대왕정 시절, 검술에서 머스킷으로의 전술 변화는 귀족 일색인 군대를 평민 영역으로 끌어올린 진보라 평가하기 때문이다. 서양의 이런 흐름은 중세 봉건제도에서 벗어나 국왕과 평민의 힘이 세진 절대왕정을 이끌었다. 최종적으로 이것은 근대 자본주의로 가는 길목 역할을 했다.

참고문헌

- 《조선왕조실록》
- 《승정원일기》
- 우리역사넷, 한국문화사 중 '기생의 삶과 생활'
- 서영보, 《죽석관유집》 중 〈사예결해〉
- 국궁신문(http://archerynews.net/)

ZOOM IN

무시무시한 팔뚝 장사,
조선의 무사들

─────── 조선시대에는 알려지지 않은 팔뚝 장사들이 꽤 있다. 맨손으로 호랑이를 때려잡거나, 담벼락을 뛰어넘거나, 말을 타고 달리며 적장의 허리를 낚아채는 등 말도 안 되는 야사의 주인공이 그들이다. 이러한 영웅담을 읽으면 보통 인간 특유의 허장성세라고 단정하기 십상이다.

그러나 육량궁六兩弓을 당기던 조선의 무인을 알고 나면 야사가 달리 보인다. 앞선 영웅담들이 '사실일 수 있겠다'라는 생각이 머리를 스친다. 특히나 조선 후기 김수정이란 무인은 그 생각을 더더욱 확실하게 만든다.

◀ **김수정 장군 초상화**
망건에 달아놓은 커다란 옥관자와 물소
뿔 관대가 인상적이다. 서각 관대를 착용
한 것으로 보아 종1품 숭록대부 시절 그
린 것임을 알 수 있다. 조선시대에 옥관
자와 서각 관대는 1품 이상 고관만 착용
할 수 있었다. (국립춘천박물관)

30대에 종1품 숭록대부가 된 육량궁의 명수, 김수정 장군

김수정은 궁술을 익힌 전형적인 조선 무인이다. 남아 있는 초
상화에는 하얀 얼굴에 호리호리한 체격의 남자가 보인다. 힘과
전혀 무관할 것 같다. 사실 김수정은 강궁으로 소문난 무골武骨
로 육량궁을 자유자재로 다루는 천하장사였다고 한다. 육량궁
은 우리나라 고유의 활인데 실전에서 사용하지는 않았다. 이유
인즉 일반 활보다 손에 쥐는 부분이 두껍고 당기는 세기까지 강
했기 때문이다. 어지간한 힘이 아니면 쉽게 당기지 못했으니 실

전에서는 무용지물일 수밖에 없었을 것이다.

더구나 육량궁에 메기는 화살인 육량전六兩箭은 그야말로 압도적이다. 무게가 약 300g으로 일반 화살인 죽시竹矢(대나무로 만든 화살)보다 11배나 무겁다.

이처럼 육량궁은 특별한 존재였다. 그래서 장사들의 힘을 측정하는 용도로만 사용한 듯하다. 다루기가 얼마나 힘든지 당시 무관들이 이 활을 당기다가 어깨를 상하는 일이 다반사였다고 한다. 그 이야기는《조선왕조실록》에 자세히 실려 있다.

> 정광필이 아뢰었다. "오늘날 무반(군인)으로서 변방 일을 아는 자들이 의논하고 말하길, '육량궁은 본래 활의 힘이 너무 강합니다. 그래서 무인들의 팔을 많이 상하게 하므로 100보 밖에서 쏘지를 않습니다. 이 때문에 근래 무과에 합격한 출신 중에는 힘이 약한 사람이 많다' 합니다.
>
> 무인은 힘으로 관직에 임용하는 사람입니다. 만일 무인의 힘이 약하면 갑옷 무게도 이기지 못할 것이거늘, 더구나 활을 당기면서 적을 막을 수 있겠습니까? 반드시 힘이 강해야만 비상시 완급緩急에 쓸 수 있는 것입니다. 청컨대 앞선 전례에 따라 가을 별시別試 전에 미리 법규를 정하여 무인이 미리 예습하게 하는 것이 어떻겠습니까?"

왕이 말하기를 "(육량궁의) 전례를 따르면 팔의 힘이 강한 사람을 많이 배출할 것이다. 그러나 우리나라 법은 변경하는 사례가 많아 여러 사람에게 믿음을 받지 못하고 있다 하니 육량궁이 아니더라도 다른 걸로 힘 있는 사람을 뽑을 수 있겠다. 이전에 이순경李舜卿은 힘이 세 육량궁을 숭상하였으므로 끝내는 팔에 병이 들었다고 한다. 새로운 법을 마련하는 것은 당초부터 신중함을 최우선으로 해야 한다. 이미 법을 세웠으면 경솔히 변경할 수 없다" 하였다.

— 《중종실록》 38권, 중종 15년 2월 13일 기사

100보 이상을 쏘면 팔을 다칠 수 있어서 쉽게 쏠 수 없었던 것이 육량궁이다. 이순경이라는 무관은 용력勇力이 출중해 육량궁 당기기를 즐겼지만, 결국 말년에 팔이 상하는 불상사를 겪었으니 강궁의 위용이 어떠했는지 알만하다.

그런데 김수정 장군은 이를 아랑곳하지 않았던 듯하다. 그는 괴물 같은 육량궁에 거대한 육량전을 메겨 150보(약 200m) 넘게 자유자재로 쏘아댔다고 한다. 당시 무과 시험은 육량궁과 육량전으로 치렀는데 80보(약 90m, 50보라는 설도 있다) 이상이 합격선이었다. 김수정 장군은 합격선보다 무려 2배 이상을 쏘아댄 것이다! 과연 사람일까? 괴물일까?

재미있는 사실이 하나 더 있다. 지금도 국궁을 즐기는 궁사들이 시험 삼아 육량전을 쏘는데 평균 40~50m 정도 날아간다고 한다. 최고 기록도 겨우 70m란다. 조선시대 무관들의 합격선(90m)을 뛰어넘는 것은 고사하고 이에 견줄만한 궁사마저 아직 없는 셈이다. 그만큼 조선 무사들의 용력은 짐승과도 같았다.

▲ 전傳 김홍도의 풍속도 중 활쏘기
첫 번째 인물을 살펴보면 뜀을 뛰며 쏘는 보사步射 방식을 엿볼 수 있다. (국립중앙박물관)

타고난 무골이던 김수정은 소년 급제 타이틀을 거머쥐면서 역사에 화려하게 등장했다. 1740년(영조 16) 약관의 나이인 20세에 무과에 급제한 것이다. 강궁을 당길 줄 아는 어마어마한 힘 때문인지 왕의 경호부대원을 대상으로 치른 삭시사朔試射에서도 김수정은 수석을 놓치지 않았다.

삭시사는 무관들의 실력 유지를 위해 치르던 시험을 말한다. 매달 초하룻날, 문·무관을 대상으로 치른 궁술 시험인데 오늘날

공군 파일럿이 자격 유지를 위해 일정 비행시간을 채워야 하는 것과 비슷하다. 출중한 실력 덕에 김수정은 대통령 경호원에 해당하는 별군직 임무도 수행한다. 별군직은 최고 통치자를 곁에서 보호하던 무관이자 호위무사였다.

▲ 백발백중 명사수였던 이춘기 초상화
김수정이 힘 좋은 강궁이었다면 이춘기는 백발백중 명궁이었다. 그는 신기에 가깝게 적중하는 만발의 실력으로 무과에서 두 번이나 장원급제했다. 이춘기는 오랫동안 영조의 근접 경호원인 별군직 임무를 수행했다. (국립중앙박물관)

깜짝 놀랄만한 일은 그의 승진 속도다. 무과에 급제한 지 4년째인 1744년 절충장군(24세), 1746년 종2품 가선대부(26세), 1749년 정2품 하계인 자헌대부 품계에 올랐고(29세) 1751년에는 정2품 상계인 정헌대부(31세)에 올랐다. 믿기 어렵겠지만 김수정 장군은 무과에 급제한 지 13년 되던 해(1753) 33세라는 젊은 나이로 숭록대부(종1품 상계) 품계까지 진출했다.

숭록대부의 품계는 무관들의 마지막 게임이자 최종 보스였다. 조선시대 문관에는 정1품 대광보국숭록대부와 보국숭록대부의 품계가 있었다. 하지만 무관은 다르다. 종1품이 한계였다. 그 이상 올라갈 수 있는 품계가 없었던 셈이다. 충무공 이순신 장군은 32세에 겨우 무과에 합격했는데, 동년同年의 김수정은 종1품 숭록대부 품계에까지 진급한 것으로 보아 그는 사람이 아니라 괴물이라 해도 과언이 아니다. 그의 재능이 얼마나 출중했는지 알 수 있는 대목이다.

이쯤 되니 궁금해지는 사실이 하나 있다. 김수정 장군에게도 막상막하의 라이벌이 있었을까? 흥미롭게도 그 앞을 막아선 인물이 때마침 등장했다! 바로 임세재(1724~?)라는 평민이었다.

천한 목자에서 양반으로 출세한 임세재 장군

김수정은 원주 김씨 무반가문의 양반이지만 임세재는 인천 영흥도에서 말을 치던 천한 목자의 아들이었다. 어릴 적부터 역발산 같은 힘으로 '영흥도 임장사'로 불렸는데 그는 인천 지역을 주먹으로 평정했다. 23세가 되자 출세하고픈 욕망이 가슴 깊은 곳에서 끓어오른 임세재는 서울로 올라갔다. 그리고 곧바로 금군(국왕 경호원)을 뽑는 취재시험에 응시했다. 공교롭게도 김수정 장군(당시 27세) 역시 시험에 응시했다. 이것은 《승정원일기》에서도 자세히 소개하고 있다.

비망기(임금이 즉석에서 내리는 명령서)

"이번 금군을 뽑은 활쏘기 시험에서 가선대부 김수정은 육량전으로 첫 번째에 152보를 쏘았고, 두 번째에 150보를 쏘았으며, 세 번째에는 156보를 쏘았으니 진급시켜라. 한량 임세재는 육량전 첫 번째에 154보를 쏘았고, 두 번째에 160보를 쏘았으며, 세 번째에는 156보를 쏘았으니 전시(무과시험)에 곧바로 응시할 자격을 주라."

―《승정원일기》 영조 23년 5월 6일 을미 6/23 기사

인천 주먹 임세재는 강궁인 육량전을 거머쥐었다. 별것 아닌 듯 활시위를 크게 당기고선 두 번째 사격에서 160보를 날렸다. 반면 세 번째 사격에서 156보를 쏜 김수정은 이에 못 미쳤다. 최종 결과는 당연히 임세재가 일등이었다. 상으로 무과에 급제하는 특권까지 얻었다. 조선시대는 신분 질서가 엄격하던 시절이다. 천한 목자의 아들이 무과에 급제하는 사례는 드물었다. 임세재는 하늘의 별 따기보다 어려운 일을 해낸 것이었다. 그 기쁨이 얼마나 컸을지 대략 짐작이 간다.

몇 달 후 임세재는 다시 한번 장안을 놀라게 한다. 금군을 대상으로 치른 시험에서 또다시 일등을 했기 때문이다. 상으로 품계를 올려주어야 했으나 임세재는 정식으로 임관하지 않은 후

보자 신분이었다. 어떻게 처리해야 할지 문제였다. 결국 임용장을 받는 즉시 한 계급 승진하는 것으로 일단락을 지었다. 지금으로 치면 소위로 임관하는 순간 중위로 진급하는 영광(?)을 누린 것이다.

임세재에게도 위기는 있었다. 영조가 죽고 정조가 등극하자 세상이 크게 돌변했기 때문이다. 당시 임세재는 별군직으로 근무하고 있었다. 왕을 밀접 경호하던 별군직청(경호부대 일종)도 정치적 변화를 피할 수 없기에 숙청 바람이 불기 시작한다.

별군직은 효종 시절에 만든 보직으로 그 역사는 병자호란까지 거슬러 올라간다. 소현세자와 봉림대군(효종)이 인질로 청나라 심양으로 끌려가면서 당시 호위를 담당한 8명의 장사도 뒤를 따랐다. 장사들은 목숨을 다해 소현, 봉림 두 왕족을 보필했다고 전한다. 효종은 왕이 되자 그들의 은혜를 잊지 않았다! 왕은 여덟 장사의 후손을 최측근 경호원으로 발탁한다. 그렇게 해서 창설한 근위병이 별군직이란 제도였다.

임세재는 별군직으로 근무하며 영조를 가까운 거리에서 경호했다. 정조가 왕위에 오르자 실세로 등장한 29세의 홍국영이 군권을 장악한다. 그가 숙위 대장으로 부임하자 임세재도 칼날을 피할 수 없었다. 홍국영과 그 일당은 임세재처럼 하찮은 잡류雜類는 부대에서 내쫓기로 했다. 이때 그를 살려준 사람은 다름 아닌 정조였다.

정조는 임세재의 팔뚝 힘이 누구보다 강하다며 내쳐서는 안 된다고 극력 변호했다. 이것은 명분이자 표면적인 이유였다. 야사에 따르면, 임세재는 사도세자가 부리던 심복이었다고 전한다. 사도세자가 뒤주에 갇히자 존경하는 분을 잃을 수 없다며 펑펑 운 사람이 임세재였다. 아버지의 충신인 그를 정조가 차마 내치지 못했을 것이다.

영조와 사도세자 그리고 정조의 신임을 두텁게 받은 임세재는 군인으로서 영예인 별군직뿐 아니라, 왕의 특명으로 전라도 낙안군수와 보성군수까지 지냈다. 말을 치는 천한 목자의 아들이 고을 수령이 된 것이니 엄청난 신분 상승이다. 아직도 인천 영흥도에는 임세재의 신분 상승과 함께 집안 후손들이 섬에서 부린 무소불위의 세도가 전설처럼 전해 내려오고 있다.

▲ 정조시대에 활약한 별군직 명단
오른쪽에서 세 번째에 임세재의 이름이 보인다. 당시 별군직으로 근무하던 무관들의 명단을 적어놓은 것이다. 평민 출신 임세재와 명나라 유민 출신 왕한정(두 번째)을 제외하고 모두 문벌 좋은 양반 사대부 출신 후예다. (서울대학교 규장각한국학연구원)

5

제주 군인이 보여준
부의 전략

——— 지금껏 한양도성에서 활약한 군인의 모습을 알아보았다. 이제 육지에서 멀리 떨어진 섬 제주도 군인은 어떻게 활약했는지 살펴보려 한다. 사실 제주 군인도 서울 군인과 비슷했다. 그들 역시 벼슬길에 올라 명예와 지위를 얻으려 무척이나 노력했다. 하지만 그 방향은 약간 다르다.

제주 군인은 서울로 상경해서 벼슬하는 것을 원치 않았다. 거의 대다수가 제주도 관리를 희망했다. 그래서 제주에는 '경관불귀京官不貴(서울 벼슬은 귀하지 않다)'라는 말도 존재한다. 그 이유는 별다른 게 아니다. 서울 생활에 너무 많은 돈이 필요했기 때문

이다. 당시 제주 사람에게는 섬을 떠나 관직 생활을 감당할만한
경제력이 별로 없었다.

청음 김상헌이 바라본 초라하고 가난한 제주도

청음 김상헌은 영화 〈남한산성〉에 등장하는 주인공이다. 척화
대신으로 유명했던 그는 주전파로 활동하며 커다란 명성을 얻
었다. 김상헌의 명성으로 안동김씨 집안은 충절 가문으로 승격
했고 나중에는 세도 정권까지 탄생한다. 그런 김상헌이 제주를
방문한 적이 있다. 임금의 명을 받아 신분을 밝힌 '명행明行' 어
사로서 말이다. 눈썰미가 뛰어난 그는 섬에 들어와 인상 깊던
부분을 글로 남겼다.

그중 하나가 띠풀로 엮은 초가 광경이다. 김상헌에게는 이색
적인 모습으로 다가왔던지 "대정현이나 정의현 같은 관청도 기
와 아닌 띠풀로 지붕을 얹었다"라며 자신이 목도한 제주의 경
치를 묘사하고 있다. 사실 제주에 초가집이 바둑돌처럼 많은 이
유는 별다른 게 아니었다. 환경적 영향도 있겠지만 결정적으로
기와로 집을 얹을만한 돈 많은 재력가가 없었기 때문이다. 하지
만 가난한 풍경은 19세기가 되자 돌변하기 시작한다.

상업 열풍이 조선을 집어삼키던 19세기, 제주 성내와 조천리
에 어느 순간부터 기와집이 한두 채씩 등장했다. 사실 제주에서

기와집을 짓고 산다는 건 정말 특별한 일이었다. 이전에 없던 세력가가 점차 등장한다는 사실을 방증하는 일이 아닌가. 기와집은 재력뿐 아니라 권력의 상징이기도 했다.

실제로 기와라는 재료는 섬 통치자인 목사가 거처하는 관청에나 얹힐 수 있던 물건이었다. 경제력과 권력이 생기면 주거공간도 강조하고 싶어지는 것이 인간의 본성이리라.

기와를 얹고 세력을 과시하던 제주의 세도가

두목杜牧이 〈아방궁부〉에서 노래한 '처마 끝은 새가 높은 곳을 쪼는 모양'이라는 화려함은 제주에서 기와집이 보여주었다. 기와 끝에 회를 발라 단단히 만들고 처마를 높이 세우는 것은 제주만의 특징이다. 처마가 높은 기와의 화려함을 즐긴 사람들은 바로 조천리의 김씨들이었다.

그들이 처음부터 특별한 가문을 형성한 것은 아니었다. 원래 무임직(군관)을 세습하던 군인 집안이었는데, 18세기 들어 이 집안에서는 무과급제자를 많이 배출했고 제주의 삼읍 현감, 판관, 명월만호 같은 관직을 수행하며 큰 명예와 권력을 누렸다.

제주 지역 사회에서 이들의 명망은 대단했다고 전한다. 얼마나 대단했던지 경화세족으로 외무대신을 역임한 운양 김윤식은 20세기 초 제주도에서 유배 생활을 하던 중 그들의 권세를 옆에서 구경하며 혀를 내두를 정도였다. 조천리 김씨들이 막강한 힘을 지닌 배경에는 섬이라는 지리적 요건을 활용한 경제력이 있었다. 그 경제력은 다름 아닌 제주와 육지를 연결하는 교역 활동에서 나왔다.

미역 팔아 거부가 된 제주도 군관들, 조천 김씨

조선 후기 '화반곽탕'이란 음식이 등장한다. 이것은 미역으로 만든 음식으로 산모들의 보양식이다. 궁중 여인들은 왕자·왕녀를 출산하면 맨 처음 화반곽탕을 먹었다고 전한다. 영조의 생모 숙의 최씨도 그중 한 명이었다. 《호산청일기》에는 최씨가 영조를 낳고 미역과 해물에 쌀밥을 얹은 화반곽탕을 하루 일곱 번 먹었다는 이야기가 나온다. 이처럼 미역은 궁중에서까지 산모가 섭취해야 할 보양식으로 여겨졌다.

전국에서 인기를 누린 남도 지역 미역 중에서도 제주산 미역을 최고로 쳤다. 잎이 얇고 넓은 제주 미역은 품질과 맛이 좋고 무엇보다 식감이 부드러웠다. 부드러운 식감은 허약했던 산모들 입맛에 안성맞춤이었으며 덕분에 인기가 매우 좋았다. 하지만 팔방미인 같은 제주산 미역은 제주도 내에서는 그저 평범한 해초에 불과했다고 한다. 우둔한 제주 백성은 미역이 육지로 올라가면 비싼 값에 팔린다는 것을 알지 못했기 때문이다.

공무 수행차 서울을 오가던 조천 김씨들은 날카로운 매의 눈을 가진 사람들이었다. 그들은 제주산 미역이 육지에 올라가면 돈이 된다는 걸 알아차렸다. 한마디로 차익거래가 가능하다는 것을 파악한 것이다. 김씨들은 관포官浦인 조천항을 중심으로

▲ **용두암 근처에서 돌미역을 채취하는 제주 해녀들**

그림은 잠녀潛女라고 표현하고 있다. 조선 후기 미역은 부가가치가 높은 최고의 특산물이자 상품이었다. 해녀들이 고역으로 여기던 미역 따는 일을 힘들게 해내면 상인들은 헐값에 매입해 육지에 비싼 값으로 내다 팔았다. (《탐라순력도》, 국립제주박물관)

제주 해산물 미역을 값싸게 매입해버렸다. 군관을 대대로 세습한 그들인지라 관의 영향력도 행사했다. 그들은 쉽게 빌린 관선官船에 미역을 가득 실어 육지로 가져가 비싼 가격에 남김없이 팔아치웠다. 원금의 수십 배에 달하는 금액으로 말이다.

미역 판매금은 다시 쌀로 바꿨다. 이렇게 기름진 육지의 쌀을 제주로 들여오면 부르는 게 값이었다. 제주는 쌀농사가 거의 불가능해 쌀이 무척 귀했기 때문이다. 특히 삼읍 구진으로 불리던 제주의 주요 관청들이 고객이었다. 매입가의 두세 배에 해당하는 금액으로 팔렸을 것이다. 이처럼 조천 김씨들은 미역과 미곡 간 시세차익으로 막대한 부를 쌓으면서 이전에 없던 거부가

되었다.

재력으로 관직을 얻어낸 조천리 김씨들

경제적 자유를 얻은 조천 김씨들은 여유롭게 생활하며 관료가 되기 위한 공부에만 열중했다. 과거 시험에 합격하면 그들은 중앙정부 고관을 상대로 보이지 않는 로비를 벌였다고 한다. 그간 쌓아놓은 재산을 가지고선 뇌물로 바친 것이다. 세도 정권 시기라 조천 김씨 같은 사상私商은 중앙 권력에 접근하기가 쉬웠다. 그들 중 몇몇은 서울로 가서 벼슬길에 올랐지만 대부분 경관불귀라는 전통적 가치관에 따라 돈이 있어도 제주 지방관으로만 부임했다.

사실 육지인에게 제주 판관, 대정현감, 정의현감, 명월만호처럼 제주에만 있는 관직은 그리 높은 벼슬이 아니었다. 게다가 열악한 지형적 환경마저 이것을 인기 없는 관직으로 만들었을 것이다. 하지만 제주 사람에게는 특별한 의미가 있었다. 고향에서 양반행세가 가능한 관직이기 때문이다. 김씨들은 갖은 방법으로 그 관직들을 차지했고 이를 기반으로 지역 사회에 커다란 영향력을 행사했다.

집안의 지위와 재력을 과시하고 싶어 한 그들은 조천포를 중심으로 이전에 없던 기와집을 마련하고 처마 높은 큰 집에서 진

바닷가 방어기지인 조천성의 군사태세
점검을 묘사했다. 조천성 근처에 초가집
이 즐비하다. 여기에 거주하던 조천 김씨
는 해상교역으로 거부가 되었고 기와집
을 지어 재력을 뽐냈다.

짜 양반행세를 하기 시작했다. 오늘날 조천리에 몇 채가 남아
있는데, 제주도에 몇 없는 기와집은 그런 식으로 건축한 것들이
다. 이런 김씨 집안에 흥미로운 이야기가 전해 내려온다.

구한말 철종의 사위인 금릉위 박영효가 서울에서 큰 죄를 지
어 제주로 유배를 왔었다고 한다. 조천리 김씨들은 왕실 사람
박영효를 자신의 사랑채로 데려와 서울에서도 맛보기 힘든 산
해진미를 대령하며 극진히 대접했다고 한다. 제주산 귀한 옥돔
이 매일 반찬으로 올라왔고 고통스러워야 할 유배 생활은 어느

새 식도락으로 가득한 맛집 탐방이 되어버렸다. 죄인 박영효에게 이보다 더 큰 호사가 있었을까? 아마 없었을 것이다. 조천 김씨는 죄가 풀려 서울로 올라갈 것이 뻔한 부마의 권력을 엿보며 예비하고 아부한 것이었다.

또 다른 이야기도 전해온다. 평민 출신 독립 지사 남강 이승훈 선생이 조천 김씨 집에 유폐된 사건이다. 일제는 선생을 제주도로 유배 보냈는데 일이 부마 박영효의 사례와 180도 다르게 돌아갔다. 김씨들이 힘없고 신분이 낮은 이승훈을 하대하며 무시한 것이다. 노비들이나 거처하던 헛간채를 내주고 실컷 고생시켰다고 한다. 밥도 제대로 주지 않았다. 예비할 권력이 없어 아부할 필요가 없었기에 이승훈을 백안시했으리라.

이처럼 이익에만 예리하게 반응한 김씨들은 울지도, 웃지도 못할 일화를 만든 장본인이다. 권력에 따라 다르게 반응한 김씨 가문의 행태는 별다른 게 아닐 것이다. 득실을 셈하는 상인의 속성을 상징적으로 대변할 뿐이다. 어찌 되었든 조천리 김해 김씨들은 제주도 사람으로는 유일하게 양반의 조건인 벼슬과 재력 두 가지를 이뤄냈다. 오늘날의 시각으로 봐도 성공한 사람들의 일면이다. 이들이 진짜 제주도 양반이었다는 사실은 부정할 수 없다.

열두 척 대선단을 소유한 탐라 거부 송두옥

조천 김씨처럼 군인이 상업에 투신해 재력을 쌓은 사례는 또 있다. 무임직을 대대로 역임한 조천 김씨는 방어 성곽이 있는 조천진성을 중심으로 행세했지만, 제주 부자 송두옥은 제주목 관아를 드나들던 향리 후손으로 성내에 살고 있었다. 그는 상선 12척을 소유한 제주도의 대부호였다. 그가 배를 많이 소유한 데는 나름대로 이유가 있었다. 송두옥은 미역을 거래한 김씨들과 달리 쌀을 교역했는데, 자신이 소유한 호남 땅에서 쌀을 배에 싣고 온 것이다. 그러니까 육지 쌀을 직접 생산해 직송하고 판매까지 담당한 셈이다. 김씨들은 미역을 들고 나가 쌀로 바꿔왔으나 송두옥은 한발 더 나아가 직산지에 거대자본을 투하한 것은 또 다른 교역 방식이었다.

송두옥의 두뇌가 비상했음은 물 밖에서 미곡을 생산해 제주로 들여온 사실이 잘 보여준다. 그는 토박이답게 제주의 환경과 특성을 잘 알고 있었다. 제주 해류는 뭍으로 나갈 때 가장 거칠었다. 역류하는 바닷길을 앞으로 밀고 나가야 해서 선박이 난파당하거나 부서지기 십상이었으리라. 조천 김씨처럼 미역을 들고 육지로 나가면 낭패이기도 했다. 자칫 풍랑으로 선박이 좌초되면 장사 밑천을 모조리 잃고 만다. 그만큼 위험 부담이 도사리고 있었다.

그러나 육지에서 제주로 들어오는 경우엔 얘기가 달랐다. 해류가 순풍을 타므로 배가 난파당할 위험이 적다. 도착일 역시 나갈 때보다 빠른 편이다. 이 이점을 간파한 송두옥은 가까운 전라도 인근에 논을 매입했는데 그곳에서 쌀을 생산해 직송하는 시스템을 만든 것이었다. 더구나 자신의 선박을 이용해 물류 비용까지 최소화했으니 그는 상인으로서 위험 최소화와 이윤 극대화 방식을 제대로 파악한 셈이었다. 당시로선 그야말로 파격적인 경영 전략이다.

막대한 돈을 벌어들인 송두옥은 조천 김씨처럼 무과 시험에 진력했다. 세습 향리를 벗어던지고 양반이 되고 싶었기 때문이다. 결국 그는 젊은 나이에 무과에 급제한다. 재력을 바탕으로 종4품 무반직인 명월만호와 대정현감이라는 지방관 직책까지 얻어냈다. 송두옥은 제주 성안에 이층 누각의 큰 정자를 짓기도 했는데 이는 제주에 없던 화려하고 거대한 것이었다.

대한제국 시절에는 승정원의 육방승지에 해당하는 비서원祕書院 승(종2품 가선대부) 벼슬까지 받으며 승승장구했다. 제주 사람으로는 왕의 비서관이 된 최초의 일로 대단한 영광이었다. 송두옥은 여기서 그치지 않고 학교 설립과 기민 구제에도 적극 뛰어들었다. 덕분에 관대한 부자로서 제주인의 많은 존경을 받았다고 한다.

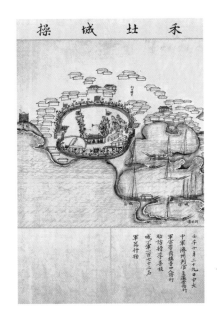

◀ **제주의 관문이던 화북포 모습**
제주에서는 배가 출항할 때가 가장 위험했다. 해류의 영향 때문이다.

제주 군인과 비견된 서울 군인들

군인들의 상행위는 비단 제주만의 일은 아니다. 20세기 서울 종로 상권을 주름잡던 간송 전형필 선생 집안도 위세 당당한 군인 가문이었다. 전씨 가문은 대대로 무관직을 세습하며 미곡 장사를 병행했다. 특히 전형필의 증조할아버지 전계훈은 창덕궁 위장과 오위장을 거쳤으며 경상감영 중군中軍에까지 오를 정도로 명망이 높았다.

조선 군인들이 상업에 뛰어든 이유는 어디에 있을까? 그것은 전쟁이 조선 팔도를 두 번이나 덮친 냉혹한 결과물이었다. 왜란과 호란이라는 전대미문의 전란을 당한 조선 정부는 제대로 된 국방예산을 내줄 수 없었다. 그래서 생계가 어려운 군인에게 장사하는 것을 허락했고 서울 도성은 간단한 물건을 내다 파는 군인들로 북새통을 이뤘다. 역사책에서는 '어지러울 난亂' 자를 사용해 노점에서 물건을 팔던 군인을 난전 상인이라 부른다.

한편 전형필 가문처럼 지체 있는 군인은 난전 상인과 격이 달랐다. 재산이 어느 정도 있었으므로 창고를 크게 짓고 도고(독점) 상인으로 활동했다. 그중에서도 동대문의 애오개 시장과 종로통을 주름잡던 전씨 가문은 모두가 알아주었다. 이들은 황해도 연안 지역과 충청도 각지에 농토를 확보해 쌀농사를 지으면서 부자로서 입지를 다졌다. 구한말에 이르러서는 10만 석을 추수할 정도로 대부호였으며 관의 위력까지 행사할 정도였다. 이들은 관선에 쌀을 싣고 마포, 서강, 동막 등으로 가져와 창고에 쌓아두고서 시세차익을 얻는 방식으로 돈을 벌었다. 당시 서울의 쌀값은 하루마다 계속 변했기 때문에 시세를 잘 포착하면 큰돈을 벌기가 어느 때보다 수월했으리라.

그뿐 아니다. 당시 미곡 상인은 금전도 융통해주었다. 기간이 짧은 단기 대출의 경우 무담보로 자금을 융통해주었으나 기간이 긴 장기 대출은 담보를 잡아 돈을 빌려주었다. 이때 미곡 상인이 담보로 잡은 물건은 논문서, 밭문서, 어음, 수표, 집문서, 옥관자, 비녀 같은 각종 기물, 호랑이 가죽, 골동품 등이었다. 전형필 선생이 미곡상으로 행세하며 문화재를 매입한 배경에는 전당 영업이라는 뒷이야기가 숨어 있다. 이러한 역사는 잘 알려지지 않은 조선 상인만의 흔적이며 제주든 서울이든 상관없이 행하던 조선 무관들의 영업방식이기도 하다.

짧은 역사 몇 줄

제주도 군인들이 한창 돈을 벌던 19세기 서양에서는 어떤 일이 벌어졌을까? 서구 유럽에서는 18세기만 해도 명예, 영광, 지식, 문화 등 형이상학적 가치와 정신문명이 존중받았다. 그러나 19세기부터 분위기가 돌변한다. '힘을 추구하는 경향'이 등장한 것이다. 처음에는 그 힘을 질병이나 자연 극복으로 발현한다. 의학자는 백신으로 공포를 안겨준 질병을 극복하고, 기술자는 증기와 전기라는 새로운 동력원을 개발해 강과 습지를 개척하고 산업시설을 건설한다. 통치자들마저 막강한 기술의 힘으로 기아나 홍수 같은 심각한 재해를 극복한다. 힘을 추구하는 것은 기술 문명의 상징으로 자리 잡고 결국 폭력이나 설득 방법으로도 사용한다. 19세기 말쯤 이것은 인종적 맥락으로 개념화하면서 백인이 흑인과 황인을 힘과 폭력으로 지배하는 것을 정당화한다.

참고문헌

- 김윤식, 《속음청사 續陰晴史》
- 《조선왕조실록》
- 비변사, 《제주계록 濟州啓綠》
- 홍성찬, 일제하 서울 종로상인의 자산운용, 〈동방학지〉 제170권 170 호, 2015.
- 홍성찬, 19세기 말 서울 동막 객주의 미곡 거래, 〈동방학지〉 제177권 177호, 2016.
- 이영석, 19세기 유럽사를 보는 시각, 〈대구사학〉 제127권, 2017.

3

돈은 돈을 낳고

1

조선과 일본의 줄다리기, 화폐 전쟁

───── 1678년(숙종 4) 조선 정부는 상평통보를 발행한다. 1678년부터 1697년까지 약 450만 냥을 주조했는데 조선 인구를 1,500만 명이라고 추산하면 1인당 통화량은 고작 2~3전錢에 불과하다. 17~18세기 통계를 볼 때 화폐는 주로 서울을 중심으로 한 도회지에서 유통이 이뤄진 게 확실하다. 전국에 유통되었다고 하기엔 공급량이 부족해 보이기 때문이다.

그래도 화폐 발행이 성공적인 마침표를 찍었다는 점은 의미 있는 일이었다. 전에도 화폐를 보급하려는 시도를 많이 했지만 모두 실패로 돌아갔으니 말이다. 세종조차 화폐를 만들고도 보급에 실패했으니 금융 생태계가 이전과 달리 성숙해진 것은 분명하리라. 그렇다면 숙종 때 이르러서야 화폐 발행이 성공의 길을 걸은 배경은 무엇일까? 여기에는 여러 가지 이유가 있겠지만 무엇보다 외부 충격 때문이라 생각한다. 구체적으로 말하면 일본에서 수입한 은화, 즉 왜은의 영향이 컸다.

서울 장터를 장악한 왜은

17세기 무렵부터 한·중·일 사이 중계무역이 무척 활발해진다. 당시 청나라와 일본은 외교 관계가 단절된 상태였는데 조선과 일본마저 임진왜란으로 외교 관계가 끊어진 시절이다. 그러다가 1609년부터 조선과 일본이 교역을 재개하자, 일본에게 조선은 중요한 대청무역 창구가 되었다. 분위기를 탄 조선은 청나라와 일본의 관계를 잘 활용했다. 정치적 역학 관계를 이용해 경제적 이득을 얻는 데 성공한 것이다.

조선 정부는 중국산 비단을 사서 차익(약 3배)을 남기고 일본에 마구 팔아먹었다. 17세기 당시 조선이 일본에 중개한 생사(명주실)만 해도 15만 근이었고, 비단 2만 7천 근도 조선을 거쳐 일본으로 넘어갔다. 거래는 일본에 거주 중인 네덜란드 상관장의 눈에도 포착되었다. 동래 왜관을 출발한 중국산 사치품이 쓰시마와 오사카를 지나 에도로 향하는 수레에 실렸는데, 그 광경

은 굴비 엮듯 줄줄이 이어
졌다고 한다. 장대한 광경
을 목격한 나가사키의 네
덜란드 상관장은 입이 벌
어질 수밖에 없었다. 난징
과 광저우에서 생산한 비
단들이 죄다 조선을 거쳐
넘어가고 있었기 때문이
다. 이것은 거짓이 아니었

▲ 바둑돌 모양의 왜은
조선에서는 바둑돌 같다고 기자은이라 불렀으
며 일본에서는 두판은이라 했다. 순도는 처음엔
80%였지만 1697년부터 60%로 디베이스먼트
하면서 왜은의 신용도가 요동쳤다. 이 때문에
조선에서는 은화 대체재인 동전 가치가 점차 올
라간다.

다. 비단과 교환하면서 조선으로 유입된 왜은의 양을 짐작하면
그렇다.

왜은이 얼마나 많은지 조선에서 만든 은화가 더 이상 필요하
지 않을 정도였으며, 서울의 일반 서민도 왜은의 혜택을 두둑이
누렸다. 기록에 따르면 채소 같은 반찬거리나 술과 떡 등의 먹
거리도 시장에서 일본 은화를 주고 샀다고 전한다. 그도 그럴
것이 왜은은 바둑돌 정도 크기로 갖고 다니기에 무척 편했다.

이러한 변화는 조선 정부를 무척이나 긴장시켰다. 화폐 주인
은 일본이 아니라 엄연히 조선 통치자였기 때문이다. 그들이 이
해하기에 화폐 발행으로 얻는 이익, 즉 시뇨리지는 조선의 군주
가 독점해야 할 산물이었다. 주조 차익으로 기민도 구제하고 군

대에 들어가는 비용도 충당해야 했으니 말이다. 그런데 왜은은 조선이 만들고 뿌리는 게 아니었다. 말인즉슨, 조선이 시뇨리지 효과를 누릴 수 없다는 의미다. 자칫하다가 일본이 화폐 주권을 좌지우지해 치명적 약점으로 작용할 수도 있었다. 이와 관련된 내용은《승정원일기》에도 나온다.

> 영의정 허적이 아뢰길 "우리나라에는 원래 통행하는 화폐가 없었지만 근년 이래 은을 통화로 하고 있습니다. 땔감과 야채 가격마저 모두 은을 사용하고 있습니다. 은은 우리나라의 생산물이 아니며 일반 서민이 소유할 수 있는 것도 아닙니다."
>
> ──《승정원일기》263책(탈초본 13책), 숙종 4년 1월 23일 기사

영의정 허적은 화폐 유통과 관련해 자신의 의견을 개진했다. 조선에는 오래전부터 화폐가 없었는데 근래 들어 갑자기 은화 (왜은)가 등장해 화폐로 쓰이고 있다고 언급한 것이다. 그는 서울에 거주하는 백성이 땔감이나 야채 같은 일상품을 은으로 구입할 정도로 흔하다고 덧붙였다.

더구나 은은 우리나라 생산물이 아니라고 했다. 이는 조선에서 유통 중인 은화가 국내 광산에서 개발한 광은鑛銀이 아니라 일본에서 들어온 왜은임을 의미한다. 그런데 그의 마지막 말, 즉

'은은 일반 서민이 소유할 수 있는 것도 아니다'라는 대목은 의미심장하다.

사실 조선에서 은화라는 재화는 서민이 사용하는 것이 아니라 국가가 소유하는 물건이어야만 했다. 그것은 나라의 비상금이며 쓰임새는 군자금으로 비축하는 예비 용도였다. 이 제도는 조선이 망할 뻔한 병자호란 때부터 생긴 철칙이라고 한다.

군영을 비롯한 각 관청은 은화를 비상금이나 군자금으로 비축했다가, 가끔 중국과 무역할 일이 생기면 역관과 상인에게 대출해주었다. 이자를 받아 먹고 전란에 대비해 군자금을 쌓아두려는 의도였던 셈이다. 그래서 은화는 국가가 독점해야 하며 일반 서민이 소유할 수 없는 물건이라고 강력하게 주장한 것이다. 이는 전형적인 중금주의bullionism적 시각이다.

어쨌든 일본에서 유입된 은화가 너무 많아지자 관아 담장을 넘어 시중에까지 흘러든다. 일반 서민이 사용할 정도로 보편화한 것은 뜻밖의 일이었다. 이러한 사실은 여러 사료에서도 확인할 수 있다.

《조선전제고朝鮮田制考》에 실린 내용을 분석해보면 당시 활발한 왜은의 유통을 짐작할 수 있다. 서울 훈도방 수표교 아래 공터는 1602년과 1604년에 결제 수단으로 포목을 사용했으나 1624년, 1642년, 1685년에는 왜은으로 거래했다. 동대문 밖 채소발은 1673~1714년까지 동전을 보급했음에도 왜은으로 거래했다. 서민조차 일상생활에서 왜은을 자연스레 사용한 것은 왜란 당시 시작된 은 경제의 유산이었을 것이다.

달리 생각하면 화폐를 만들어도 시장에서 거부하지 않는다는 의미였다.

▲ 중국에서 유통한 교자은
만두처럼 생겼다고 해서 교자은이라 불렀다. 이 은화는 주로 대규모 거래나 비축 용도로 사용했다. 한때 기축통화를 담당한 중국의 은화 경제는 1816년 유럽이 금본위제도를 채택하면서 몰락했다. 이때부터 세계 경제 중심은 중국에서 유럽으로 이동했다.

이것은 세종 시절과 다른 흐름이자 변화였다. 돈을 받아들이는 생태계가 만들어졌다고 해도 과언이 아니었다. 서민이 돈을 신뢰한다는 강한 증거라고 해도 수긍이 갔다. 허적은 백성의 변화를 읽고 최종적으로 자신의 진짜 속마음을 말했다.

"백성은 모두 돈 유통을 바라고 있으며 지금이야말로 동전을 발행할 적기입니다."

허적은 상평통보 주조를 적극 밀어붙였다. 그 결과 1678년(숙종 4) 다시 상평통보를 발행할 수 있었다.

탐욕이 낳은 통화정책의 비일관성

 허적의 날카로운 통찰력은 탁월했다. 세종마저 실패한 법정
화폐를 만들었으니 말이다. 그런데 통화정책에 성공하려면 반
드시 해외 통화와의 교환비율을 맞춰야 했다. 지금으로 말하면
환율 개념이다. 조선 정부는 국경에서 거래하던 명나라의 동전 *
환율과 개성에서 거래하던 은전비가銀錢比價를 참고한다. 당시
개성에서는 송상松商이란 유통 상인들이 활동하고 있었는데, 송
상들은 다른 상인과 달리 '동괴'라는 구리 덩어리와 동전을 은
화와 교환하며 사용했다. 국제 결제 화폐인 은화와의 교환가치
를 동전으로 정하고 있었던 셈이다. 당시 환율(은전비가)은 은화
한 냥당 동전 400문(1:400)이었다.** 이처럼 환율을 정한 조선의
동전 통용책은 꽤나 성공적이었다.

 중국과 일본의 시장환율은 1:800(은/동전 비율)이었지만 조선
에서는 1:400으로 법정환율을 정하면서 주전 이익을 크게 남겼

- 명나라는 망한 지 오래되었지만 청나라 이후에도 요동지방에서는 명나라
 동전을 사용했다.
- "호조, 상평청, 진휼청, 어영청, 사복시, 훈련도감에 명해 상평통보를 주조하
 고 동전 400문을 은 한 냥 값으로 정하여 시중에 유통시켰다."《숙종실록》
 권7, 숙종 4년 1월).

기 때문이다. 동전 2개를 만들면 하나는 민간에 내주고 하나는 국고에 저장할 수 있었다. 그런데 민간에서는 이런 시세 차이가 있음을 생각하지 못했다. 이른바 인식 시차recognition lag가 생긴 것이다.

▲ 조선 후기 대청무역 중심지인 압록강 인근의 책문시장

흰색으로 표현한 산이 백두산이다. 백두산 천지 天池를 대지大池(큰 연못)로 적고 있는데 당시에는 대지 또는 대택이라 불렀다. 한편 국경에서는 청나라와 교역이 이뤄졌다. 이때 글로벌 화폐인 은화로 물건을 결제했고 조선에도 환율 개념이 생겼다. 이처럼 국제무역이 활성화하다 보니 화폐의 필요성이 더욱 절실해진다.

이익이 관청 창고로 들어오자 조선 정부는 화폐의 시뇨리지 효과를 명확히 알아챘다. 많은 차익이 남는 걸 두 눈으로 똑똑히 보았으니 말이다. 이것은 마치 돈을 복사하는 마법과 같았다. 더구나 자칫하면 일본으로 넘어갈 수 있던 화폐 주권도 손에 꽉 쥐고 있었으니 그 성공은 대단해 보였다. 하지만 호사다마好事多魔라는 말처럼 예측하지 못한 상황이 벌어졌다.

성공에 고무된 위정자들이 전에 없던 탐욕을 부리려 한 것이다. 위정자들은 환율을 조작해 막대한 차익을 얻으려 손을 썼다. 시뇨리지 효과로 국고를 가득 채우려는 욕심이 마음 깊은 곳에서 솟아난 탓이었다.

정책 의결 기관인 비변사의 건의에 따라 조선의 통치자는 기존 은전비가인 1:400의 법정환율을 바꿔 1:200의 법정환율로 재조정해 고정했다. 그리고 당이전當二錢이라는 새로운 동전을 만들었다. 이처럼 동전을 만들면 은화와 바꿔 시중에 뿌려야 하는데 시장환율에 따르면 은 한 냥당 800문의 동전을 내주어야 한다. 그러나 차익을 위해 한 냥당 200문만 내주고 나머지 600문은 정부가 쌈짓돈으로 챙긴 것이다. 남겨 먹는 주전 차익이 50%가 넘었다.

그러자 민간에서 난리가 났다. 처음에는 동전값이 좋다며 새로 나온 상평통보를 독점하는 상인까지 등장했으나 이런 효과는 얼마 가지 않았다. 차츰 교란이 일어나면서 동전 가치가 대폭락했다. 시간이 흐르자 사람들은 국제적으로 통용하는 시장환율마저 인식했다. 교환비율이 1:800인데 정부가 억지로 1:200의 법정환율을 만들어버리니 동전 몸값이 폭등했다가 다시 시세로 회귀해 폭락하는 것은 당연했다. 시장의 불신은 어느 때보다 커졌고 동전의 신뢰도 역시 크게 손상되었다.

조선 정부는 사태를 수습하기 위해 고정환율을 포기하고 (1690) 변동환율free-exchange rate로 선회했으나 한번 잃어버린 동전 신뢰도는 좀처럼 회복되지 않았다. 결국 조선 정부는 동전 원료인 구리 수급 부족에다 신뢰도 문제로 1698년부터 서울에서조차 주전을 아예 포기했다. 지방에서나 조금씩 동전을 만들

뿐이었다.

이처럼 동전 공급은 줄었지만 시장 신뢰가 무너지자 동전 수요는 좀처럼 증가하지 않았다. 통용범위도 이전처럼 제한적일 뿐이었다. 다시 왜은이 유통화폐로 부상해 서울 백성의 호주머니*를 채우며 쓰이기 시작했다. 이 사실은 조선이 대일무역으로 들여온 수입량에서 짐작할 수 있다. 왜은이 72%를 차지하고 구리 9%, 기타 잡철인 납 8%, 유석 2%, 여우가죽 3%, 살쾡이 2% 등이었다. 자칫하다가는 일본산 은화가 상평통보를 대체할 분위기였다.

상황을 바꿔놓은 일본의 이와미 긴잔

그런데 뜻밖의 일이 발생했다. 왜은의 강력한 신뢰에 변화가 생긴 것이다. 당시 왜은은 순도가 높아 예비 가치와 저장 가치가 매우 뛰어나서 조선은 이를 비상금으로 쌓아두고 있었다. 막부가 엄격히 관리하고 통제한 덕분이었다. 동시에 일본인이 순도를 속이지 않고 정직하게 조선에 넘겨주고 있기에 가능한 일이었다. 마치 15세기 유럽 전역을 휩쓸던 표준은화 탈러

• 지방(경상도)에서 은화를 사용한 시기는 1692년경으로 보인다.

thaler*의 높은 신용도와 닮은꼴이었다.

그러자 왜은은 조선뿐 아니라 압록강 너머 중국에서도 널리 쓰였다. 조선이 왜은으로 중국과 거래하며 무역했기 때문이다. 일본에서 왜은을 가져온 조선은 보통 조선식으로 개주改鑄해 순도 높은 은을 만들었다. 그리고 십성은이나 은자**라는 이름으로 대외무역에 중요 결제수단으로 사용했다.

때에 따라 왜은을 개주하지 않고 그대로 사용했지만 중국 상인들은 그저 왜은이라고 하면 신뢰도를 인정해 순순히 거래에 응할 정도로 일본의 신뢰는 강력했다. 그러다가 18세기 들어 상황이 급변했다. 돈의 신뢰에 변화가 일어난 것이다. 일본 은광이 고갈되자 주화 변조가 일어났고 왜은의 신뢰도는 일본에서부터 하락하기 시작했다.

일본은 16세기부터 은광을 개발하며 전 세계에 은을 공급하

- 탈러라는 말은 보헤미아의 요아힘스탈에 있는 은 광산 '요아힘스탈러'에서 유래했다. 당시 유럽에서 사용한 코인은 전쟁 비용 조달 때문에 위조와 변조가 매우 심했다. 그 와중에 탄생한 탈러는 연간 200~300톤씩 채굴하는 은광 덕분에 높은 순도를 유지했다. 결국 탈러는 유럽 전역에서 통용하는 표준은화로서 높은 신뢰를 얻는다. 오늘날 미국 달러는 탈러에서 유래했다.
- • 십성은과 은자는 당시 신뢰도가 무척 높은 조선의 국제 결제용 화폐였다. 중국으로 연행을 가던 사신들이 주로 사용했다.

고 있었다. 일본의 은 광
산은 세계 생산량의 3분
의 1(17세기 초 연평균 20만
kg)을 차지할 정도로 규모
가 대단했다. 그래서 조선
말고도 중국과 네덜란드,
포르투갈에까지 막대한
은을 공급하고 있었다. 한
데 문제가 발생했다. 어느
자원이든 그렇듯 과도한

▲ 〈조선과 일본 지도〉, 혼디우스 Hondius 1623
왼쪽 붉은 테두리로 묘사한 섬이 조선이고 오른
쪽 섬이 일본이다. 마르코 폴로의 영향으로 일본
은 서양에서 지팡구로 불렸으며 콜럼버스와 바
스쿠 다가마 같이 일확천금을 노리던 투기꾼들
의 엘도라도로 여겨졌다.

채굴로 은맥이 고갈된 것이다. 최대 생산지 중 하나인 이와미
긴잔石見銀山의 은맥이 점차 말라가자 돈줄을 놓기 싫었던 막부
는 검은 손을 썼다. 화폐 신뢰를 배반하고 은을 저품질로 개주
한 것이다.

　이들은 소위 디베이스먼트를 단행했는데 화폐 신뢰를 위해
절대로 하지 말아야 할 일이다. 일본의 주화 변조는 왜은을 주
요 통화로 사용하던 조선에 커다란 충격을 주었다. 왜은의 신뢰
도 변동으로 가치가 추락할 것이 뻔했으니 말이다. 여러 관청과
부상대고富商大賈(부자 상인)들은 허둥대며 대체재를 찾기 시작했
다. 이때 눈에 들어온 것이 주조를 중단한 조선의 동전이었다.

운 좋게도 당시 동전은
몸값이 치솟는 절묘한 타
이밍을 맞고 있었다. 18세
기 들어 동아시아 지역의
구리 수요가 폭증하면서
가치가 하늘마저 뚫고 있
었던 것이다. 먼저 이웃
나라인 청나라가 포문을
열어젖히며 구리 수요를

▲ 17세기 지도에 나타난 '이와미 긴잔'의 상세
위치
이와미 긴잔은 오늘날 일본 혼슈 지역의 해발
600m 산지에 있다. 일본에서 생산한 구리는 동
아시아 국제교역의 결제 수단이었는데 그중
80%는 네덜란드 동인도회사와 인도, 동남아시
아의 교역 중간에 쓰였다.

자극했다. 그들 역시 순치통보가 통화이자 서민들의 화폐라서
수요가 매우 컸다. 청나라만 구리 수요를 자극한 게 아니었다.

아시아에서 활동하던 네덜란드 동인도회사VOC 역시 구리가
절실했다. 교역재인 인도산 면직물을 얻기 위해서였다. 이들은
원래 금을 면직물 결제 수단으로 사용했으나 금을 구하기가 힘
들어지자 구리를 결제 수단으로 사용하고 있었다. 유럽에서 가
장 거대한 회사로 불리던 VOC는 아시아 내부 교역망을 이용해
중계무역을 하던 글로벌 자본이자 구리의 최대 수요처였다.

그들의 거래 과정은 복잡했다. 우선 VOC가 일본 구리를 구입
해 인도에서 면직물을 교역한다. 인도산 면직물은 태국으로 향
하고 거기서 사판나무sappanwood와 사슴가죽으로 바꾼다. 최종

적으로 태국 교역품은 일본으로 수출해 구리로 교환한다. 이러한 삼각무역 시스템으로 VOC는 차익을 얻었다.

18세기 국제적인 구리 수요 증가는 상평통보 몸값을 올려놓았다. 조선의 대내적 변화 역시 상평통보 가치를 크게 높였다. 그도 그럴 것이 조선 후기부터 서울은 대동법의 영향으로 상업화했으며 소빙기小氷期 소멸로 인구마저 증가했기 때문이다. 늘어난 인구는 일자리가 좋은 서울로 몰려들었다. 이는 18세기부터 도시화가 점차 진행된 형국으로 조선 전역에는 갈수록 돈이 필요해졌다.

결국 동전의 통용범위가 급작스레 증가하는 것은 시간문제였다. 상거래와 세금 금납화金納化로 화폐 수요가 커질 수밖에 없었으니 말이다. 이것은 이전에 말한 예비적이고 투기적인 성격이 아닌 교환 수단 목적의 화폐 수요 증가였다.

상평통보 가치는 어느 지역, 어느 시장에서도 사용할 수 있을 정도로 변화하고 있었다. 인기가 어느 정도였냐면 조선에서 은전비가(환율)가 가장 높게 형성되자 환차익을 노리는 세력이 등장할 정도였다. 청나라에서 유통하는 동전을 조선으로 가져와 이득을 얻으려 한 것이다. 이는 흥미롭게도 비트코인 시세가 한국에서 가장 높게 형성되자 김치 프리미엄이라며 차익을 얻으려 한 재정거래arbitrage 현상과도 일치한다.

동전의 가치가 오르자 동전은 점차 관청과 부자의 비상금인 은화마저 대체하고 있었다. 동전이 예비와 저장 동기에 따른 화폐 수단으로도 각광받기 시작한 셈이다. 투자수단 요건인 수익성, 안정성, 환금성을 모두 갖추고 있었으니 이는 당연한 현상이었다. 그러자 마치 오만 원권처럼 비상시를 위해 돈이 부자들의 금고와 벽장 속으로 숨기 시작했다. 이른바 퇴장退藏/Hoarding 현상이 발생한 것이다. 화폐수량설에 따르면 퇴장 현상은 돈의 유통 속도를 늦추는데, 서민들의 손을 타며 굴러가던 돈의 거래 횟수가 급격히 줄어든다는 말과 같다. 이런 현상이 지속되자 동전이란 녀석은 사회를 혼란에 빠뜨리는 문제아로 매도당하기 시작했다. 존재 자체를 없애야 한다는 극단적인 말도 흘러나왔다. 이러한 변화 흐름은 다시 한번 일본에 좋은 기회로 작용하고야 만다.

상평통보에 눈독을 들인 일본의 쓰시마번

18세기부터 조선에 불어닥친 돈 가뭄(전황 현상)이 사회적 이슈로 등장했다. 우리가 잘 알고 있는 폐전론 주장도 이쯤에 출현했다. 영조는 1727년부터 세 차례나 순목령*을 내리고 돈 사용을 금지했으나 오히려 백성의 반발만 불러왔다. 돈을 더 만들어달라는 요구가 빗발친 것이다. 그만큼 동전은 백성의 삶 속에 깊숙이 침투해 있었으리라.

일본도 상황을 감지하고 있었던 듯하다. 뜬금없이 쓰시마(대마도)가 상평통보를 만들려고 기민하게 움직인 것은 앞선 사실을 대변해준다. 쓰시마는 조선과 막부 사이의 교역으로 먹고살았다고 할 만큼 무역 의존도가 심했는데, 그들은 17세기까지만 해도 한·중·일로 이어지는 비단과 인삼무역으로 생계를 이어나갔다. 그러나 1687년(숙종 13) 무렵 청나라와 일본이 직교역을 하자 비단무역은 나가사키항으로 옮겨갔고 인삼무역조차 조선 인삼 고갈로 인해 예전만큼 호황을 누리지 못했다. 쓰시마로서는 줄어드는 이익이 고민스러울 법했다. 그때 떠올린 것이 상평통보 수출 사업이었다. 이 사실은 쓰시마 종가문서에서도 확인할 수 있다.

조선과의 교역이 점차 쇠미해져 이를 재개하기 위해 무척 힘써왔으나 시운이 다시 찾아오지 않아 물가가 크게 오르는 등 곤란한 상태다. 조선은 본디 화폐가 귀하여 융통되지 않는 나라이므

• 순목령純木令은 세금을 상평통보 대신 면포로 거둬 전황을 해결하려 한 영조의 결단으로 1727년, 1729년, 1734년 세 차례에 걸쳐 시행했다.

로 조선에서 통용하는 '상평통보'를 쓰시마에서 주전하도록 조
선국과 상의하여 결정한다면 양국 교역도 재개될 것이니 그렇
게 조처하도록 추진해주시기 바란다.

문서는 쓰시마 번청(지금의 도청)에서 동래 왜관으로 보낸 기밀
보고서로 보인다. 상평통보 제작 건의는 이전의 경험치에서 나
온 것이 분명했다. 1710년쯤 쓰시마는 조선과의 인삼무역을 위
해 순도 높은 특주은을 만들어달라고 막부에 건의한 적이 있기
때문이다. 다행히 쇼군의 허락을 얻은 그들은 특주은을 조선에
수출하며 성공적인 결과를 얻는다.

상평통보도 마찬가지였다. 쓰시마번이 막부에 상평통보를
만들어 수출하도록 허락해달라고 건의하려 한 것이다. 그렇게
된다면 쓰시마는 좋은 교역재를 얻고 여기에 더해 시뇨리지 효
과도 톡톡히 누릴 수 있으니 말이다. 말 그대로 꿩 먹고 알 먹
는 일이었으리라. 그러나 일이 뜻대로 성사되지 않았는지 상평
통보 수출 건은 실패로 돌아갔다.

이쪽 분야를 연구한 학자의 설명에 따르면, 당시 조선 정부에
서 다시 상평통보 제작을 추진 중이라 제안을 거절했을 거라고
추측하고 있다. 그 무렵 왜관을 거쳐 많은 양의 구리를 수입한
흔적이 사료에 등장하기 때문이다. 그도 그럴 것이 일본에 화폐

주조를 맡기는 것은 조선이 손사래를 칠만한 사안이었다. 동양권에서 화폐는 통치 수단 그 자체이며 이것은 나라 이익을 위해 반드시 지켜야 할 주권이었다.

18세기까지는 조선 통치자들도 이 사실을 자각하고 있었기에 화폐 전쟁에서 패배하지 않았던 것 같다. 비록 화폐의 디베이스먼트를 자행하긴 했지만 그 나름대로 화폐 가치를 유지하려 노력했다. 즉, 동전을 묵직하게 만들어 신뢰를 부여하고 당백전처럼 화폐를 대규모로 남발하지도 않았다.

그렇게 신중하던 모습은 19세기 후반 들어 돌변한다. 흥선대원군을 비롯한 당시 위정자들은 당백전을 발행해 물가를 단 반년 만에 5~6배나 올려버렸기 때문이다. 이전에 없던 초인플레이션이 발생했다. 더구나 청나라 동전을 수입하는 실책까지 범했다. 유입된 청나라 동전이 전체 통화량의 40%를 차지할 정도였다. 대원군의 아들 고종은 다시 청나라 동전을 폐지했는데 이번에는 디플레이션이 찾아왔다.

결국 조선 경제는 두 부자 때문에 인플레이션과 디플레이션을 오가다가 파국을 맞이했다. 일관성 없는 통화정책으로 백성의 신뢰를 저버린 탓이다. 무능한 위정자들로 인해 통화 주권이 일본제국으로 넘어간 것은 뼈아픈 일이다. 조선의 여러 산업마저 타국에 종속되는 것이 우리 역사의 바꿀 수 없는 흐름이었고 그것이 화폐 전쟁의 안타까운 최종 결말이었다.

짧은 역사 몇 줄

청나라와 일본이 외교 관계를 회복하던 1687년 서양에서는 어떤 사건이 벌어졌을까? 영국 물리학자이자 수학자인 아이작 뉴턴(1642~1727)은 자신의 대표작 《자연철학의 수학적 원리Philosophiae Naturalis Principia Mathematica》, 일명 '프린키피아'를 출간한다. 라틴어로 쓴 이 책은 3권 600쪽에 달하는데 고전역학인 뉴턴의 운동 법칙과 만유인력 법칙 등을 담고 있다. 뉴턴이 생존한 17~18세기는 봉건제가 무너지면서 새로운 시대가 열리던 때였다. 이 시기에 거대 상선의 항행, 총포로 재편한 군대, 상업자본을 중심으로 한 제조업이 등장한다. 변화하는 시대 양상은 새로운 문제를 제시했다. 대표적으로 바다에서의 배 위치 선정, 총포에서 발사한 탄환 궤도 계산, 광산업에 필요한 배수구와 펌프의 정밀 제작이 있다. 사회 변화에 따른 다양한 기술적 요구는 과학의 엄밀성과 학자들의 역학 연구를 촉진했다.

참고문헌

• 동북아역사넷, 조선의 은 중개무역(http://contents.nahf.or.kr/)
• 산본진, 朝鮮後期 銀流通, 〈명청사연구〉 제39권 39호, 2013.
• 유현재, 18세기 은전비가의 변동과 의미, 〈역사와 현실〉 97호, 2015.
• 정성일, 상평통보를 소지한 조선의 표류민과 대마도(1693~1862), 〈역사와 경계〉 제101권 101호, 2016.

2

자본가 놀부의
포트폴리오

─────── 코로나-19 확산세는 화폐경제에도 큰 영향을 주었다. 그중 하나가 오만 원권 퇴장 현상이다.

한국은행이 발표한 2022년 1분기 오만 원권 발행총액은 6조 3천억 원이다. 그런데 시중 유통을 거쳐 한국은행 금고로 환수한 금액은 1조 3천억 원이라고 한다. (회수율은 고작 20%였다.) 오만 원권 10장을 발행하면 2장만 돌아온 셈인데, 언론은 '오만 원권 전멸'이라는 표현을 쓰면서까지 오만 원권 실종 사태의 심각성을 우려하고 있다. 넘치는 유동성에도 불구하고 오만 원권만 보이지 않으니 기현상이라 할만하리라.

고액화폐가 퇴장하는 데는 여러 이유가 있겠지만 가장 유력한 원인은 고액 자산가다. 그들이 막대한 현금을 쟁여놓은 탓이다. 단순히 코로나-19 시국이 불안해 예비 현금을 쌓아둔 것일 수도 있다. 현금보다 안전한 자산은 없으니 말이다. 그게 아니라면 사업이 쪼들려 탈세를 위해 현금을 쌓아둔 사람이 있을지도 모른다. 여기엔 이유가 있다. 카드와 달리 현금은 거래 기록이 남지 않아 추적이 어렵다. 결국 자산가들은 여윳돈이 있을 때마다 오만 원권을 찾아 개인 금고에 넣고 있는데 그것도 금융감독기관에 보고하지 않는 1천만 원 이하로만 찾는다고 한다. 이것은 분명 시차를 두고 쪼개어 빼내는 얄팍한 탈세 방식이다.

한편 투기적 동기에 따른 수요로 오만 원권이 사라졌을 수도 있다. 투기에는 타이밍이 무척이나 중요하다. 단시간 내에 빠르게 투자하는 것이 절실하므로 유동성 좋은 현금이 꼭 필요하다. 현금은 유동성이 가장 좋아 즉각적인 투자가 쉽다. 일례로 모 재벌그룹 회장은 코로나-19로 자사 주가가 급락하자 재빨리 현금 800억 원을 투자해 주식을 대량 매집했는데 코로나-19가 진정세로 들어서자, 떨어졌던 자사 주가는 다시 급등했다. 1년도 지나지 않아 시세가 2천억 원이 넘어가면서 차익만 원금의 3배에 달했다. 고액 자산가의 이러한 투기 행위가 바로 시중에서 화폐가 사라지는 원흉이다.

벽장 속에 돈을 숨기고 백성을 괴롭힌 놀부

흥미롭게도 오만 원권 퇴장과 유사한 흐름은 현상은 조선 후기에도 있었다. 바로 전황 현상이다. 전황이란 돈이 말라 돌지 않는 금융 생태계를 말한다. 돈이 평소처럼 시중에 잘 굴러다니면 유동성이 풍부해진다. 유동성이란 녀석은 스스로 알아서 투자 기회를 찾아다니므로 경제에 활력까지 불어넣는다.

반대로 유동성이 부족해 돈이 마르면 돈이 귀해져 화폐 가치만 상승하는 부작용이 나타난다. 이 경우 전과 달리 실물경제의 활력이 줄어들어 서민들만 고통을 받기 시작한다.

고전 소설《흥부전》에는 서민에게 고통을 주던 전황 현상과 관련된 이야기가 나온다. 이야기 속 놀부의 악행은 우리에게 당시 벌어지고 있던 조선시대의 금융 폐해를 잘 알려준다. 흥부와 놀부 형제가 주인공인 이 이야기는 크게 '흥부 박사설'과 '놀부 박사설'로 나뉜다. 여기서 박사는 'Ph. D'라는 뜻의 박사가 아니다. 흥부·놀부가 톱을 들고 타는 박[匏蘆]이 4개였다는 뜻이다. 그중 '놀부 박사설'은 당시 기득권을 향한 백성의 불만과 분노를 드러낸다. 자본가의 전형인 놀부를 향해 무한한 적개심을 표출하고 있어 자못 흥미진진하다.

소설은 시골 벽촌에 사는 현금 부자인 놀부 이야기로 시작한다. 놀부의 재산은 대부분 현금으로 이뤄져 있고 다른 재산은 노비와 토지다. 웬일인지 놀부는 나머지 둘 말고 현금을 가장 선호한다. 그는 시골에 유통 중인 동전을 독점한 거부巨富지만 문제점이 많은 인물이었다. 그중 하나가 금융자본을 산업자본으로 전환하지 않는다는 사실이다. 18세기에 유행한 광산업이나 유기업에 돈을 투자해 서민의 일자리를 만들어주어야 하지만 놀부는 그러지 못했다. 아니, 못한 게 아니라 성격상 하지 않은 것일 수 있겠다. 벽장 속에 현금을 모셔놓고 즐거워하던 괴팍한 성품이었으니 말이다. 이는 자산가로서 긍정적인 모습이 아니었으리라.

못된 성품 탓에 놀부의 돈은 벽장 안으로만 퇴장했다. 그 영향으로 시중에는 돈이 돌지 않은 것은 심각한 사회 문제였다. 이처럼 돈이 시장 안으로 들어오지 않으면 서민은 생계에 큰 타격을 받는다. 특히 돈을 빌린 자영업자가 힘들어진다. 화폐 가치가 상승해 빚이 많아지기 때문이다.

전황으로 화폐 가치가 높아져 돈을 구하기가 힘들어지면 서민은 돈을 마련하느라 더 많은 빚(화폐 가치 상승으로 실질이자가 늘어나므로)을 져야 한다. 그 고통이 날이 갈수록 심해지는 건 불 보듯 뻔한 일이었다. 고통의 원인을 곰곰이 생각해본 백성은 결론을 내리기를, 놀부 같은 금융자본가들 때문이라며 단단히 이를 갈았다.

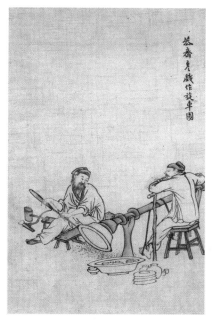

**◀ 공재 윤두서의 풍속화 〈목기 깎기(선
차도)〉**

17~18세기부터 시장경제가 성장한 조
선은 여러 가지 상품을 제작했다. 장인
은 상품을 만들기 위해 '부상대고'라고
불리던 자본가에게 돈을 빌려야 했다.
돈이 돌지 않는 전황 현상이 이어지면
서 화폐 가치가 올라갔고 채무자로 전
락한 장인들은 돈을 구하기 위해 더 많
은 빚을 져야만 했다. (해남윤씨 녹우당
소장본)

투기꾼 놀부, 금융 리터러시를 이용해 돈을 벌다

서민들이 분노하든 말든 놀부가 벽장 속에 돈을 숨겨둔 이유
는 따로 있었다. 바로 이자놀이를 하기 위해서다. 금속화폐가 등
장하기 이전에는 쌀이나 포목 같은 현물화폐가 주를 이뤘다. 현
물화폐의 단점은 썩고 낡는 성질이다. 그래서 창고에 무한정 쌓
아둘 수 없고 썩기 전에 시장에 내놓아 처분하거나 유통시켜야
만 한다.

만일 사려는 사람이 없어서 썩어가면 반값에라도 내놓아야 했다. 어찌 보면 자연스레 재분배가 이루어지는 셈이다. 이처럼 현물은 점점 가치가 떨어지는 화폐다. 이와 달리 금속화폐는 영원히 썩지 않는다. 유통 따윈 걱정하지 않고 벽장에 고이 모셔둘 수 있는 장점이 있다. 자손에게 대대손손 물려줄 수도 있다. 쌓아두었다가 남에게 빌려주어 고액 이자까지 받을 수 있으니 한마디로 점점 가치가 붙는 화폐다. 놀부는 금속화폐의 이점을 꿰뚫고 있었다. 그가 고리대금업으로 막대한 시세차익을 노린 것은 화폐의 플러스 성질을 잘 보여준다.

화폐의 플러스 효과를 노린 고리대금 사업은 사회 문제로 등장한다. 당시 고리대는 조선 후기의 미성숙한 화폐경제에 편승해 나타난 금융사기와 유사했다. 금융 리터러시literacy(이해력)가 부족한 서민을 속이는 고도의 사술詐術이었기 때문이다. 더구나 먹고 튀는 기간도 짧다. 작업을 완료하는 시간이 겨우 1년 남짓에 불과했다.

놀부 같은 자본가들이 자행한 서민 털어먹기 방식은 대략 이러했다. 봄은 춘궁기라 돈보다 쌀이 귀하므로 금융자본가들은 쌀 대신 돈을 내준다. 이때 쌀 시세가 낮아지는 추수기가 도래하면 현물인 쌀로 갚으라고 현혹한다. 서민에게는 이 방식이 합리적으로 보인다. 그도 그럴 게 봄철까지 남은 쌀은 대부분 묵은쌀이다. 맛도 없고 쥐가 갉아먹기도 해서 모래나 다름없다. 그러니 쌀로 대출할 바엔 그냥 돈이 낫다고 생각한다. 우둔한 서민들은 별 생각 없이 계약서를 썼다.

봄철에 돈 한 냥(미곡으로 환산하면 쌀 2두)을 빌려 쌀값이 떨어지는 가을철에 현물로 갚기로 손도장을 찍어 다짐하는 것이다. 돈 1.5냥(이자 0.5냥 포함)에 해당하는 쌀로 갚기로 약속했으니 언뜻 별로 비싸 보이지 않는다(이자 50%는 조선시대 평균 이율). 하지만 가을이 오면 1.5냥을 현물로 갚아야 한다. 환산하면 무려 쌀이 7.5두(원금 5두+이자 2.5두)다. 원금의 3배를 갚아야 하는 셈이다. 이유는 가을철이면 쌀의 가치는 떨어지지만 상대적으로 돈의 가치는 오르기 때문이다.

봄철에는 한 냥의 쌀 시세가 2두지만 가을철에는 한 냥의 쌀 시세가 5두로 급등한다. 서민들은 몰랐을 터다. 풍흉에 따른 물가 변동으로 돈과 쌀의 시세가 요동친다는 사실을 말이다. 그들은 대부분 금융 문맹이라 물가와 비가比價(상대 교환율) 지식이 부족해 이렇게 당한 셈이다. 이는 오늘날의 예측 불가능한 금융시장 변동성과 같다. 그런 위기에 대응하지 못한 당시 서민들은 금융 문맹인 오늘날 우리 모습과 유사해 보인다. 또한 원금(쌀 2두)보다 비싼 이자(2.5두)를 갚는 것은 조선시대뿐 아니라 오늘날에 비춰보아도 높은 금리다.

어찌 보면 화폐의 악마 같은 모습은 이자에 있는 것 같다. 그런 결론에 다다른 사람은 맥락을 정확히 짚은 셈이다. 화폐경제에서는 이자 때문에 돈을 자꾸 만들 수밖에 없는 구조적인 문제점이 있다. 그런데 돈을 자꾸 만들면 물가가 상승하고 서민 경제에 타격을 준다.

그렇다고 돈을 만들지 않으면 전황 현상이 발생해 원금은 물론 이자도 늘어나는 기이한 현상이 발생한다. 이것이 화폐제도의 양면적인 모습이리라. 어쨌든 조선시대에는 구리 수급이 원활하지 않아 발생하는 돈 가뭄을 해결하는 것이 급선무였으나 조선 정부는 무능했다. 궁극적으로 정부의 무책임함이 빈부 격차를 심화한 것이었다.

한편 조선 팔도의 가난한 사람들은 먹고 마시는 본능적 욕구를 위해서라도 돈을 빌리고 싶어 했다. 이것은 인간의 당연한 생리였다. 더구나 시장경제 활동은 대부분 화폐를 매개로 이뤄지므로 빈자들은 어쩔 수 없이 부자에게 돈을 빌려야 하는 현실에 내몰리게 마련이었다. 여기서 우리가 주목해야 할 점은 바로 인간의 탐욕이다.

돈이 많은 사람들은 돈을 공짜로 빌려주지 않는다. 돈을 빌려주는 대가로 원금에 꼬박꼬박 이자를 붙인다. 가난한 사람들 입장에서는 원금만 갚으면 그나마 괜찮은데 이자까지 있으니 고역이다. 이자를 갚으려면 화폐가 더 필요하다. 그래서 정부가 돈을 더 많이 찍어내야 경제가 잘 돌아가지만 구리 수급이 부족해 당시 조선은 돈을 발행할 수 없는 형국이었다. 이런 상황에서 화폐 기근이 발생하면 돈이 자꾸만 사라지고 돈이 필요한 사람들은 속이 터질 수밖에 없다. 시간이 갈수록 화폐 가치가 상승해 그만큼 갚아야 할 이자가 늘어나기 때문이다.

반면 부자들 입장에서는 전황 현상이 그리 나쁘지만은 않다. 보유한 화폐 가치가 계속 상승하니 말이다. 과거에는 한 냥을 주면 쌀 한 말을 샀지만, 화폐 가치가 계속 오르면 한 냥을 주고 쌀 두 말을 살 수 있는 환경이 만들어진다.

결과적으로 전황이 발생할 경우 동전을 소유한 부자는 더욱 부자가 되고, 빚쟁이는 더욱 가난해지는 빈익빈 부익부가 심화한다. 놀부의 고약한 심보는 정부가 재분배 정책으로 해결해야 했지만 그러지 못했다.

조선 후기에 상평통보를 거래 용도로 사용하지 않고 가치 저장과 예비 수단으로 쌓아둔 부자들이 늘어난 이유는 별다른 게 아니다. 돈이 돈을 낳는 이른바 화폐의 본질과 속성을 잘 알고 있었기 때문이다. 놀부 같은 금융자본가들은 희한한 금융 기술로 장난치면서 가난한 백성을 등쳐 먹었으며, 금융 문맹인 백성을 고액이자로 괴롭혔다. 조선 정부는 이 같은 폐해를 어떻게 해결해야 할지 몰랐고, 몇몇 실학자가 돈을 없애버려야 한다며 극단적인 '폐전론'까지 주장한 데는 이런 이유가 있었다.

놀라운 놀부의 치부 방식, 계란을 한 바구니에 담지 않다

조선 후기엔 놀부처럼 풍흉을 이용한 고리대금 사업으로 시세차익을 얻으려던 사람이 꽤 많이 등장한 것 같다. 전 재산을 돈으로 대체하는 이른바 작전作錢(자산 현금화) 풍조가 유행했기 때문이다. 그들은 오늘날의 비트코인처럼 재산을 현금에 올인하고 크게 한 방을 노렸다. 이것은 말 그대로 위험 선호형risk-loving 투기였으리라.

일방통행식 투기는 리스크를 관리하지 못하면 실패로 돌아가기 일쑤다. 풍흉을 예측하는 게 쉬운 일이 아닐뿐더러 돈을 빌린 사람이 돈을 떼먹고 도망가면 방법이 없기 때문이다. 조선시대에 돈을 빌리는 대출 금리는 50%를 넘었다. 이는 그 시절 신용도라는 게 얼마나 형편없었는지 대변해준다.

이재에 능한 조선의 환전 객주(오늘날의 전문 금융업자)들은 손해를 줄이고자 담보를 받고 자금을 융통해주는 방법도 계산해냈다.* 여하튼 그들의 실패 원인을 놀부와 비교해 분석하면 한 가지 결론에 도달한다. 분산투자를 하지 않고 계란을 한 바구니에 담았다는 것이다.

◀ 공재 윤두서의 〈짚신 삼는 노인〉
평생 그림만 그린 문인화가 윤두서는 18세
기 조선 최고의 부자였다. 해남 윤씨 집안은
노비만 해도 500명 이상을 거느린 당대 국
중거부國中巨富였다. 그 이유는 아버지 윤
이석의 재테크에 있었다. 그는 흉년(경신 대
기근)을 기회로 전라도의 문전옥답을 집중
매입했다. 현금을 쥐고 있다가 비상시를 포
착해 싼값으로 토지를 사는 방식이다. 이는
당대 부자들의 치부 방식이었다. (해남 윤씨
녹우당 소장본)

　　행동경제학자들에 따르면 같은 금액이라도 이익이 주는 기쁨
보다 손해가 주는 슬픔이 더 크다고 한다. 이를 '프로스펙트(전망)
이론prosect theory'이라 부르기도 한다. 투자에서는 손해율을 낮
추는 것이 매우 중요하다는 걸 시사하는데, 분산투자라는 일대
원칙이 필요하다는 얘기였다.

　　여기서 놀부의 치부 방식을 살펴보자. 그는 돈을 예비로 쌓아

▬

• 　신용이 있는 사람들에겐 무담보로 돈을 빌려주었다.

229
2. 자본가 놀부의 포트폴리오

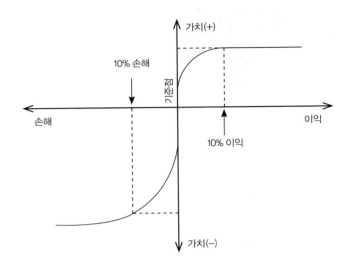

가치(+)

10% 손해

기준점

손해

이익

10% 이익

가치(−)

▲ 프로스펙트 이론의 가설적 가치함수 그래프
심리학자 대니얼 카너먼은 2002년 노벨경제학상을 수상했다. 심리학자가 노벨경제학상을 수상한 것은 그가 1979년 아모스 트버스키와 함께 발표한 프로스펙트 이론 덕분이다. 그는 사람들이 손실(고통)을 줄이려 하는 성향이 크다고 보았다. 이는 보통 사람이 같은 크기의 이익과 손해라도 이익에서 얻는 기쁨보다 손실이 주는 고통을 더 크게 느끼기 때문이라고 한다.

됐다가 여러 곳에 투기했다. 그가 다양하게 투기한 이유는 위기 때는 손실을 회피하고 기회 때는 수익을 올리려는 분산 전략을 선택했기 때문이다.

첫 번째로 풍흉에 따른 고리대 사업을 했다. 운 좋게도 놀부는 큰 시세차익을 얻는다. 두 번째로 흉년이 들었을 때 집중적으로 토지를 구입했다. 세 번째로 급매로 나온 저렴한 노비를 매입했다. 자본가 놀부는 이처럼 한 사업에서 손해를 봐도 다른 사업에서 이익을 볼 수 있는 구조를 만들었다. 그 이유는 간단하다. 자산 가치는 항상 상대적이고 유동적인데 변동성과 불확실성 속에서도 돈만큼은 잃지 말아야 했다. 즉, 언제나 손실에서 회복할 준비를 하고 버틸 수 있는 투자 원칙이 필요하다. 같은 크기의 이익과 손해라 할지라도 손실에서 오는 고통이 더 큰 법이니 말이다.

놀부는 이를 위해 다양한 소득 파이프라인을 구축했다. 어떤 상황이 와도 손해 보지 않고 돈의 흐름을 유지하기 위해서다. 하나의 파이프가 막혀도 다른 파이프가 대박을 터뜨리면 이전보다 더 큰 부자가 될 수 있었다.

《흥부전》이 말하고자 한 화폐의 진정한 모습

놀부는 다양한 투기로 돈을 불려 부자가 되었지만 그에 걸맞은 인성은 갖추지 못했다. 《흥부전》에 나오는 놀부의 악행들이 이를 대변한다. 그중에서도 가장 괘씸한 것은 추심행위였다. 피도 눈물도 없는 추심행위는 백성의 고통을 자아냈다.

빚을 갚지 못한 경우 뺨을 후려치며 모멸감을 주거나, 아내나 딸을 빼앗거나, 임신부의 배를 걸어차거나, 노인네의 뒷덜미를 잡아채는 악행은 차마 사람으로서 하기 힘든 행동이다. 결국 이를 보다 못한 백성들이 발 벗고 나선다. 놀부가 타는 박에서 나온 백성들은 놀부 재산을 하나둘 뜯어간다. 사당패, 풍각쟁이, 초라니, 왈짜, 걸인, 불구자, 무당, 탁발승, 등짐장수가 그들이다.

이들에게는 천민이라는 신분적 공통점이 있다. 사회 구조상 가장 모멸과 천시를 당한 그들이 지배 세력으로 부상하던 자본가 놀부를 겁박한 것이다. 하지만 그들은 돈만 받으면 대꾸 없이 사라졌다.

여기서 우리는 중요한 사실을 하나 발견할 수 있다. 천민들이 놀부에게서 돈만 빼앗는다는 점이다. 추심에 따른 놀부의 악행을 물리적으로 처단할 줄 알았으나 그와 같은 권선징악의 교훈은 보여주지 않는다. 그들은 놀부를 때리는 등 징치하지 않았고 토지나 노비 같은 다른 재산도 탐하지 않았다. 오직 돈만 받으면 순순히 물러갔다는 사실은 매우 의미심장하다. 《흥부전》에 등장하는 천민들의 행동거지는 무얼 의미하는 걸까?

알다시피 금융자본가 놀부는 화폐 퇴장의 원흉이다. 그저 썩지 않는 돈을 벽장에 숨겨놓았고, 쌓아둔 동전으로 투기를 자행하며 백성을 괴롭혔다. 놀부가 돈을 풀어 투기 아닌 투자를 했다면 돈이 알아서 굴러가며 모두를 이롭게 했을 것이다.

놀부는 그런 효과를 외면했다. 이때 천민들은 돈의 순환을 위해 문제를 해결하려 직접 나선 것이다. 놀부가 악행을 저지르든 말든 그들이 알 바가 아니었다. 천민은 지금으로 치면 하루 벌어 하루 먹고사는 사람들이었다. 다시 말해 조선을 관통하는 도덕 윤리를 생각할 필요도 없고 할 수도 없는 비천한 신세였다. 그저 조선 팔도를 돌아다니며 장사를 하거나 노동력을 제공하면서 돈이 순환하도록 하는 경제적 존재일 뿐이었다.

결국 저자가 《흥부전》에서 던지고자 한 메시지는 권선징악 같은 따스한 교훈이 아니다. 화폐경제 아래서는 돈이 돌고 돌아야 한다는 준칙을 알려주려 한 것이다. 놀부로 인해 발생하는 신용 경색과 통화 위기가 저소득층과 자영업자에게는 생명줄을 죄는 것만큼이나 위험천만한 일임을 지적한 셈이다.

여기에 더해 놀부 재산을 빼앗으며 던지고자 한 화두도 투기를 조장하는 돈에 대한 예비와 저장 가치가 아니다. 바로 서민 경제의 밑바탕인 거래와 교환 가치의 중요성이었다. 이는 조선 후기 사회상이 전통 윤리에서 벗어나 경제적인 사고와 물질적 가치관으로 이행하고 있었음을 보여주는 강한 증거다.

한편, 돈의 교환적 가치는 오늘날 디지털 화폐의 미래상을 보여주는 일이 될 수도 있다. 미국 연방준비제도이사회 전 의장이었던 벤 버냉키는 디지털 자산이 교환적 가치를 지녀야만 진정한 화폐로 탈바꿈할 수 있다고 지적했기 때문이다. 《흥부전》의 교훈도 이와 다름없을 것이다.

S&P 글로벌 금융 문맹률 조사에 따르면 우리나라 성인의 금융 문맹률은 33%로 나타났다. 142개국 가운데 81위라는 초라한 성적표다. 특히 연소득 3천만 원 이하 저소득층, 18~29세 젊은층 그리고 70세 이상 고령층의 금융 이해도가 평균보다 낮았다. 그 결과는 오늘날 사회 문제에도 고스란히 드러난다. 실제로 청년을 대상으로 한 불법 대출 피해와 고령층의 디지털 금융 소외가 급속도로 증가하고 있다.

취약계층의 금융 문맹은 경제 규모가 우리보다 큰 미국이나 일본도 마찬가지다. OECD가 선진국 국민의 낮은 금융역량 때문에 글로벌 금융위기가 심화하고 있다고 진단할 정도다. 그래서 많은 나라가 금융 문맹을 퇴치하기 위해 노력하고 있다.

미국은 국가 전략 차원에서 금융교육을 강화하고 있다. 예를 들면 저축, 주택 구입, 연금, 신용관리, 납세자 권리, 투자자 보호, 금융소외자, 청소년을 핵심 키워드로 두고 정책 방향을 제시하고 있다. 영국은 어린이와 청소년을 중심으로 한 가정 내에서의 금융교육에 정책적 방점을 찍고 있다. 싱가포르도 조기 금융교육을 강조하며 이를 일찌감치 교과과정에 편입했다. 이들은 특히 저축 습관이나 돈의 가치를 중요하게 여긴다.

우리와 달리 금융 문맹률이 낮은 국가(금융 지성이 높은 국가), 즉 상위권을 차지한 국가는 덴마크, 노르웨이, 스웨덴, 캐나다, 이스라엘이다.

참고문헌

- 유현재, 상평통보의 주전 이익과 활용, 〈한국문화〉 제79권 79호, 2017.
- 유현재, 18세기 은전비가의 변동과 의미, 〈역사와 현실〉 97호, 2015.
- 하성란, 놀부 박사설의 성격과 화폐경제 인식, 〈동악어문학〉 제55권 55호, 2010.

3

위조 화폐에도
사연이 있다?

——— 한 나라의 경제를 무너뜨리는 가장 효과적인 방법은
무엇일까? 그것은 비행기에 위조 화폐를 싣고 그 나라 하늘에
뿌리는 것이다. 그러면 물가는 폭등하고 국민 경제가 파탄 나는
결과를 낳는다. 화폐 역사를 공부하다 보면 국가 전복을 목적으
로 이 방식을 활용한 전례를 종종 발견할 수 있다. 화폐를 위조
해 경제를 어지럽힌 다음 혼란한 틈을 이용해서 정권을 뒤엎는
그런 사건 말이다.

대표적인 사례가 제2차 세계대전 당시 벌어진 베른하르트 작
전Operation Bernhard(1942~1945)이다. 연합군과 전쟁하던 독일

나치는 영국을 혼란에 빠뜨리고자 화폐를 이용한 군사 작전을 단행한다. 당시 책임자는 나치 친위대 소령 베른하르트였는데 작전명은 그의 이름을 딴 것이다.

그는 유대인 수용소에 갇혀 있던 인쇄공과 지폐 위조 사범을 고용해 1942년 무렵 정밀한 파운드화 지폐를 만들어냈다. 스위스 은행이나 잉글랜드은행에

▲ 베른하르트 소령
베른하르트는 작센하우젠 수용소에서 유대인 기술자 142명을 고용해 5파운드짜리 위조지폐를 만드는 데 성공한다.

서 최고 감별사를 데려와도 진위 감별이 불가능할 정도였다. 원래 계획은 폭격기를 이용해 영국 상공에다 무지막지하게 돈을 뿌릴 생각이었지만, 그때 독일은 소련과 한창 전쟁 중이라 폭격기가 부족했다. 그래서 어쩔 수 없이 제3국을 교두보 삼아 돈을 뿌리기로 마음먹었다.

당시 영국 파운드화는 지금의 달러처럼 기축통화 역할을 하고 있었다. 따라서 다른 국가에 위조 화폐를 뿌리면 돈이 자연

스레 영국으로 흘러가 영국 경제가 지옥 같은 파탄을 맞을 터였다. 그들이 발행한 위조 화폐는 800~900만 장으로 시가 약 1억 3천만 파운드였는데 이는 그 시절 통화량의 15%에 해당하는 큰돈이었다.

실제로 독일은 이것을 만 2년 동안 제작해 군사 작전 자금으로 사용하거나 지하경제로 흘려보냈다고 한다. 그 결과 영국은 50%에 육박하는 초인플레이션에 시달려야만 했다. 영국인은 유례없는 물가 지옥에 엄청난 고통을 겪었다. 영국은 달리 방법이 없었다. 파운드화를 신권으로 전격 교체하는 최후의 수단을 쓸 수밖에! 나치는 망했으나 영국에 타격을 주고자 한 독일의 화폐 전쟁은 꽤나 성공적이었다.

팔도에 위폐가 등장하다! 조선의 도주전

조선에도 나라와 관청의 눈을 속이며 만든 위조 화폐가 있었다. 바로 도주전盜鑄錢이라 불린 화폐다. '도주'라는 단어는 말 그대로 몰래 만든다는 뜻이다. 왜 몰래 만들었을까? 처벌이 무척 엄격했기 때문이다. 지금도 위조 화폐를 만들면 형법 207조에 따라 무기 또는 2년 이상 실형을 선고할 정도로 강력하게 금지하고 있다.

형법 제207조(통화의 위조 등)

① 행사할 목적으로 통용하는 대한민국의 화폐, 지폐 또는 은행
  권을 위조 또는 변조한 자는 무기 또는 2년 이상의 징역에 처
  한다.

② 행사할 목적으로 내국에서 유통하는 외국의 화폐, 지폐 또는
  은행권을 위조 또는 변조한 자는 1년 이상의 유기징역에 처
  한다.

동양권에서 화폐 위조는 중대범죄였다. 사형도 불사할 만큼
엄격히 금지했다. 이유는 화폐 발행 목적 자체가 시뇨리지 효과
인 주전 이익과 연결되기 때문이다. 주전 이익은 곧 최고 통치
자의 이익이므로 엄격하게 통제할 필요가 있었다. 더욱이 화폐
를 유통하려면 강력한 신뢰를 보장해야 하는데 그것은 강력한
권위에서 나오게 마련이다. 동양권 화폐는 최고 통치자의 권위
에 기대 작동했다.

여기서 통치자의 권위란 목숨을 빼앗을 수 있는 사형권을 말
한다. 원나라 화폐 교초도 '위조범은 황제의 어명으로 사형에
처한다'는 문구를 새겨놓았다. 돈의 신용 가치를 목숨으로 담보
한 셈이다. 조선도 마찬가지였다. 조선시대에는 화폐 위조를 책
동한 주범뿐 아니라 조력자인 공범까지 엄격히 처벌했다. 이 사

실은《조선왕조실록》에서도 확인할 수 있다.

> 영의정 남구만이 말하기를 "듣건대 몰래 돈을 주조하는 행위의
> 처벌 법률은 단지 주장鑄匠(주조하는 장인)만 사형을 논의하고 나
> 머지는 모두 그다음 가는 법률로 논의한다고 하는데, 이 법은
> 엄중히 하지 않으면 안 됩니다. 이 뒤로는 수범首犯(주범)이나 종
> 범從犯(공범)을 물을 것 없이 모두 도적을 다스리는 율律로 다스
> 리고 포고捕告(화폐 주조범을 잡았다고 알림)한 자 또한 도적을 고발
> 한 자와 같이 상賞을 내린 연후에야 몰래 돈을 주조하는 폐단을
> 막을 수 있을 것입니다."
>
> ___《숙종실록》 29권, 숙종 21년 10월 23일 기사

도주(위조 화폐)에 따른 처벌이 사형에 이를 만큼 엄격해지자
범죄집단은 외딴곳으로 숨어들어 돈을 만들기 시작한다. 동양
이든 서양이든 화폐를 주조한 시점부터 몰래 돈을 만들고 차익
을 노리는 자는 반드시 등장하는 법이다.

더구나 조선의 주전 관행은 범죄 등장 가능성을 부채질했다.
관청에서 화폐를 주조할 때마다 그 사업을 민간에 맡기는, 소위
도급이라는 걸 주었기 때문이다. 화폐 주조는 엄연히 국가 기밀
로 민간에 풀어주면 안 되는 기술이다.

하지만 통치자들은 제작 여건이 충분치 않다는 이유로 민간 장인들을 주전소鑄錢所에 불러 모아 화폐를 만들게 했다. 한발 더 나아가 협주전*이라는 일종의 사주전을 만드는 것도 허락했다. 주화 변조로 장인들의 노임을 충당케 했으니 욕심 많은 사기꾼과 장인이 몰래 돈을 만드는 건 일도 아니었을 터다. 어찌 보면 정부에서 위조 화폐를 만들도록 부채질한 셈이다.

사회 기득권과 은밀히 연결된 위폐 역사

관의 처벌이 엄격해지자 화폐 위조범들은 섬으로 숨어 들어가 끊임없이 주전을 시도한다. 기록에 따르면 인천 선갑도, 전라도 진도와 나주의 여러 섬에서 위조 행위가 드러난 것으로 나온다. 외딴섬은 한양처럼 인구가 많아 남의 이목을 끄는 곳이 아닐뿐더러, 관청도 없어서 적발될 염려가 적었기 때문이다. 놀랍게도 섬에서 돈을 위조한 사건 중에는 서울의 유력한 가문과 연계된 사건도 있다.

• 조선 후기 등장한 합법적인 위조 화폐다. 상평통보를 제작하던 관청에서 노임 대신 남은 재료로 동전 만드는 것을 허락한다. 장인들이 만든 협주전은 정식 동전보다 재질이나 크기가 형편없었다.

1721년 인천 앞바다를 방어한 영종첨사永宗僉使 홍시구洪時九는 서울에서 내려온 유능한 무관이었다. 영종진은 서울과 가깝기도 하고, 한강으로 이어지는 세금 운송선이 오가는 길목이어서 무척 중요한 요충지였다. 그래서 엘리트 군인을 뽑아 부임하게 한 지역이었다. 어느 날 홍시구는 작은 첩보 하나를 입수한다. 인천 앞바다의 무인도인 선갑도에 출입하는 자들의 흔적이 보인다는 제보였다. 그것도 한밤중에 말이다. 홍시구는 무언가 짚이는 게 있었다.

혹시 도망친 노비가 아닐까? 그들은 주로 외딴섬에 숨어들었는데 세상을 원망하는 노비들이 한곳에 모이면 도적 떼로 돌변했다. 이를 우려한 홍시구는 군관들을 풀어 섬을 급습했으나 그의 예상은 빗나갔다. 밤중에 섬을 들락거린 이들은 몰래 동전을 주조하던 화폐 위조범이었다. 군관들은 즉각 와주窩主라 불린 우두머리를 압송한다. 홍시구는 이들을 심문한 다음 서울에 있는 포도청으로 올려보냈다.

그렇지만 홍시구는 사건을 덮을 수밖에 없었다. 사건이 지체 높은 서울 노론의 유력한 가문들과 연관되어 있음을 눈치챘기 때문이다. 어찌 된 노릇인지 주범 와주는 목을 찔러 자살까지 하고야 만다. 사건을 조사하던 서울의 포도대장마저 암흑 세력의 입김으로 자리에서 밀려났다. 일개 첨사 입장에서 어찌해볼

도리가 없었으리라. 이 사건은 《조선왕조실록》에서도 확인할
수 있다.

> 지난해에 홍시구가 영종첨사가 되어 선갑도에서 사사로이 돈
> 을 위조한 죄인 변위신卞煒信·황춘선黃春善 등을 잡아들이고 아
> 울러 그 기계·장물을 포도청에 보냈더니, 포도대장 정이상鄭履
> 祥이 그 실상을 다스려서 두목인 와주를 뒤따라 잡았습니다.
> 그런데 와주 안귀서安龜瑞를 장차 조사하려고 할 즈음 김창집金
> 昌集이 급급히 임금을 찾아뵙고 포도대장 정이상은 노쇠하여
> 도적을 다스리기에 합당하지 못하다며 아무 이유 없이 아뢰어
> 벼슬을 갈아버렸습니다.
> 역적 이이명李頤命 무리가 또 화폐를 만들 뜻을 연석筵席에서
> 요청하자, 당시 사람들이 자자藉藉하게 모두 말하기를 "안귀서
> 의 이 거사는 이미 거실巨室(명문대가)의 지휘에서 나왔다"라고
> 하였으니, 포도청에서 비록 이미 깊이 조사하여 실상을 알아냈
> 다 하더라도 끝내는 사건이 덮어져서 무사하였을 것입니다.
> (중략) 아! 위조 화폐를 만드는 범죄는 나라가 큰 죄로 다스려야
> 할 일이며 삼척이 지극히 엄중하니, 꺾이고 굽히는 것은 마땅하
> 지 않습니다. 흉역 김창집이 아뢰어 포도대장 벼슬을 갈고 역적
> 이이명이 화폐 발행을 청한 사실은, 첫째는 죄를 다스리려던 흐

름을 지체하려는 것이었고 둘째는 임시로 사건을 미봉하려는
계책이었습니다.

그사이 사건의 정상이 명백하여 의심할만한 바가 있었고 더구
나 삼수三手의 역모가 다 은화와 재물에서 나왔으니, 안귀서는
다른 사람이 아니고 이미 16명의 흉역凶逆 가운데 1인입니다.

__ 《경종실록》 10권, 1722년(경종 2) 11월 11일 임진 두 번째 기사

선갑도에서 몰래 돈을 위조한 주범 와주는 안귀서라는 사람
이다. 안귀서는 노론 대신인 김창집, 이이명, 이건명과 매우 밀
접하게 연관된 인물로 알려졌다. 그래서 법을 집행하는 사헌부
와 사간원 관원들은 화폐 위조를 지휘한 거실을 노론 세력으로
특정하고 몸통으로 김창집, 이이명, 이건명 같은 노론 대신을 의
심하던 바였다. 사건이 발생한 때는 경종 시절이었으며 노론 세
력은 경종을 꺼린 정치집단이었다.

경종이 노론의 정적이던 장희빈의 아들이기 때문이다. 노론
세력이 껄끄러운 왕을 교체하기 위해 물밑 작업을 벌인다는 말
까지 파다하게 나오던 때였다. 왕을 교체하려면 막대한 정치자
금이 필요하다는 건 삼척동자도 다 아는 일이었다.

아니나 다를까 위조사건을 다루던 포도대장을 벼슬에서 밀어
낸 것은 김창집이었고 사건을 무마하려 손을 쓴 사람 역시 이이

명이었다. 위조 화폐의 몸통이 누군지 충분히 가늠할 수 있는 상황이었다. 그런데 갑자기 주범인 안귀서가 목을 찔러 자살했다. 옥으로 가던 도중이었다. 사건을 기록한 《조선왕조실록》을 살펴보자.

법을 다스리는 사헌부憲府에서 거듭 아뢰고 또 논하기를 "안귀서의 위조 화폐 사건은 그가 혼자 꾸민 일이 아닙니다. 모두 흉당凶黨이 재물을 긁어모아, 몰래 내통하여 불경스러운 역적모의를 도모하려는 데서 나온 것입니다. 그렇다면 포도청 군관이 당초에 이를 막지 않고 자재하려던 일은 모두가 드러나게 의심할 만한 단서가 있습니다. 쉽게 죄를 다스리고 그만둘 수가 없습니다. 청컨대 관계부서가 각별히 엄한 형벌로 사건의 정상을 탐문하게 하소서" 하니, 임금이 모두 따르지 않았다. 재차 요청하니 그대로 따랐다.
이에 앞서 안귀서를 사헌부 장계로 인해 포도청이 잡아오게 하였더니, 동교東郊에 이르러 갑자기 말 위에서 스스로 목을 찔러 옥중에서 죽었다. 그 뒤 포도청에 아뢰어 죄인을 압송한 군관을 가두어 다스릴 것을 청했기에 사헌부 장계가 드디어 나왔던 것이다.

__《경종실록》 11권, 1723년(경종 3) 2월 11일 신유 세 번째 기사

위조 화폐를 몰래 주조한 명문가 며느리

이처럼 도주전은 명문대가들이 관청의 눈을 피해 돈을 위조하는 경우가 빈번했다. 그 용도는 아마 정치자금이겠지만 명확한 증거는 발견되지 않고 있다. 화폐 위조는 그만큼 은밀한 작업이었다. 이런 역사의 흐름은 오늘날에도 현재진행형인 것 같다. 일설에 막대한 수익을 올린 가상 자산(코인) 사업 대표들이 업권의 이익을 위해 은밀히 정치권을 향해 로비를 벌인다는 소문이 돌기까지 한다. 이처럼 화폐와 권력의 사이는 밀접하다.

위조 화폐 역사는 여기서 끝이 아니다. 더욱더 놀라운 사건도 있다. 바로 판서댁 손자며느리가 화폐 위조범으로 활동하다 체포된 것이다. 이 사건은 《조선왕조실록》에도 실린 흥미로운 내용이다.

사헌부에서 아뢰기를 "과녀寡女(과부) 박씨가 몰래 돈을 주조한 일이 분명 그 자취가 있습니다. 사사로이 돈을 주조한 자들은 이미 잡혀 법으로 다스렸지만 박씨는 한 번도 잡아서 묻지 않았으므로 법으로 다스리는 도리를 크게 잃었으니, 형조의 해당 당상堂上을 엄하게 추고從重推考하고 박씨는 관계부서에서 잡아다가 여러 죄수와 마찬가지로 상세히 조사하소서" 하니, 임금이 허락하지 않다가 뒤에 비로소 허락하였다. 박씨는 고故 판서判書 이경증李景曾의 손부孫婦인데 성품과 행실이 본디 흉패兇悖하여 제 시어머니를 구박하고 간사한 짓을 못하는 게 없다가 마침내 몰래 돈을 위조해 법을 위반하였으니 사족士族의 여자가 이러한 것은 참으로 전에 없던 변고다.

_《숙종실록》 30권, 숙종 22년 3월 12일 기사

화폐를 위조한 박씨는 일개 과부에 지나지 않았다. 그녀는 이조판서 이경증의 손자며느리로 남편 이희중은 효자로 소문났지만 일찍 세상을 떠난 상태였다. 박씨의 시댁은 한마디로 잘나가는 집안이었다.

선조의 부마이자 영안위 홍주원의 막냇동생 홍주국, 인현왕후 민씨의 아비인 부원군 민유중은 그녀 시댁의 고모부들이다. 나라에서 알아주는 유력한 가문이라 해도 손색이 없었다. 하지만 과부 박씨는 성격이 매우 사납고 사소한 이익에도 집착한 여인이었나 보다. 그녀는 시어머니를 몹시 구박하기도 했는데, 이 때문에 여러 번 입소문이 났다. 여기에다 범죄집단을 불러 모아 몰래 돈을 주조해 고발당했으니 전에 없던 변고라 해도 무방했다.

그녀는 관아로 끌려왔으나 대갓집 여인이라 하여 형조의 고위 관료(당상관)들은 벌주려 하지 않았다. 덕분에 그녀는 법망을 여러 번 빠져나간다. 이에 검찰에 해당하는 사헌부 관료들이 들

247
3. 위조 화폐에도 사연이 있다?

고일어났다.

이들은 그녀를 봐주려 한 형조의 관료들을 엄히 다스리라며 목소리를 높였고, 과부 박씨도 다른 죄수들처럼 중한 죄로 처벌하라며 팔뚝질을 해댔다. 결국 임금은 사헌부의 손을 들어줄 수밖에 없었다. 언관言官의 체면은 나라의 얼굴이고 나라의 법률 역시 지엄했기 때문이다. 과부 박씨는 형장에 끌려 나와 몰래 돈을 주조한 죄의 대가를 받아야만 했다. 사헌부의 탄핵을 받은 그녀는 절도에 유배되는 신세를 면치 못했다는 게 기록의 결말이었다.

조선시대 화폐 위조 역사는 여기서 끝나지 않고 끊임없이 이어진다. 공식 기록인《승정원일기》를 보면 상평통보를 다시 발행한 숙종 시절부터 경종, 영조, 정조, 순조, 헌종, 철종, 고종 시대까지 빠지지 않고 여러 사건이 등장한다. 사료가 보여주듯 화폐 위조가 끊이지 않은 이유는 따로 있었다. 그것은 정부의 방관적인 태도와 함께 사회 전반에 퍼져 있던 배금주의와 한탕주의의 영향이었다.

화폐 위조를 방관한 조선 정부와 한탕주의 역사

정부가 화폐 위조 사태를 방치한 데는 이유가 있었다. 민간의 화폐 발행은 통화량 증가에 도움을 주었기 때문이다. 화폐가 진짜든 가짜든 상관없이 말이다. 화폐 기근으로 디플레이션에 빠진 상황에서 유통량이 늘어나면 나라 경제가 이전보다 활성화하게 마련이었다.

위정자들은 이 사실을 익히 알고 있었다. 그뿐 아니다. 평민들까지 몰래 돈 만들기에 가세한 것은 만연한 한탕주의 분위기를 여실히 보여준다. 이것은 운이 좋으면 몰래 돈을 만들어 벼락부자가 되고, 운이 나쁘면 그냥 인생 종료 버튼을 눌러 하직하면 그만이라는 극단적 삶의 가치관이다. 1840년 갑산 지역에서 발생한 화폐 위조 사건은 이를 잘 대변해준다.

1840년 북방 지역 서북진 장교로 있던 염처옥은 무기를 관리한 군기감관이었다. 무슨 생각이었는지 몰라도 그는 자기 목숨은 돌보지 않고 돈을 벌려는 궁리만 하고 있었다. 염처옥은 자신이 관리하던 동포銅砲(구리로 만든 화포)를 훔쳐냈고 그것을 몰래 녹여 돈을 만드는 중대범죄를 저질렀다.

이 사실은 얼마 지나지 않아 기물 조사에서 밝혀졌고, 중죄를 저지른 염처옥은 제대로 도망가지도 못한 채 금세 붙잡혔다. 당연히 군기를 훔친 죄에다가 돈을 사주한 죄까지 엮어 금세 목이 달아나고 만다. 염처옥과 공모한 이들도 6명이나 있었는데 이들 모두 자복하고 죄를 인정했다.

놀라운 점은 또 있다. 염처옥 사건이 일어나기 얼마 전 인근

3. 위조 화폐에도 사연이 있다?

마을 구성부龜城府에서 비슷한 사건이 벌어진 것이다. 그것은 군기물이던 화약을 훔쳐내 팔아먹은 내용이었다. 연달아 일어난 범죄 앞에서 당시 조정은 할 말을 잃었다. 그저 "백성의 행태가 점차 완악해지면서 법을 두려워하지 않는다"라며 한탄할 뿐이었다.

일련의 사건은 19세기 조선의 사회 분위기가 얼마만큼 한탕주의로 흘러갔는지 보여준다. 염처옥 사건을 보면 생각나는 게 하나 있다. 바로 얼마 전 발생한 ○○사 재무담당자의 횡령 사건이다.

몇 년 전부터 대한민국에서는 재테크 열풍과 함께 리스크가 상존하는 주식시장에서 크게 돈을 벌겠다는 한탕주의가 만연하고 있다. 실제로 대기업에서 일어난 횡령은 그릇된 배금주의와 한탕주의 역사를 그대로 보여준다. 결국 범인은 염처옥처럼 도망도 제대로 못 간 채 붙잡혔다. 해당 회사도 상장폐지라는 극악의 처벌을 받을 위기에 놓였다. 이는 마치 19세기 조선의 분위기를 재현하는 듯한 느낌을 준다.

고금이 다르지 않던 시뇨리지 수입 감소

사실 화폐 위조가 커다란 문제였다면 정부가 미리 나서서 방지책을 적극 마련했을 것이다. 그러나 조선왕조는 조선 말까지

도급 방식의 주조 환경과 사주전 유통의 통화정책을 고수했다. 아니, 오히려 권장했다. 1850년 무렵 부유한 상인이면 누구나 나라에 세금을 바치는 대신 정부 허락을 얻어 돈을 만들 수 있었다. 정부 입장에서 이것은 이권재상이라는 기존의 화폐 독점권을 포기한 것이나 마찬가지다. 그 이유는 다른 게 아니다. 화폐를 찍어도 더는 돈이 되지 않는 여건 때문이었다.

17세기 조선 정부가 거둔 주전 이익은 50~60%대였지만, 19세기 전반에는 10%에 불과했고 후반 들어 조금 회복했으나 여전히 20~27%(1830~1857)에 머물렀다. 이러한 시뇨리지 감소는 당시 민간에서 발생한 화폐 주조 열풍으로 인한 원자재 가격의 상승 탓이라고 추측해볼 수 있다.

조선의 돈 문제는 오늘날의 한국은행 현실과 서로 비슷하다. 최근 암호화폐 같은 민간 코인들이 등장하면서 골치 아프지 않은가. 그뿐 아니라 다양한 전자결제 방식이 등장해 금융 환경이 요동치고 있기도 하다. 이로 인해 현금통화 수요가 점차 감소하면서 은행이 누리던 시뇨리지마저 줄어들고 있다.

시뇨리지 효과는 전통적으로 재정적자 보전 수단으로 활용했으며 오늘날에도 그 유용성이 상당하다. 시뇨리지는 통화정책을 위한 좋은 재원이기 때문이다. 시뇨리지 수입이 줄어들면 중앙은행인 한국은행은 통화량과 금리를 조절하기 어려운 동시에 통화정책을 위한 재원 조달에도 제한을 받는다. 그래서 오늘날 은행 당국의 고민이 이만저만이 아니라고 한다.

옛날이나 지금이나 화폐 위조와 주전 이익 감소는 국가 운영에 커다란 애로사항으로 작용한다. 어찌 보면 이것은 옛날과 오늘이 다르지 않은 일상적인 돈 문제다.

짧은 상식 몇 줄

'화폐' 하면 보통 국가에서 발행하는 중앙은행권만 떠올리지만 지방에서 발행하는 대안 화폐도 많다. 그중 잘 알려지지 않은 화폐가 스탬프 화폐 stamp money다. 썩는 화폐 또는 자유 화폐라고도 불리는 스탬프 화폐는 1916년 벨기에 태생의 독일 사업가 실비오 게젤이 창안했다. 게젤은 거래에서 발생하는 이자라는 속성을 매우 싫어했다. 그는 화폐가 교환가치를 상실한 채 고리대와 투기 수단으로 여겨져 금고 안에 숨게 만드는 원흉으로 이자를 지목했다. 이후 그는 가치가 감소하는 마이너스 이자 화폐를 고안한다. 그 돈은 액면가의 일정 비율에 해당하는 스탬프를 구매하지 않으면 사용할 수 없다. 이 경우 돈은 더 이상 숨지 않고 빠르게 유통되며 교환가치에만 충실해진다. 자본가들이 돈을 쓰지 않고 저장해두면 스탬프를 붙이는 비용이 발생하기 때문이다. 하지만 스탬프 화폐는 중앙은행 중심의 통화 시스템을 혼란스럽게 만든다는 이유로 금지당했다. 이처럼 스탬프 화폐나 가상화폐 같은 대안 화폐는 여러 이유로 공식화하기가 매우 힘든 게 현실이다.

참고문헌

- 《승정원일기》
- 《조선왕조실록》
- 조선시대 법령자료집(한국사 데이터베이스)
- 홍승제·함정호, 우리나라의 시뇨리지 變動推移와 政策課題, 한국은행 금융경제연구원, 2004.
- 차현진, 《금융 오디세이》, 메디치미디어, 2021.

_____

합법적인 위조 화폐가
있었다고?

──────── 조선시대에는 합법적인 위조 역사가 있다. 그 이야기
는 동전을 발행하던 시절까지 거슬러 올라가야 한다. 조선은
1678년(숙종 4)부터 법정화폐인 상평통보를 발행했다. 당시 상
평통보 무게는 2전 5푼으로 일본인이 대전(큰 돈)이라 부르며
호들갑을 떨 정도로 묵직하고 거대했다. 구리 함량만 해도 80%
가 넘었다. 100년 정도 지난 18세기 동전의 구리 함량이 고작
50~60%에 불과한 것을 보면 당시 조선 정부에서 얼마나 정성
을 들여 만들었는지 알 수 있는 대목이다.

상평통보 주조 원칙은 특별했다. 오늘날의 조폐공사처럼 독

점 관청을 만들어 제작한 게 아니다. 화폐 발행 여건을 갖춘 관청이면 어디서든 만들 수 있었다. 이를 각사자판이라 불렀다. 이 말은 관청이 독자적으로 자기 자금을 만들고 관리한다는 뜻이었다.

이는 관청 운영비를 알아서 해결하라는 조선 정부의 메시지이기도 했다. 주나라 재상 강태공이 제도화한 고대 중국의 구부환법九府圜法에서 유래한 것으로 보인다. 먼 옛날 주나라의 9개 관청은 스스로 화폐를 발행해 경제활동을 꾸렸다고 전한다. 경영학에서 말하는 독립채산의 원칙 과 유사했으리라.

그런데 흥미로운 점 하나가 눈에 띈다. 오늘날 정부 부처에도 각사자판처럼 자율적으로 쓸 수 있는 돈이 있다는 사실이다. 이를 기금基金이라 부른다. 기금은 발전, 진흥, 보호, 지원 등의 아름다운 용어로 치장되어 부처와 연계된 이익 집단을 위한 쌈짓돈으로 전용한다는 말까지 있다.

흥미롭게도 조선시대 관청 자금 역시 부정적 성격으로 운용했다. 서민에게 고리대를 주어 높은 이자를 받아먹거나 유력인

- 자본주의 제도 아래 공기업의 자율성과 능률성을 보장하도록 이익과 손해를 스스로 책임지게 한 제도다.

사 또는 소속 관리를 위한 대출 용도로 활용하기도 했기 때문이다. 기득권과 연관되어 돌아가는 상황이 오늘날의 기금 성격과 닮아 있어 쓴웃음을 짓게 만든다. 부처 기금과 관청 자금은 언제나 이권과 관련이 있던 셈이다. 옛날에 혁파하기 어려웠고 오늘날에도 개혁하기 어렵다는 사실은 어찌 되었든 유사하다.

다시 화폐 주조로 돌아가보자. 화폐 주조를 전담한 훈련도감, 어영청, 금위영 같은 군영은 자체 군수공장을 보유하고 있었다. 그래서 규모의 경제와 효율의 극대화를 누릴 수 있었다고 한다. 그중 가장 중요한 비용 요소는 노동 임금이다. 군영은 소속 장인들을 누구보다 저렴하게 부릴 수 있었다. 당시 사료를 보면 군영 장인은 민간 장인보다 보수가 낮았다. 이러한 이점이 주전 비용을 절감한 진짜 이유였다.

그러나 군대 이외에 일반 관청에는 장인이 없었다. 일반 관청이 화폐를 주조하고 싶으면 주전소를 설치하고 민간 장인을 고용해야만 했다. 오늘날의 도급제 형식과 같다. 당연히 도급 장인들에게는 높은 임금을 제공하는 것이 원칙일 것이다. 이때 조선 정부는 편법을 동원했는데 돈을 만들고 남은 재료로 돈을 생산할 수 있게 한 것이다. 이걸 '협주전'이라 부른다. 도급 장인들은 임금으로 이 협주전을 받았다. 화폐 역사는 언제나 그렇듯 돈을 발행하면서부터 음모가 시작되는가 보다.

협주전은 한마디로 합법적인 위조 화폐였고 액면가는 같으나 무게와 함량만큼은 진짜 돈과 차이가 있었다. 서양의 화폐 역사를 보면 가짜 돈이 나오는 순간은 화폐가 처음 등장하는 역사와 같다고들 한다. 우리나라도 마찬가였던 듯하다. 협주전은 개인이 이득을 위해 만든 사주私鑄(사사로이 몰래 만든 돈)였으나 불법 위조 화폐인 도주전과는 근본적으로 달랐다. 협주전은 도주전과 달리 나라의 허가를 받고 정정당당하게 만들었기 때문이다.

디베이스먼트로 몰락한 협주전의 운명

협주전을 만드는 방식은 간단하다. 비싼 구리의 함량을 낮추는 대신 값싼 아연이나 납 함량을 적절히 섞으면 그만이었다. 서양에서는 이를 디베이스먼트(주화 변조)라고 부른다. 이 경우 구리 함량이 적은 만큼 순도가 낮아져 품질이 조악해진다. 반면 장인들이 남겨 먹는 이익은 배가 된다. 동전 원가를 낮춰 동전 개수를 마구 만들 수 있으니 말이다.

이 같은 기만행위는 문제를 일으키게 마련이었다. 동전을 사용하는 백성이 품질을 알아차리기 때문이다. 잡철을 과도하게 섞은 협주전이 진품이 아니라는 사실을 인식하는 순간 사람들은 화폐 신뢰도를 의심하기 시작한다. 이는 화폐경제에 불안 요소를 전파하는 일이었다. 더구나 순도가 낮은 화폐를 발행할 경우 화폐 유통 속도가 빨라진다. 이것은 결국 시장 물가를 자극하는 일이라서 백성에게 무척 괴로운 상황이다.

설령 시뇨리지 효과로 주전 이익을 남길지라도 함량 문제는 반드시 지켜야 하는 철칙이었다. 화폐의 신뢰를 보장하려면 구리 함량을 일정하게 유지해야 한다는 말이다. 협주전은 이런 신뢰를 배반한 셈이었다.

한편 상평통보는 계수計數화폐인데, 말 그대로 동전을 일일이 손으로 계산한다는 의미다. 적힌 액면가로 동전 가치를 구분하는 화폐라는 뜻이기도 하다. 일반적으로 금속화폐는 저울에 무게를 달아 가치를 매기던 칭량稱量화폐인데 국제교역에서 결제 수단으로 사용한 은화는 칭량화폐 중에서도 대표선수였다. 상평통보도 마찬가지다. 한 닢, 두 닢 세면서 주고받던 계수화폐지만 엄밀히 말하면 구리로 만든 금속화폐이므로 함량과 무게로 가치를 매기던 칭량 문제에서 늘 자유롭지 못했다고 한다.

그래도 상평통보는 대체로 신뢰를 받았다. 구리 함량이 80%에 달할 만큼 고순도를 자랑했기 때문이다. 구리 함량이 아무리 낮아져도 50~60%대는 유지했다. 그래야 돈이 시장의 신뢰를 얻고 경제 시스템 안에서 돌고 도는 유통 단계까지 정착할 수 있기 때문이다. 이것은 당시 조선의 통치자가 화폐의 신뢰성을 잘 파악하고 있었다는 증거다.

반면 협주전은 그렇지 못했다. 액면 가치와 비교해 실제 구리 함량이 너무 부족했다. 그도 그럴 것이 협주전은 돈을 만들던 장인이 일한 대가로 얻은 것이므로 구리 순도와 상관없이 동전 개수만 많이 만들면 이득이었다.

▲ 고려시대 화폐 쇄은
1287년(충렬왕 13) 발행한 쇄은은 대표적인 칭량 화폐로 저울로 무게를 재어 가치를 측정했다. 광물 자체가 유연했기에 소액 거래 시 절단해 사용하기도 했다.

디베이스먼트로 시뇨리지 효과를 최대치로 끌어올리는 것은 장인들의 진심 아닌 진심이었으리라. 그들은 구리 함량은 가능한 한 낮추고 잡철(아연, 납) 함량은 최대한 높였다. 결국 협주전은 종잇장처럼 얇아졌고 만지면 부서질 정도로 변하고 만다. 그야말로 악화로 전락해버린 것이다.

이러한 사기극과 눈속임은 오래가지 못했다. 백성이 무언가 이상한 점을 알아채면서 협주전을 순도 높은 상평통보와 구분하기 시작했기 때문이다. 결국엔 백성뿐 아니라 상평통보를 세금으로 받는 관청도 협주전을 거부하는 사태에 이르렀다. 그러다가 결정적인 한 방이 찾아왔다.

정조 시절부터 국제적인 원자재 부족 현상이 벌어진 것이다. 구리뿐 아니라 일본에서 들어오던 아연과 납 같은 잡철 가격마저 급등하자 협주전으로 급여를 보전받던 장인들은 당황하기 시작했다. 원가 상승으로 돈을 만들어도 수익이 나지 않았으니 그럴만도 하다. 급기야 장인들은 협주전 제작을 거부했고 협주전이 아닌 일반 동전으로 급여를 달라고 요구했다. 정조는 장인들의 호소에 고개를 끄덕이며 수긍한다. 그 결과 1798년(정조 22) 정부가 악화인 협주전 제작을 철회하면서 협주전은 역사 속으로 사라졌다.

4

금융 강국 네덜란드의
성공 비결

——————— 역사를 통틀어 깜짝 놀랄만한 금융 진보는 작은 나라 네덜란드에서 이뤄졌다. 아니, 돈에 관한 한 네덜란드는 오늘날의 미국처럼 큰 나라라고 해도 이상한 표현이 아니다. 17세기 네덜란드는 금융혁신으로 크게 약진한다. 지금은 흔하디흔한 해상보험, 선물옵션, 뮤추얼펀드, 연부금 같은 놀라운 제도는 모두 네덜란드에서 출발하고 완성되었다.

덕분에 네덜란드는 세계에서 가장 부유한 나라로 우뚝 섰다. 어째서 네덜란드는 자본주의식 금융제도를 가장 먼저 시작한 것일까? 실마리를 풀려면 우선 지리적인 부분부터 살펴봐야 한다.

15세기 이후 콜럼버스가 신항로 개척을 완성하자 대항해 시대가 열렸다. 그 여파로 베네치아와 제노바가 중심이던 지중해 무역은 점차 쇠퇴한다. 교역 중심지가 신대륙과 연결된 대서양으로 이동했기 때문이다. 그 결과 대서양을 끼고 있던 발트해,

▲ **청어잡이에 기술혁신을 일으킨 빌럼 뵈켈스존**
청어잡이는 중세 유럽의 거대 산업이었다. 14세기 네덜란드의 빌럼 뵈켈스존은 배 위에서 내장을 제거하고 소금에 절이는 통절임 기법을 개발했는데, 이는 산업 주도권을 쥘 수 있는 최신 기술이었다. 청어잡이로 시작한 네덜란드 산업은 조선업과 해운업으로 확장하며 발전해간다.

북해, 지중해와 인접한 교통 요충지 네덜란드가 주목받은 건 당연한 일이었다.

더구나 청어잡이가 주산업인 네덜란드는 15세기부터 어느 나라보다 조선술과 항해술이 발달했다. 덕분에 대서양 인근을 넘나들며 무역하기에 안성맞춤이었다. 이를 증명하듯 16~17세기에 발트해 연안을 오간 유럽 선박의 70%는 네덜란드 국적의 상선이었다고 한다. 선체는 평저선平底船으로 조선의 대표적인 함선인 판옥선과 유사한데 이는 제작 비용이 저렴하고 대량생산이 가능하다는 장점이 있었다. 결국 네덜란드는 배 만드는 기

▲ 평저선으로 바다를 장악한 네덜란드 상선들
네덜란드 앞바다는 갯벌 지대라 평저선이 필요했다. 평저선은 값싼 비용으로 빠른 생산이 가능
했기에 유럽이 바다로 급팽창하던 16세기 무렵 네덜란드는 지역 화물의 3분의 2를 장악할 수 있
었다. 이는 네덜란드가 대서양 지역의 물류 중심지와 해양 패권을 장악한 원동력이었다.

술을 통해 영국을 비롯한 인근 국가를 따돌리고 교역의 이득을
얻었으며 16세기부터 바다를 제패한 것이다.

네덜란드공화국, 근대 금융의 선봉장이 되다

여기에다 네덜란드 운명을 바꿔줄 일대 사건도 터졌다. 바로
독립전쟁이다. 앞서 말했듯 전쟁은 항상 금융기술 발전을 불러

오기 마련이다. 십자군 전쟁이 그랬고 임진왜란도 마찬가지였
다. 스페인을 상대로 한 네덜란드의 독립전쟁(1568~1648)도 네
덜란드에 전쟁 수행 능력을 갖추도록 요구했다. 여기서 말하는
수행 능력이란 '돈'을 의미한다. 군대는 항상 돈 먹는 하마이기
때문이다.

　1609년 암스테르담 시의회는 중대한 결정을 내린다. 은행 설립
을 결의한 것이다. 이름은 환전을 의미하는 '비셀방크Wisselbank'
로 정했다. 이 은행은 특이하게도 예금은 수취하지만 대출은 불
가능하도록 제도화했다. 대출업무를 은행 신뢰를 좀먹는 파산

원인으로 보았기 때문이다. 동시에 지급준비금을 마련하고 지급·결제 업무 독점권도 보유했는데 이는 오늘날의 중앙은행과 유사해 보이기까지 한다. 이것은 은행권을 발행해 금융 생태계를 안정화하려는 포석이었으리라.

▲ 아이작 뉴턴 초상화
물리학자 뉴턴은 인생 후반기를 조폐국 직원으로 보냈다. 그 이유는 국가가 교수 월급의 4배에 달하는 고액 연봉을 지급했기 때문이다. 그는 다양한 개혁을 시도했다. 그중 하나가 클리핑clipping이라 부르던 주화 변조 기술을 막아버린 일이다. 뉴턴은 주화 테두리에 세밀하게 홈mil을 팠고 그 톱니바퀴 흔적이 없으면 부정 주화로 간주해 엄격하게 처벌했다.

돈의 역할에서 가장 중요한 것은 믿음(신용)이다. 이것은 두 번, 세 번 강조해도 지나치지 않을 만큼 중요하다. 네덜란드는 전쟁 수행 능력을 위해서라도 반드시 신용도를 높여야만 했다. 금융 제도 안정에 꼭 필요한 일이기 때문이다. 금융이 국가 경쟁력의 기본이고 장기적인 전쟁 수행에 도움을 준다는 건 삼척동자도 다 아는 일이 아닌가. 이런 역할을 위해 만든 은행이 암스테르담의 비셀방크였다.

당시 유럽의 화폐거래 관행은 무척이나 혼란스러웠다. 네딜란드인의 성품과 전혀 다르게 합리성이라고는 조금도 찾아볼 수 없을 만큼 비이성적이었다. 금융 사기꾼은 뻔뻔하게 선량한 사람을 등쳐 먹었고 도무지 답이 없는 불량 채무자들은 거리를 당당히 활보했다.

당연히 금융 신용도는 바닥을 쳤다. 여기에다 만성적인 주화 원료 부족으로 화폐 기근이 조선시대 뺨칠 정도였다. 화폐 기근의 원인은 십자군 전쟁 이후 지중해 중심의 레반트Levant 무역이 급발전하면서 금은 같은 화폐 수요가 대폭 증가한 탓이다. 많은 양의 귀금속이 유럽에서 이슬람으로 빠져 나가면서 유럽의 화폐 공급은 부족할 수밖에 없었다. 화폐 공급 부족은 유럽에 사기와 기만행위를 불러왔다. 특히 화폐 발행 주체인 유럽 군주들은 디베이스먼트를 노려 순도 낮은 화폐를 남발했다. 이것은 화폐 신용도를 깎아내리는 멍청한 행위였다.

신분 높은 군주뿐 아니라 화폐 수요자인 일반 백성도 분별없는 행동을 자행했다. 주화 테두리를 깎아내는 클리핑 기술이나 가죽 부대에 돈을 넣어 마찰로 떨어진 금속 가루를 얻는 스웨팅sweating을 시도하며 차익을 얻어내려고 애를 쓰는 게 유행이 되어버렸다.

중앙은행의 시초가 된 암스테르담은행

암스테르담은행의 창립자들은 유럽에 만연하던 덜떨어지고 후진적인 관행을 깡그리 제거할 필요성을 느꼈다. 당시에 지중해 무역은 쇠퇴하던 시절로 무역 중심지가 대서양 인근의 네덜란드로 이동하고 있던 때였다. 점차 네덜란드에는 막대한 현금이 유입되었고 돈을 따라 대상인들도 모여들었다. 이에 편승해 불량 주화와 사기꾼 같은 금융업자도 딸려왔다. 네덜란드 경제를 좀먹는 녀석들이었고 처단해야 할 대상이었다.

유럽의 미숙한 화폐 관행은 금융 중심지로 부상하던 네덜란드에 커다란 혼란을 주기 시작했다. 숙고하던 네덜란드 통치자들은 승부수를 던진다. 금융 개혁이란 결단을 내린 것이다. 그들은 기존과 달리 강력한 형태의 새로운 은행을 만드는 동시에 돈의 가치와 신용을 안정화해야만 대서양 무역의 이득을 지킬 수 있으리라 판단했다.

이렇게 탄생한 암스테르담은행의 개혁 일성이 앞서 이야기한 '대출 금지'였던 셈이다. 이들은 고객이 맡긴 예금을 대출 없이 전액 유지하면서 은행 지급준비금으로만 보관했다. 그리고 예금 수취와 지급, 결제 기능으로 환전 수수료를 받았다.

여기엔 그럴만한 이유가 있었다. 유럽의 초기 은행은 수익 증대를 위해 고객이 예치한 예금을 다른 고객(주로 군주나 대상인)에게 대출해주었다. 그러자 고객이 예치한 돈을 은행이 자신의 사업거래에 한 차례 사용하는 동시에, 예금자도 그 돈을 사용하는 이상한 일이 벌어졌다. 이를 '신용 창조'라고 부른다. 그 결과 유통 화폐는 실제보다 몇 배 부풀려졌다. 은행들은 여기서 수익을 얻는 구조였다. 이러한 대출 관행은 기본적으로

▲ 1514년 퀜틴 마시스Quentin Matsys의 〈환전상과 그의 아내〉
중세 유럽은 고리대금업을 혐오했고 군주와 명문 귀족은 유대인을 고용해 혐오스러운 금융업을 맡겼다. 베네치아 유대인은 특수 거주지역에서 '방코banco'라는 탁자를 놓고 금융영업을 시도했는데 이것이 뱅크bank의 어원이다.

유동성 위기에 따른 신용 리스크에 노출되게 마련이다. 고객이 돈을 찾으려고 대규모로 몰려들면 은행은 파산할 수 있다는 얘기다. 파산 위험은 또 있었다. 당시 유럽은 종교적 이유로 고리대금업을 거의 금지했다. 중세 교회는 돈이 돈을 낳는 이자수익을 죄악시했으며 지역 공동체마저 고리대금업자를 법적으로 처벌하거나 재산을 몰수할 정도로 대출 영업 풍토는 황량했다.

　그래서 초창기 은행은 새로운 수익 창출 방식을 찾아내야 했다. 이익을 내기 위해 리스크가 큰 사업으로 눈을 돌려야 했던

▲ **비셔가 제작한 네덜란드와 벨기에의 '평화의 사자' 지도**
스페인에 대항해 독립전쟁을 치르던 네덜란드 17개 주는 네덜란드의 정체성을 '평화의 사자 Peaceful Lion'로 정의하고 하나로 뭉쳤다. 그 중심엔 금융 도시 암스테르담이 있었다.

것이다. 그들이 찾아낸 대안은 대항해 시대가 열리면서 시작된 아프리카 무역처럼 폭풍우와 험난한 파도를 타고 넘는 고위험 사업에 지분 투자하는 일이었다.

　사업이 성공하면 대박을 터트리겠지만 애초부터 이런 투자는 리스크가 컸다. 리스크 분산마저 거의 불가능했다. 심지어 해외 사업에 실패할 경우 투자자가 죽을 때까지 무한 책임을 질 수밖에 없는 시대이기도 했다. 그 탓에 위험을 제대로 관리하지 못해 파산하는 은행이 부지기수였다.

고객 예금을 대출과 투자로 전용하며 고수익을 노린 초기 은행들은 자산 부실화와 파산 리스크가 거대한 산처럼 클 수밖에 없었다. 때문에 네덜란드

▲ 18세기에 제작한 서아프리카 해안 지도
15~16세기 포르투갈인을 비롯한 유럽인은 거친 파도를 헤치며 아프리카로 위험한 항행을 했다. 기독교 수호와 함께 노예 획득 그리고 향신료인 기아나 생강을 얻기 위해서였다. 오늘날의 라이베리아Liberia인 그레인 코스트와 유럽은 그렇게 접촉했다.

시의회는 설립을 허가하면서도 각종 금융 규제를 까다롭게 강화한 것이다. 위험도가 아주 큰 해외 사업은 아예 대출업무를 막아버렸고 예금을 전액 지급준비금으로만 보유하도록 규칙을 마련했다.

대출 없이 지급준비금을 100% 유지하면 은행 부실이라는 뱅크런 사태가 일어나지 않을 테고 당연히 은행 신용도는 올라간다. 네덜란드 선각자들은 은행제도가 믿음이란 두 글자, 즉 오직 신용에 달렸다고 본 게 분명했다. 그들이 화폐거래의 비효율성을 없애는 한편 화폐가치 안정화를 위해 목소리를 높인 것은 탁월한 정책적 안목이었다.

은행권을 만들어 화폐거래의 효율성을 알리다

당시 유통 중인 화폐는 1천여 종에 달할 정도로 모양과 크기, 형태가 다양했다. 주화 역시 금화, 은화, 동전이 혼재하면서 주요 화폐로 통용되었다. 그 이유는 특별할 게 없었다. 주화의 원재료인 금·은·구리를 가지고 동방의 사치품인 후추, 비단 등을 사느라 언제나 그 수량이 부족했기 때문이다. 1545년 남아메리카 볼리비아에서 포토시Potosí 은광을 발견해 막대한 은화를 유럽으로 가져오기 전까지 유럽 전역에서 화폐량이 부족한 현실은 치명적이었다.

그래서 이들은 잡물을 섞어 우후죽순 제작한 주화들을 사용했다. 무려 천 가지가 넘는 다양한 화폐가 있었다. 결국 화폐 유통은 불편할 수밖에 없었고 이를 파고든 환전소가 등장한다. 암스테르담은행도 환전소의 환전 업무를 필수 영역으로 설정했다. 환전으로 네덜란드에 들어오던 불량 주화를 퇴출하는 것이 은행의 설립 목적이기도 했다.

지금도 그렇지만 당시 화폐가 신뢰를 얻는 데는 크게 두 가지 방법이 있었다. 하나는 규격을 표준화한 양질 화폐를 발행해 유통하는 것이고, 다른 하나는 금처럼 신용도 좋은 귀금속과 교환 가능한 종이 증서를 발행하는 일이었다. 암스테르담은행은 이러한 화폐제도를 만들어 정착시켰다.

은행은 환전소를 운영하면서 네덜란드로 들어온 불량 주화를 퇴출하고 양질 주화만 취급했다. 화폐 제도 정착을 위한 참다운 모습을 보여준 것이다. 뜻밖에도 파급 효과는 놀라웠다. 무엇보다 네덜란드의 국가 신용도가 날이 갈수록 높아졌다. 그뿐 아니다. 네덜란드에서 600길

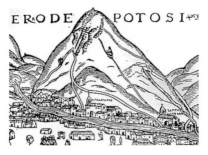

▲ 1553년 유럽에 처음 알려진 볼리비아의 포토시 전경
일본의 은 광산 이와미 긴잔과 유사하게 해발 4,000m 고지대에 있다. 수은을 이용한 아말감 기법을 이용하면서 16세기 무렵 전 세계 은 생산량의 60%를 차지할 만큼 최대 생산지로 부상한다. 남아메리카 은광은 스페인에 막대한 부를 선사했고 유럽에 가격(물가) 혁명을 불러일으켰다.

더(플로린) 이상 금전거래를 하려면 반드시 은행 계좌를 개설해야만 했다. 계좌를 개설할 경우 고객 간의 돈거래는 계좌 이체로 채무·채권 관계를 해소했다. 직접 돈을 주고받을 필요가 없었다는 말이다. 그만큼 거래비용이 줄어들었다.

더 놀라운 점은 고객이 돈 인출을 요구할 때 오늘날의 수표처럼 종이 증서인 은행권을 발행해 건네준 부분이다. 은행권은 암스테르담은행이 파산해도 암스테르담시에서 지급을 보장하도록 설계했다. 지금의 수표나 지폐처럼 법의 보호를 받는 법정화폐라 불러도 무방했다. 이 같은 계좌 개설과 은행권 발행으로

▲ 1609년 설립한 암스테르담은행 전경

암스테르담시 청사에 자리 잡은 암스테르담은행의 정식 명칭은 비셀방크다. 비셀은 환전 또는 교환이라는 의미다. 당시 만연한 불량 주화를 공정한 가치로 교환하기 위한 환전 업무가 은행의 주요 사업 중 하나라 이런 명칭을 붙였다. 환전 거래의 수수료 수입은 고리대와 성격이 달랐고 고리대금을 혐오하던 기독교적 윤리관에서도 벗어나지 않는다. 환전에서 출발한 유럽의 초기 은행은 오늘날의 지폐와 유사한 은행권을 발행했다. 중앙은행처럼 지급준비금으로 지급과 결제 업무를 수행한 것이다. 이것은 금융 역사의 진보였다.

지급 혹은 결제하는 것은 상거래 효율성을 높여주게 마련이다. 더구나 공적으로 증명되었기에 절도나 화재 위험에서도 안전했다. 이것은 확실히 이전과 달라진 금융 시스템 발전이었다.

덕분에 네덜란드는 전과 달리 국격이 상승한다. 16세기 들어 국제적 명성과 높은 신용도를 얻어낸 것이다. 신용도가 높아지면서 네덜란드는 낮은 금리로 채권을 발행해 돈을 쉽게 빌리는 생태계도 구축했다. 저금리로 돈을 융통할 수 있는 암스테르담은 유럽의 금융 중심지로 부상한다. 암스테르담은행은 그 금융 중심지에서도 심장에 해당했다. 여기에다 독립전쟁으로 어느 나라보다 종교의 자유를 보장하자 프랑스의 신교도 위그노와 유대인 상인이 암스테르담으로 이주하기 시작했다.

종교에 보인 관용 정책이 수준 높은 금융 인력 공급을 지원한 것이었다. 금융에 일가견이 있는 개신교도와 유대인 상인 덕에 경제가 활성화한 것은 의미심장한 일이다. 투자자들의 글로벌 자금은 점차 암스테르담으로 몰렸고, 이름 있는 유대계 거상 역시 암스테르담은행에 투자해 대주주가 되었다. 금융 시스템이 발달하다 보니 네덜란드에서는 낮은 금리로 돈을 쉽게 빌릴 수 있었으며 유통 자본도 점차 늘어갔다. 이와 함께 지금의 스타트업처럼 다양한 사업이 등장했다. 나아가 주식시장이 출현하고 다채로운 금융 방식과 기술도 선보이기 시작했다.

1650년 네덜란드 시민 6만 5천 명은 주식, 연금, 보험, 은행을 기반으로 한 이자수익과 배당금으로만 먹고살았다. 이 전통은 400여 년이 흐른 지금도 현재진행형이다. 네덜란드는 최고 수준의 연금 시스템으로 인근 국가의 모범으로 손꼽히고 있다. 이곳은 자본주의 세상의 천국이었으리라. 그야말로 노동이 아닌 돈이 낳는 수익으로만 먹고사는 꿈의 엘도라도다. 16~17세기 네덜란드에서 벌어진 금융 진보는 이후 세계 역사까지 바꿔놓는다.

선진 금융기술이 네덜란드 오라네 공의 명예혁명과 함께 영국으로 건너갔기 때문이다. 이것은 잉글랜드은행 설립으로 이어졌고 잉글랜드은행 역시 영국의 국가 신용도를 네덜란드처럼 높여주었

▲ **시카고학파(통화주의론자)의 대가 밀턴 프리드먼**
프리드먼은 모든 은행이 네덜란드 암스테르담은행처럼 고객 예금을 대출하지 않고 지급준비금으로 100% 보관해야 한다고 주장했다. 민간에 의한 화폐 신용 창조(대출 행위)를 인플레이션의 주범으로 보던 통화주의자로서는 당연한 말이었다.

다. 이는 세계를 주름잡는 대영제국을 만드는 방아쇠로 작용했다.

금속화폐의 유용성 중 하나는 썩지 않는 화폐라는 속성이다. 대표적인 현물화폐인 쌀과 포목은 시간이 지나면 썩거나 낡아 재산 축적 용도로 알맞지 않았다. 그래서 조선시대 부자들은 기민 구제를 명목으로 백성에게 묵은쌀을 저리로 빌려주었다. 물론 다음 해에 햅쌀로 돌려받았다. 금속화폐가 등장한 이후 상황은 돌변한다. 금속화폐인 동전은 쌀과 달리 영속 보관이 가능했다. 화폐의 이러한 속성은 잉여생산물 교환도 촉진한다. 일주일 내에 썩어버릴 과일을 영원히 썩지 않는 돈으로 바꿀 수 있었기 때문이다. 동전이 등장하면서 시장에서는 돈을 매개로 한 현물거래가 활성화했고 사람들은 영원히 썩지 않는 재산인 동전을 축적하기 위해 근면하게 일했다. 이처럼 화폐경제는 더 많은 노동과 더 많은 재화를 만들어낸 원동력이었다.

참고문헌

- 윌리엄 번스타인 지음, 김현구 옮김, 《부의 탄생》, 시아출판사, 2017.
- 조홍식, 17세기 네덜란드의 번영, 〈월간중앙〉(http://jmagazine.joins.com/monthly/view/328360)
- 김동섭·이예일·손영희·전제훈, 중앙은행 초기 발달과정에서 지급결제의 역할, 한국은행, 2017.
- 차현진, 《금융 오디세이》, 메디치미디어, 2021.
- 조지 슈피로 지음, 김현정 옮김, 《경제학 오디세이》, 비즈니스북스, 2021.

네덜란드 뺨치다!
이탈리아 제노바 상인

———— 유럽 문명은 십자군 전쟁으로 이슬람 문명과 충돌한다. 결과는 예상 밖이었다. 전과 달리 금융혁신이 일어났기 때문이다. 당시 예루살렘 순례자들을 보호하던 군인집단으로 '템플 기사단'이 있었는데, 이들은 순례자의 예금을 보관하거나 관리해주며 돈을 벌었다. 기독교인이 혐오하던 대부업도 부정하지 않고 받아들였다. 그들은 다양한 금융사업을 펼치며 막대한 부와 재산을 쌓았다.

그뿐 아니다. 유럽에서는 채권(공채) 시스템도 활발해졌다. 채권은 전쟁이 빈번하던 유럽에서 자금을 쉽게 조달하게 해준 빛과 소금과 같았다. 유럽 국왕들은 보통 백성에게 세금을 징수해 전쟁자금을 마련했다. 하지만 여기에는 위험요인이 도사리고 있었다.

세금은 근본적으로 백성의 재산을 수탈하는 성격을 갖고 있었다. 귀족과 백성의 저항을 초래할 위험이 따랐던 셈이다. 하지만 채권은 달랐다. 세금을 강탈하는 대신 귀족과 백성에게 돈을 빌리는 방식이기 때문이다. 이자수익

▲ 1187년 제3차 십자군 전쟁의 도화선이 된 하틴 전투

템플 기사단은 하틴 전투에서 분전했으나 이슬람 영웅 살라딘에게 처참히 패배했다. 십자군 전쟁 당시 탄생한 템플 기사단은 부대원 전원이 수도 사였고 교황 직속이었으며 명성이 대단했다고 전한다. 각종 기부금과 후원금이 템플 기사단에 쇄도하자 그들은 그 자금으로 금융사업을 시작한다. 순례자들의 예금도 유치해 여러 국가의 통치 자금과 전쟁 비용을 조달해주며 막대한 부를 쌓는다. 결과적으로 십자군 전쟁은 돈의 긍정성을 심어주고 서유럽 금융 시스템을 한 단계 끌어올렸다.

까지 지급하니 별로 저항도 없었다. 전쟁이 일어나면 오히려 귀족과 백성이 두둑한 이자를 지급하는 채권을 원할 정도였다. 전쟁에서 승리하면 더 많은 수익을 올릴 수 있었으니 그럴만했다.

채권 역사를 만든 제노바 상인

공채의 역사는 지중해 지역 상거래에서 발견할 수 있다. 1214년 1월 22일 연리 7%에 공채증권을 발행했다는 기록이 이탈리아 제노바 지역 회계장부에 남아 있다. 알다시피 당시 이탈리아는 여러 도시 국가로 쪼개져 서로 전쟁을 벌이고 있었다. 제노바도 마찬가지였다. 인근의 베네치아와 치고받으며 그야말로 피가 터지도록 싸우고 있었다. 이유는 동방무역(레반트 무역)으로 이어지는 지중해의 경제 패권 때문이었다.

싸움의 원인을 제공한 것은 다름 아닌 후추라는 녀석이었다. '검은 황금'으로 불린 후추는 '인도 → 아라비아 → 알렉산드리아(또는 베이루트) → 지중해' 경로로 유럽에 들어왔다. 이 때문에 누가 지중해를 장악하는가에 따라 국부國富 차이가 판가름 났다. 당연히 패권을 놓고 전쟁이 벌어졌고 각국은 이를 수행할 전쟁 비용마저 절실해졌다. 제노바는 전비 조달을 위한 채권 발행을 서둘렀다.

하지만 제노바는 전쟁에서 연달아 패했다. 베네치아와 프랑

• 고대 로마에도 채권 형태가 존재했다고 한다. 그 전통이 이탈리아에 남아 있었던 듯하다.

▲ 아카바만을 넘어가는 아랍의 캐러밴(대상인)

아랍 상인들은 중세시대부터 인도에서 유럽으로 이동하는 향신료 무역을 독점했다. 향신료는 인도양, 페르시아만, 홍해를 거쳐 베이루트와 알렉산드리아로 운반했는데 지중해 지역 상인들이 찾아와 유럽으로 가져갔다. 홍해 아카바Akabah만은 인도양과 연결된 해상 요충지로 '아일라'라는 이름의 이슬람 도시로 불리기도 했다. 지금 요르단은 이곳을 특별경제자유지역으로 지정해 세금을 부과하지 않는다.

스를 상대로 백기를 든 제노바 정부는 막대한 채무를 지고 만다. 이들의 국채 처리 문제는 핫이슈로 부상했다. 전쟁은 언제나 돈 문제를 초래해 골치 아프게 만드는 법이다. 1407년 제노바의 채권자 집단은 문제 해결을 위해 채권관리 기구를 설립했는데, 이것이 산조르지오은행Casa di San Giorgio이었다.

산조르지오은행은 이름만 은행일 뿐 부채를 잔뜩 짊어져 그

▲ 아름다운 바다 도시, 1481년 제노바 전경
십자군 전쟁 이후 중세 영주들이 몰락하면서 토지를 기반으로 한 봉건적 영향력은 줄어든다. 대신 도시민들의 자율성이 커졌다. 그 영향으로 지중해 지역에는 자치 도시 국가가 활발해졌고 이는 교역 활성화로 이어진다.

야말로 목숨줄이 왔다 갔다 하던 형편이었다. 뾰족한 수가 보이지 않자, 이들은 시 정부로부터 식민지 경영권, 독점 무역권, 심지어 징세권까지 확보해 국가 단위의 사업을 전개했다. 다행히 어느 나라보다 민간 자율성이 강했던 도시 국가가 제노바였다. 그 장점을 십분 발휘했다. 불량 채권을 회수해야 한다는 절박감 때문이었든, 투철한 상인 정신 때문이었든 이들은 오늘날 영미식 자본주의의 끝판왕을 보여주었다. 그야말로 물불 가리지 않고 극단적으로 이익을 추구한 것이다!

결과는 눈이 부실 정도였다. 그들은 은행 금고 안에 황금을

▲ 1800년 제노바 지역을 묘사한 바르디의 지도

제노바는 크리스토퍼 콜럼버스의 탄생지로 유명하다. 기원전부터 로마 해군의 기착지로 알려졌으니 물류뿐 아니라 군사적 요충지로도 이름이 있었던 셈이다. 지도를 보면 중심부가 긴 성벽으로 둘러싸여 요새임을 알 수 있다. 제노바는 13세기부터 지중해 패권을 차지하면서 동방무역을 주도했지만 1320년 베네치아와의 전투에서 패배해 지역 패권이 베네치아로 넘어갔다. 이곳에 많은 수도원과 교회, 수녀원이 있었다고 한다.

가득 채울 만큼 막대한 수익을 올렸다. 사람들에게 산조르지오 은행이 매력적인 투자처로 떠오른 건 당연했다. 은행은 환호하며 주식과 유사한 은행 지분을 발행했고 제노바 시민은 앞다투어 지분을 사려고 몰려들었다. 무려 1만여 명에 달하는 시민이 은행 지분의 주인이 된 것이다.

이처럼 거대한 부채를 시민들이 나눠 가지면서 제노바 정부는 골치 아픈 빚을 한꺼번에 해결했다. 시민들도 초과 이익을 누리던 산조르지오은행으로부터 수익금을 얻을 수 있어서 큰 불만은 없었다. 한마디로 제노바 정부는 국민에게 막대한 세금을 징수해 채무를 해결한 게 아니라 당시 최신 금융 기법이던 채권과 지분으로 빚을 깔끔하게 청산한 것이다.

4

부의 흐름을 바꾼
거상들

1

한강에 이룬
조선판 플랫폼 경제

————— 오늘날 빅테크Big tech 기업이 발 빠르게 성장하고 있다. 그들이 보폭을 넓히며 유통업과 금융업 등 전 영역에 진출하는 모습은 눈이 부실 정도다. 특히 빅테크의 대표주자가 네이버, 카카오 같은 플랫폼 기업이다. 이들은 온라인 쇼핑몰을 개설해 상품을 판매하고 있다. 간편결제나 송금 같은 은행 분야뿐 아니라 금융 투자, 보험 등의 비은행 분야 금융 상품까지 다양하게 선보이고 있다. 빅테크가 다양한 서비스를 제공하는 원동력은 따로 있다. 바로 수백만 명의 가입자가 있기에 앞선 서비스가 가능했다.

대한민국 빅테크 기업의 행보는 옛날 옛적에 일어난 일련의 흐름과 유사하다. 시골 장사꾼이 고객이던 조선시대 여각旅閣 주인의 모습과 많이 닮아 눈이 휘둥그레질 정도다. 조선 후기에 등장한 여각 산업은 전쟁 끝에 꺼져가던 조선왕조의 목숨줄을 살려놓았다. 빈곤하던 조선 팔도 소상공인이 돈을 벌게 해준 것이다. 오늘날 빅테크 기업도 마찬가지라고 생각한다. 4차 산업혁명으로 대한민국 산업 생태계가 급격히 구조 조정하는 와중에 이들은 새로운 일자리를 창출하고 있다. 이들이 대한민국을 IT 강국으로 선도하고 글로벌 자본 투자도 유치하는 모습은 새로운 시대의 서막을 알려주는 듯하다.

300년의 시차를 둔 21세기 빅테크와 18세기 여각 산업은 마치 쌍둥이처럼 닮아 보이는 데는 그만한 이유가 있다. 첫 번째 이유는 급격한 산업구조 재편에 따라 화려하게 등장한 모습 때문이다. 유통과 금융 집중 그리고 수많은 가입자를 확보해 이들을 상대로 영업을 하는 모습이 두 번째 이유다. 마지막으로 문어발식 경영으로 다양한 영역에 진출하고 독점화 전략을 구축하는 것이 놀랍도록 유사하다. 조선판 빅테크 산업은 어떻게 해서 성공한 것일까? 답은 멀리 있지 않다. 바로 우리가 잘 알고 있는 대동법이라는 개혁이 불러온 변화였다.

대동법으로 새로운 상업 생태계를 완성하다

7년 전쟁이라 불린 임진왜란은 조선 측의 승리로 끝났으나 한마디로 상처뿐인 영광이었다. 말 그대로 전 국토가 만신창이가 되어버렸기 때문이다. 나라를 먹여 살리던 농지 역시 3분의 1로(170만 결에서 52만 결로) 줄어든다. 땅을 갈아 먹고사는 백성은 뿔뿔이 흩어졌다. 어디서부터 어떻게 시작해야 할지 모르겠지만, 구태의연한 시스템을 뜯어고쳐야 할 시기임은 분명했다. 무엇보다 시급한 것은 경제 분야 개혁이었고 그중에서도 가장 시급한 건 세금의 공물 제도였다.

조선시대 세금 제도는 조용조(전세, 요역, 공물) 세 가지로 구분했는데, 전세와 요역은 얼마만큼 거두라는 법률 규정이 법전에 실려 있었다. 그래서 관리들은 이걸로 함부로 장난치지 못했다. 공물이라 불리던 지방 특산물은 달랐다. 세금으로 바치는 공물을 얼마만큼 거두라는 규정이 없었다. 모호한 법 규정! 이것은 옛날이나 지금이나 나라를 운영하는 데 치명적인 약점으로 작용하게 마련이었다.

나라의 권세가들은 공물제도의 허점을 이용해 과도한 수취를 일삼았다. 이로 인해 율곡 이이 같은 경세가는 백성에게 고통을 주는 공물 개혁을 꾸준히 주장한다. 하지만 소용없었다. 이권을 탐낸 왕실과 조정 대신들이 계속 묵살한 탓이다. '소 잃고 외양

간 고친다'는 말처럼 조선은 임진왜란을 겪은 후에야 개혁책을 논의했다. 무려 전쟁이 끝난 지 100년이 지난 시점이었고 개혁의 마침표는 바로 대동법이었다.

▲ 〈동국여도〉의 경강부 임진도
서울을 감싸고 있는 임진강과 한강의 모습을 아름다운 회화로 표현했다. 한강 변을 따라 장사꾼이 몰려들었고 이곳에 유통 경제라는 생태계가 만들어졌다. (서울대학교 규장각한국학연구원)

대동법이란 세금인 지방 특산물을 쌀로 대신한 것을 말한다. 쌀을 운송하려면 유통망이 중요한데 조선 팔도는 산지가 대부분이라 육로 운송에는 인력과 비용이 상당히 들었다. 그래서 뱃길인 수로水路로 운반했다. 호남평야에서 거둔 쌀은 서해를 거쳐 한강으로 올라왔다. 영남지방 쌀은 황포돛배에 실려 낙동강 하구를 출발했다. 태안반도 안흥량安興梁을 빙 돌아 강화도 손돌목에 도착하면 물때를 맞춰 서강 포구에 닻줄을 내렸다.

배가 오고 간 한강의 수많은 포구는 유통의 거대한 플랫폼으로 부상한다. 이곳은 관청에 납품하려고 올라온 팔도 사람들로 북적이면서 새로운 상업 생태계가 만들어지고 있었다. 이 포구를 장악한 사람을 객주客主라 불렀다. 객주는 지금의 네이버나 카카오 같은 플랫폼 공룡처럼 성장하며 큰돈을 벌었다. 그중 주목할만한 이들이 있었으니 바로 서울 경강상인이다.

'주막집'이라는 스타트업

한강에서 장사하던 장사꾼을 일러 경강상인이라 했다. 이들로 말할 것 같으면 조그마한 나룻배를 소유한 별 볼 일 없는 뱃사공에 불과했다. 경강의 뱃사공들은 지방으로 내려가 물건을 떼와서 서울에 내다 팔았다. 지금으로 치면 작은 용달차를 몰고 다닌 자영업자인 셈이다. 물론 나룻배로 지방에서 올라오는 세곡(세금으로 거둔 쌀)이나 서울 양반들의 소작미(소작인이 지주에게 상납한 쌀)를 실어주고 부자가 된 사람들도 있다고 하지만 그런 사람은 소수 중의 소수다.

나룻배로는 생계가 힘들었던 사공은 한강 근처에 주막집을 냈다. 포구를 오가는 고객을 상대로 술장사를 한 것이다. 초라하던 용달차 주인은 제법 근사한 술집 주인으로 변신한 셈이다. 그러던 중 하찮던 그들 인생에 커다란 기회가 찾아오기 시작했다. 바로 경제 대개혁, 즉 대동법이 등장한 것이다.

대동법은 실무에 능한 당대의 관료집단 한당漢黨(서울에서 대대로 벼슬살이하던 가문들)의 결단으로 시작되었고 이에 따른 유통 경제는 새로운 상업 생태계를 형성했다. 생태계는 서로 공존하면서 한층 성장하고 발전하는 법이다. 육로로 운반하던 꿩, 사슴, 미역 같은 지역 특산물은 어느새 하얀 쌀과 화폐라는 동전으로 대체되어 바닷길을 이용해 올라왔다. 이처럼 대동법에 따라 바닷길과 강길이 열리자 교역의 바람이 불었다. 교역은 화폐경제의 첨단화를 낳았고 포구의 주막집 주인은 돈을 만지면서 인생 역전을 맞이했다. 지방에서 올라오는 사람들로 북적인 포구(오늘날의 플랫폼)에서 그들을 상대로 다양한 사업을 벌일 수 있었기 때문이다. 지금으로 치면 빅테크에 핀테크를 겸한 조선판 스타트업이다.

한편 조선 정부는 왕실과 관청에서 사용할 수천 종의 물건을 구해야 했다. 이전에는 방납업자가 공급했으나 대동법으로 유통 구조와 제도가 바뀌었다. 그래서 방납업자 대신 공인貢人이나 전매 특권을 가진 시전市廛으로부터 필요한 물건을 구입했다. 이때 대동법으로 징수한 돈이나 세금으로 거둔 쌀로 물건값을 결제했다. 중앙 관청에 물건을 대던 공인은 주로 서울에서 활동했는데, 지금으로 치면 도매업자다. 수레바퀴 살이 바퀴통에 모이듯 시골 장사꾼들이 서울로 몰린 이유는 서울에 거주하는 돈 많은 공인에게 물건을 팔기 위해서였다.

공인에게 납품하기 위해 상품을 싣고 온 장사꾼에게는 먹고 잘만한 곳이 필요했다. 그들에게 장소를 제공한 곳이 한강 변의 마포, 용산, 서강, 양화진 주막집이다. 이게 끝이 아니다. 주막집 주인은 장사꾼이 챙겨온 물건을 보관해주는 임치계약도 체결했다. 보관증을 써주고 그 대가로 땡전 몇 푼의 보관료도 챙겼다.

서울에 올라온 시골 장사꾼은 주막집을 베이스캠프 삼아 며칠간 묵는다. 그리고 서울 시전을 비롯해 납품업자를 만나러 돌아다닌다. 그들은 물건을 팔아보려 애쓰지만 헛된 발품만 팔아댔다. 특히 서울 사정을 잘 모르는 지방 장사꾼은 실패를 거듭했다. 영업에서 제일 중요한 건 인맥이다. 그런데 시골 촌부나 다름없는 이들에게 서울 인맥이 있을 턱이 없다. 장사꾼들의 고민은 깊어진다. 주막집 주인은 장사꾼들의 하소연에 귀를 기울이며 고민을 들어주기 시작한다. 그리고 부족한 영업망을 채워주기로 마음먹는다.

서울의 시전, 그러니까 나라의 인가를 받은 관허상점은 조선 전기부터 한강 변을 중심으로 분포해 있었다. 쌀을 파는 미전, 어물을 파는 어물전, 소금을 파는 염전, 땔나무를 파는 시목전 등이 그것이다.

한강에서 술장사를 하는 주막집 주인이 술을 팔며 시전 상인과 얼굴을 트고 지내는 것은 예삿일이었다. 그래서 주막집 주인은 지역 장사꾼과 서울 상인을 연결해주었다. 물론 그 대가로 구문口文이라며 10분의 1에서 20분의 1의 수수료까지 챙겼다. 서울 상인과 지역 장사꾼 양쪽에서 수수료를 받았으니 꿩 먹고 알 먹는 격이다. 자본이 쌓여만 갔다. 주막집 주인은 그렇게 모은 자본으로 강변에 커다란 창고를 짓기 시작했다. 오늘날의 물류센터로 보면 된다. 그런 창고를 지어 지역 장사꾼에게 물건값의 1%에 해당하는 금액을 보관 수수료로 받았다. 어느샌가 한강 변 여기저기에 똑같은 보관창고가 수백 개나 들어섰다. 시장이 레드오션으로 변해 치열한 경쟁이 시작된 것이다.

▲ 한강 변에 늘어선 빨간색 창고들
이곳이 바로 조선 후기의 유통 경제 플랫폼이다. 지방에서 생산한 많은 쌀과 상품은 배에 실려 서울 각 관청과 상인의 창고에 쌓였고, 쌀과 상품은 경강상인으로 불리는 중개인을 거쳐 서울 사람들에게 비싼 값에 팔려나갔다.

경쟁이 치열하다는 사실은 그만큼 조선의 유통 물량이 늘어났다는 증거이고, 주막집이 고객 유치에 사활을 걸어야 했다는 뜻이다. 돈맛을 제대로 본 주막집 주인은 마음이 다급해졌다. 어떻게 해서든 시골 뜨내기들을 붙잡아야 했다. 내 집에서 먹고 자고 물건을 보관하게끔 만들어야 했기 때문이다. 그게 다 돈이었으니 당연했다. 마침 좋은 아이디어가 떠올랐다. 서울로 올라오는 상인들을 상대로 독점 계약을 맺고 권리(채권)를 설정하면 옆집으로 발길을 돌리는 낭패를 면할 게 아닌가. 독점 계약만 맺으면 그 수익은 지금보다 배가 될 것이니 정말로 눈알이 돌아갈 지경이었다.

돈으로 사고파는 독점 계약 영업권이 조선에 등장하다

돈독이 오른 주막집 주인은 단골들에게 자기 주막만 이용할 것을 요구했다. 대신 물건 보관을 공짜로 해주겠노라고 선언했다. 시골서 올라온 단골들은 주막집 주인이 물건을 공짜로 보관해주겠다는 말에 귀가 솔깃했다. 그들은 한 푼, 두 푼이 아쉬운 형편이었으니 말이다.

현대인이 생각하기엔 이상하게 보일지 모르지만 조선인에게 자유 개념은 그리 중요하지 않았던 것 같다. 그들은 자기 몸을 매매해 구속하는 것까지도 부끄럽게 생각하지 않았다. 심지어 조선시대 사람들은 처와 자식을 팔기도 했으니 말이다. 단골들은 주막집 주인의 말대로 대대손손 주막집의 고객이 되겠노라며 법률문서인 명문明文으로 이를 다짐했다. 지금으로 치면 채권계약을 설정한 것인데 그 계약은 일종의 재산권으로 간주했다. 양수와 양도마저 가능했다. 이걸 '여객주인권'이라 불렀다. 사실상 노비 문서와 크게 다르지 않았던 셈이다.

시간이 흐르자 주막집 주인은 목포에서 올라오는 상인을 모두 자신의 영업권으로 묶어놓았다. 그러자 사람들은 그 주막집을 목포집이라고 불렀다. 또 어느 주막집 주인은 충청도 서산에서 올라오는 상인을 모두 자신의 영업권으로 묶었다. 사람들은 이 주막집을 서산집이라고 불렀다. 어느새 목포집에서는 목포의 해산물을 가져다가 먹거리로 만들었고 서산집에서는 서산의 토속음식을 팔았다. 고객은 그 지역 사람이었다. 그런데 음식을 만든 주인은 정작 서울 토박이였으니 주객이 전도된 아이러니한 장면이었다.

이 우스운 장면은 오늘날 유럽 현지에서 'K-푸드'로 큰돈을 벌고 있는 장사꾼의 모습과 닮아 있어 흥미롭다. 그들이 대부분 토종 한국인이 아니라 중국에서 넘어온 조선족이나 중국인이라는 사실은 주객이 전도된 객줏집 모습과 비슷해 보인다. 이처럼 역사에 드러난 유사성 맥락은 과거와 현재가 서로 연결되어 있다.

고리대금업과 권리 매각으로 거부가 되다

노비처럼 묶어놓은 고객이 늘어나자 한강 변의 주막집 주인들은 더 큰 사업을 생각해냈다. 이들을 상대로 돈놀이를 하는 건 어떨까? 시골 상인이 서울에 올라오면 급전이 필요한 경우가 많다. 서울은 돈으로만 돌아가는 도시이기 때문이다. 이들을 상대로 급전을 융통해주고 이자를 받으면 큰돈을 만질 수 있을 것 같았다. 담보는 그들이 맡긴 물건으로 대신하면 그만이다.

지금으로 치면 금융업의 시작이었다. 무지렁이 상인을 차입자로 삼은 경강상인은 자본이 쌓이면서 점차 환전 객주로 성장했다. 그러자 신분 좋은 사람들이 고객으로 찾아오기 시작했다.

경강상인의 거금을 빌려간 사람들은 주로 서울에 거주하는 사대부 계층이었다. 고상한 그들이 돈을 빌리는 이유는 가지각색이다.

예를 들어 벼슬길에 오르면 면신례라 부르던 신고식을 치러야 한다. 선배들에게 한턱내고 선물도 주어야 하는데 그 비용이 만만치 않다. 지방관으로 부임할 때는 이조나 병조, 승정원처럼 인사를 담당한 중앙 관청에 하직 인사를 한다. 이때 당참채堂參債라는 거액의 뇌물을 상납해야 했다. 그러려면 돈이란 녀석이 필요하다. 그뿐 아니다. 서울 사대부들에게는 신분에 맞는 호화로운 주택에 살고 싶은 욕망이 있었다. 그래서 경강상인에게 부동산 자금을 융통하기도 했다. 서울 사대부들은 대부분 시골에 별장 혹은 전토를 소유하고 있었으므로 소작농이 갖다주는 소출이나 논문서, 밭문서 등을 담보로 돈을 쉽게 빌릴 수 있었다. 그들은 한마디로 담보력 좋은 조선시대 고신용자였다.

시간이 흘러 지역 상인들의 서울 출시가 늘어났다. 고객이 많아지면서 경강상인의 각종 금융영업도 활발해졌다. 이 때문에 경강상인의 여객주인권 가격이 급등한다. 1860~1884년 여객주인권 매매가는 9~10배 뛰었다. 19세기에는 왕족의 궁방이나 권세가에서 영업권을 매입하는 바람에 그 가격이 2천 냥에서 3천 냥까지 폭등해 그야말로 황금알을 낳는 산업으로 변모했다.

조선시대 주막집 주인의 행보를 추적하다 보면 오늘날 네이버나 카카오의 영업방식이 떠오른다. 이들은 가입자를 상대로 쇼핑몰을 개설해 플랫폼 수수료를 챙기는 한편 한발 더 나아가 핀테크 금융업도 하고 있기 때문이다. 사실 부를 쌓는 아이디어는 과거와 현재가 다르지 않다. 역사는 반복되며 변혁 시점에 그 원칙을 알고 미리 선점하는 사람들이 부를 독점할 뿐이다. 이는 한강 변 주막집 주인들도 확인해준 사실이었다.

짧은 역사 몇 줄

동래의 초량왜관은 무역 상관인 동시에 일본인 거주지였다. 그래서 조선과 사뭇 다른 왜식 음식점과 먹거리가 있었다. 구체적으로 살펴보면 두부 가게, 설탕 가게, 소바집, 술집, 떡집, 왜된장 가게가 있다. 왜관의 먹거리가 온전히 일본인만을 위한 것은 아니었던 듯하다. 그것은 담장을 넘어 조선사람 입속까지 들어왔다. 18세기 무렵의 《진찬의궤》를 보면 일본 사탕이 왕실 잔치에 쓰인 것을 확인할 수 있다. 사탕뿐 아니라 일본 과자도 서울 사람의 입을 즐겁게 했다. 1864년 조선에서 유통한 일본 사탕과 과자 가격도 알 수 있다. 사탕 가격이 과자보다 배로 비쌌다. 사탕은 작은 상자 하나에 두 냥이었으나 과자는 작은 상자 2개에 한 냥 6전이었다. 당시 관청에 매인 목수들의 삯이 한 냥 5전인 걸 감안하면 꽤 비싼 가격이다.

참고문헌

- 이욱, 여객 주인으로 전화한 경강상인, 우리역사넷.
- 조영준, 조선후기 旅客主人 및 旅客主人權 재론, 〈한국문화〉 제57권 57호, 2012.
- 노혜경·노태엽, 경상과 송상의 상거래 유통망에 관한 비교 연구, 〈경영사연구〉 제25권 2호, 2010.
- 홍성찬, 19세기 말 서울 동막 객주의 미곡 거래, 〈동방학지〉 제117권 177호, 2016.
- 여민주, 조선후기 서울의 땔감 유통, 〈서울과 역사〉 106호, 2020.

2

록펠러를 꿈꾼 땔감왕,
두모포 상인

———— 1791년(정조 15) 우리나라 비즈니스 역사에 획을 그
을만한 중대한 사건이 발생한다. 바로 신해통공이라 불리는 규
제 완화 정책이다. 조선 정부는 자유로운 상행위를 보장하겠다
고 마음먹었다. 그래서 왕실 물건을 납품하던 소수의 육의전만
제외하고 특권을 모두 철폐했다. 그 결과 민간자본의 사상들이
대거 힘을 얻었다. 규제를 철폐하자 이른바 '승리하는 자가 모
든 것을 챙긴다winners take it all'라는 원칙이 조선 경제에 등장
했다. 미국 석유산업의 95%를 독점한 석유왕 록펠러(1839~
1937)처럼 연료를 독점해 큰돈을 벌려는 상인이 조선에도 출현

하기 시작한 것이다. 대표
적인 독점 상인이 한강 두
모포에서 땔나무를 매매
하던 시상柴商이었다.

▲ 존 D. 록펠러, 1885년
20세기 초 '석유왕'이라 불리며 미국에서 생산되
는 석유의 95%를 독점했다.

**땔나무를 독점하고 한양
경제를 좌지우지하다**

석유왕 록펠러에게는
그 나름대로 경영철학이
있었다. '석유를 독점하되
소비자에게는 싼값에 판
다'는 철학이다. 조선의
땔나무 독점 상인들은 달
랐다. 그럴싸한 자기 철학이 부재했다. 굳이 철학이 있다고 한다
면 갑질을 추종하는 것뿐이었다. 그도 그럴 것이 땔나무 상인은
경제적 약자인 땔나무 장수들을 지배하고 압박하던 강자였다.
땔나무 장수에게 싼값에 후려쳐 물건을 매입한 뒤, 최종 소비자
서울 백성에게는 비싼 값에 파는 게 그들만의 철학이자 목표였
다. 이는 자유경쟁의 원칙을 위배하는 행위지만 상인들은 끄떡
도 하지 않았다. 왜냐하면 남겨 먹는 차익이 어마어마했기 때

문이다.

당시 땔나무는 쌀과 함께 일반 서민에게 긴요한 생필품 중 하나였다. 밥을 하려면 땔감이 필요하기 때문이다. 온돌을 지피기 위해서도 연료인 땔감이 있어야만 했다. 그래서 땔감은 서울 사대문 안에서 쌀 다음으로 수요가 많았다고 한다. 마치 19~20세기를 지배한 석유 연료처럼 시상들의 땔나무 독점이 가능하다면 이익이 남는 건 당연했다. 록펠러가 석유를 팔아 부자가 되었듯 땔나무를 팔면 조선 팔도에서 제일가는 부자가 되는 건 시간문제로 보였기 때문이리라.

요즘 구글의 영업방식이 도마 위에 오르고 있는데 그 방식은 갑의 위치에 있던 경강상인들이 을의 위치였던 땔나무 장수에게 윽박지르던 것과 비슷하다. 빅테크 기업이자 플랫폼 기업인 구글은 전 세계 앱마켓을 지배하는 독점회사인데, 플랫폼에 입점한 사업자들에게 특정 결제방식을 강요하는 문제로 떠들썩하다. 더구나 이들은 다른 앱마켓에 모바일 콘텐츠를 등록하지 못하도록 유도하기까지 했다. 이러한 구글의 행태는 부당거래를 유발하는 행동이자 공정거래를 저해하는 반시장적 행동이다. 가히 독점력을 가진 갑의 횡포라고 부를만하다. 이것 모두가 플랫폼을 지배하는 패권자라서 가능한 일인 셈이다.

한편 조선은 신해통공이라는 규제 완화 정책을 시행하면서

자유로운 상행위를 허용
했는데, 오늘날의 네거티
브 규제와 유사하다. 즉,
허용할 수 없는 몇 개만
빼고 모든 것을 허락한 정
책이다. 자유로운 상거래
를 만끽할 수 있는 시절이
온 셈이어서 한강 두모포
의 주막집 주인인 경강상

▲ 〈동국여도〉의 한강 두모포
한강 변에 위치한 두모포(지금의 옥수동)는 시목
(땔나무)의 집산지였고 이를 중개한 경강상인들
은 두모포의 지배자였다.

인들은 난리가 났다. 서울에서 제일가는 부자가 될 기회를 잡았
으니 말이다. 그들은 땔감 집산지인 두모포를 장악한 중개상인
이지만 금난전권이란 규제 때문에 이제껏 땔나무를 전매하지는
못했다.

　진입 규제를 철폐하자 이들은 직접 판매에 뛰어들기로 작정
한다. 먼저 벌인 작전은 독점을 위한 공모共謀였다. 일단 경쟁자
인 시목전柴木廛(땔나무 연료 도매상점)의 시전 상인을 제압하려면
두모포 경강상인들이 뭉쳐야 했기 때문이다. 경강상인은 서울
로 올라오는 땔나무 장수들을 윽박질렀다. 시목전의 시전 상인
에게 팔지 말고 자신들에게만 팔라고 한 것이다. 땔나무 장수는
객주 영업권과 대출 차입으로 이미 두모포의 지배자인 경강상

인에게 지배당하고 있던 터였다. 경강상인의 말은 곧 법이나 다름없었다.

이들은 시목전 시전 상인에게 공급해야 할 땔나무까지 강제 매입을 당했다. 은행업이나 창고업으로 자기자본을 갖춘 경강상인은 이런 식의 대량 매집이 가능했다. 매집한 땔나무는 우선 자기 창고에 보관한다. 그다음으로 도성 안에 공급해야 하는 땔나무 유통을 막아버린다. 며칠 지나면 서울의 땔나무는 공급 부족에 시달리고 곧이어 연료값이 천정부지로 치솟을 것이다.

이때 절묘한 타이밍을 맞추고 방매하면 엄청난 차익을 얻을 수 있었다. 그도 그럴 것이, 서울에 사는 서민은 아궁이에 땔나무를 지펴 밥을 해 먹고 온돌에 땔나무를 집어넣어 난방도 해야 한다. 그 수요는 대략 짐작해도 어마어마한 규모가 분명하다. 수요는 많은데 공급이 줄어들면 수요와 공급의 법칙에 따라 가격이 치솟게 마련이다. 이는 삼척동자도 다 아는 경제학의 기본 원리다.

실제로 그런 일이 벌어졌다. 한강 변의 주막집 주인, 즉 두모포 상인이 땔나무를 매점매석한 뒤 내리 3일 동안 시중에 내놓지 않자 서울에서는 난리가 났다. 당시《일성록》에 나오는 사건 내용을 보자.

"저번 땔나무 상인 놈의 일이 극에 다다라 도성 내에는 3일 동
안이나 땔나무 공급이 끊겨버렸습니다. 모든 게 한강 변의 자본
력 풍부한 놈들의 독점 권리에서 나온 것입니다. 도성 안의 민
심이 시급하므로 포도청에 분부하여 교졸들로 하여금 범인들
을 잡아서 다스리소서."

__《일성록》 정조 15년 6월 20일

갑질로 거대 이득을 탐한 두모포의 권력자

정조가 신해통공을 허락한 것은 경강상인 같은 사상과 백성
의 편의를 생각해서였다. 금난전권이라 불리는 시전 상인의 특
권을 폐지한 데는 다른 이유가 있는 게 아니다. 자유로운 상행
위가 결과적으로 특권 없는 상인과 일반 백성의 부나 소득을 높
일 거라고 보았기 때문이다. 하지만 경강상인은 자기 이익에만
충실한 이기적인 자들이었다.

그들에게 통치자의 의도 따위는 눈에 들어오지도 않았다. 머
릿속은 그저 한몫 단단히 잡을 생각으로 가득했고 땔나무를 독
점해 이득을 보려는 마음만 앞섰다. 원래 판을 크게 벌이는 부
류는 이익에 무척 날카롭고 예리하게 반응하는 법이다. 국왕을
향한 충성심이나 일반 서민의 편익 따위가 안중에 있을 리 없었
다. 처벌도 크게 개의치 않았으리라. 그러니 대담하게 일을 벌이

는 것이 당연하지 않은가.

임금의 명을 받들어 신해통공을 주도한 채제공 대감은 단단히 화가 난 모양이었다. 통공 정책은 기울어진 운동장을 바로 세워 경강상인에게 공정한 경쟁과 혜택을 보장하려던 조치인데 그들이 그 뜻을 배신했기 때문이다. 채 대감은 포도청에 명해 이들을 잡아들여 치죄하려 했다. 이전까지는 형조나 한성부, 평시서 같은 일반 관청에서 독점 여부를 판단했다. 당시 독점행위는 위법으로 보기보다 누군가의 이익을 침범한 경우에만 단순한 제재를 가했다.

1761년 연초전(담배 상점)에서 자행한 독점행위는 형조와 한성부에서 처리했고, 1781년 벌어진 염전(소금 상점)의 독점행위는 한성부와 평시서에서 담당했다. 처벌 수위는 단순한 행정적 제한 조치에 불과했다. 비교적 가벼웠단 얘기다. 이 때문에 상인들이 코웃음을 치며 두려워하지 않았는지도 모르겠다.

채제공은 독점행위를 벌인 경제 사범은 단순한 행정적 조치가 아닌 중대범죄로 다뤄야 한다고 판단했다. 그가 보기에 사법 집행기관인 포도청에 넘겨야 일을 해결할 것 같았다. 포도청은 치도곤을 부릴 수 있는 몇 안 되는 관청 중 하나였다. 치도곤은 포도청을 비롯해 치안과 군무를 담당하는 병마절도영과 도적을 때려잡는 토포영에서나 집행이 가능했다.

◀ **사상도고**私商都賈**를 방지하고자 한 채제공**
채제공은 남인의 영수로 정조의 정책을 지지
한 정치가였다. (수원 화성박물관)

　그도 그럴 것이 치도곤은 중대 범죄자에게 사용하던 것으로
길이 170cm, 폭 16cm에 이르는 어마어마한 크기의 형벌도구
였다. 한 번 맞으면 정신을 잃고, 두 번 맞으면 목숨이 위태로울
지경이었다. 그래서 이런 일도 있었다. 지방 촌사람이 죄를 범해
병마 절도영에 끌려갈 일이 생기면 치도곤을 맞을까 봐 겁이 나
자살하는 일까지 벌어졌다. 그만큼 두려운 존재였다.
　채제공 대감이 독점이나 경쟁 제한 행위를 사회악으로 보고
치도곤으로 엄격히 금지하려 한 것은 정조에게 건의한 '땔나무
상인들의 간사한 폐단으로 인한 독점행위를 엄금하기를 청하는

장계'*에서도 볼 수 있다. 그가 제안한 방식은 단순한 행정 규제가 아니었다. 포도청으로 넘겨 치도곤을 때리는 공포의 징벌이었다. 여기엔 그만한 이유가 있다.

18세기 서울은 조선의 심장부라 해도 과언이 아니다. 정치, 경제, 상업, 군사가 모두 어우러진 공화국이나 다름없었다. 서울 도성 인구만 해도 20만 명이 넘었는데, 당시로선 메가시티라 부를 만했다. 그런 상황에서 독점행위가 발생하면 국가 경제가 한꺼번에 마비되는 건 시간 문제다. 20만 인구를 고통의 구렁텅이로 몰아버리니 어찌 보면 치도곤을 맞을 사건임이 분명했으리라!

조선 상인의 독점행위와 그에 따른 정부 대응책은 영미권에서 벌어진 독점 역사와 유사하다. 영국에서도 독점행위가 빈번히 일어났는데, 영국 정부가 처음 보인 태도는 비교적 가벼운 행정적 규제에 불과했다.

19세기 들어 극단적 자본주의가 횡행하자 사기업의 독점행위는 극에 달한다. 미국은 경제 전체가 흔들릴 지경에 이르면서 독점 금지법인 '셔먼법'을 발의했다. 셔먼법은 미국 상원의원

---

* 채제공의《번암집》권31 중 '因柴商奸弊 申請嚴禁都賈啓.'

존 셔먼John Sherman(1823
~1900)이 주도해 제정한
것으로 채제공 대감처럼
강력한 형벌주의에 입각
한 징벌책이다.

▲ '셔먼법' 제정을 주도한 미 상원의원 존 셔먼
존 셔먼은 강력한 형벌로 사기업의 독점행위를
규제하려 했다.

형벌에도 개의치 않은
조선의 독점 상인

조선의 도고 사상들은
무서운 치도곤에도 끄덕
하지 않았다. 그들은 형벌
을 두려워하지 않았다. 사건이 벌어진 이후에도 그들은 끊임없
이 독점적 지위를 누리려고 기를 썼던 것이다. 1801년에는 쌀
을 매점매석하려던 경강상인이 적발되었다. 19세기 무렵 세도
정권이 들어서자 개성상인 같은 민간 사상들은 서울 권력과 결
탁해 본격적으로 홍삼무역을 독점하기도 했다. 부자가 되고자
하는 인간의 욕망이 얼마나 대담하고 큰지 짐작할 수 있다.

아마도 독점이 안겨주는 아름다움이 막대한 수익이라는 걸
조선 상인들도 이미 알았을 터였다. 서양 역사 역시 증명하고
있으니 말이다. 전해오는 말에 따르면 유대 상인들의 철칙 중

하나가 독점을 만들고 유지하는 일이라고 한다. 독점이 많은 수익을 가져다주기 때문이었으리라. 그런 원칙을 알았던지 역사에서는 많은 기업이 독점을 자행했다. 록펠러의 스탠더드오일이 그랬고, 빌 게이츠의 마이크로소프

▲ **한강 변에 위치한 두모포를 확대한 모습**
지금의 옥수동으로 뚝섬 근처다. 전국의 땔나무가 이곳에 모였고 이것은 서울 백성에게 공급할 연료였다. 민둥산이 되어버린 서울에서는 땔감을 채취할 수 없었기에 지방의 시목은 귀한 대접을 받았다.

트가 그랬으며, 제프 베조스의 아마존도 그랬다. 독점이 안겨주는 엄청난 수익은 말 그대로 불변의 진리이다.

'1903년 한성부 두모방 호적'에는 땔나무 독점 상인의 경제력을 짐작할 수 있는 자료가 남아 있다. 바로 땔나무 상인이 소유한 가옥의 규모다. 두모방 두모포계에 거주하는 정필영의 직업은 시상이다. 즉, 땔나무 상인이다. 그는 기와 42칸과 초가 20칸으로 이뤄진 저택을 소유하고 있었다. 두모방 내에서 두 번째로 큰 규모였다고 전한다. 웬만한 양반가와 비교해도 뒤지지 않는다. 이는 개항 이후에도 경강상인의 경제력이 여전했음을 보여주는 증거다.

하지만 영원할 것 같던 경강상인의 재력은 점차 사그라들었

다. 1920년대부터 조선 전역에 철도가 깔리자 해상이 아닌 육상을 이용한 유통경로가 생긴 것이다. 이로 인해 한강을 끼고 비즈니스를 하던 경강상인은 몰락의 길을 걸었다. 그들 중 일본에서 물건을 가져와 장사하던 조선의 보따리상인들만 겨우겨우 생계를 유지했다.

이처럼 도고 상인들은 성공과 몰락을 겪으며 파란만장한 삶을 살았다. 빛나는 재력에도 불구하고 그들의 역사가 자세히 드러나지 않은 이유는 무엇일까? 아마 경강상인의 탐욕이 록펠러의 그것과 비슷했기 때문일 것이다. 우리나라 사가史家들은 장사꾼의 탐욕을 부정적으로 인식했고 이를 지워야 할 대상으로만 치부했다. 하지만 달리 생각하면 그러한 탐욕이 인간의 물질문명과 자본주의 역사를 진전시킨 것이 아닐까?

짧은 역사 몇 줄

두모포의 땔감 상인이 서울 땔나무를 독점하던 1791년 서양에서는 어떤 사건이 벌어졌을까? 프랑스 식민지 생도맹그Saint-Domingue에서 노예반란이 일어났다. 프랑스 혁명과 인권선언에 고무된 카리브해 흑인 노예들이 백인 농장주를 처형하며 선전포고한 것이다. 그 결과 노예제는 폐지되고 1804년 무렵 최초의 흑인 공화국인 아이티가 들어선다. 생도맹그는 18세기 후반 백인 농장주들이 흑인 노예를 데리고 사탕수수 농장을 건설해 막대한 수입을 올린 곳이다. 유럽 설탕 소비량의 절반을 차지할 정도였다. 본국의 프랑스인은 생도맹그를 두고 서인도제도의 진주라며 찬사를 보냈다. 생도맹그 지배자는 백인 출신의 엘리트였는데 그 수가 고작 5만 명이었다. 반면 이들에게 예속된 흑인 노예는 70만 명이었다. 예속 계급 인구가 늘어나자 엘리트 농장주들은 반란이 일어날까 불안해했다. 그 대응책으로 이들은 화형이나 거열형 같은 끔찍한 처벌로 흑인 노예를 짓눌렀다. 이 때문에 백인 농장주와 흑인 노예 사이에 무력 충돌이 벌어졌고 마룬Maroon이라는 도망친 노예 집단은 숲속이나 산악지대로 들어가 저항 세력으로 성장했다. 프랑스 본국인조차 노예 봉기 위기를 두고 "백인 농장주들이 베수비오 화산 가장자리에 살고 있다"라고 평할 정도였다.

$\widehat{\text{참고문헌}}$

• 이욱, 여객 주인으로 전화한 경강상인, 우리역사넷.
• 노혜경·노태엽, 경상과 송상의 상거래 유통망에 관한 비교 연구, 〈경영사연구〉 제25권 2호, 2010.
• 여민주, 조선후기 서울의 땔감 유통, 〈서울과 역사〉 106호, 2020.

3

평민 부자 장익복의
신분 상승

──────── 조선에 화폐(상평통보)가 등장하고 사회 깊숙이 침윤
하자 노동 소득이 아닌 자본 소득으로 부자가 되는 사람이 속출
한다. 이들은 화폐로 많은 토지와 노비를 싼값에 거둬들여 막대
한 차익을 남겼다. 더 나아가 상품 경제 발달로 지역명을 달고
상품화한 쌀이나 채소가 등장했다. 이를 잘 마케팅하고 판매해
서 큰돈을 번 농사꾼이 각 지역에 있었던 것이다. 이처럼 돈으
로 부자가 된 사람이 생기면 꽉 막힌 신분제도에 동요가 일어나
게 마련이다.

이유는 간단하다. 어느 정도 돈을 벌어 먹고살만하면 과시하

고 싶기 때문이다. 이런 욕구는 단순히 사치품 같은 명품 구매로 나타날 수도 있다. 그게 아니면 근사한 관직을 희망할 수도 있다. 매슬로의 욕구 이론을 빌려 말하면 존경의 욕구 Esteem needs (신분이나 자기 명예, 지위를 얻고 싶은 욕망)가 그것이다. 이와 관련된 이야기가 하나 있다. 정조 시절 살았던 장익복張益福 일화다.

막대한 재산을 상납한 호남 거부 장익복

1784년(정조 8) 5월 전라도에 사는 장익복이라는 자가 무려 재산 2천 석을 나라에 바치며 세상에 이름을 알린다. 흉년이 들어 나라에서 굶주린 백성을 구제하자 장익복이 요호부민饒戶富民 (평민 부자)이란 명목을 달고 의연금을 낸 것이었다. 2천 석을 낸 그가 일등으로 수위를 차지했고 두 번째로 많이 낸 사람이 1천 석이었다.

장익복은 정말로 배포가 컸다. 평민에 불과한 그가 상납한 재산은 과도할 정도였다. 사실 양반이 아닌 그에게는 나라에 충성하고 의리를 지켜야 할 의무가 없었다. 조정에서 그런 장익복에게 고맙다며 벼슬을 내린 것은 뜻깊은 일이었으리라.

그의 직분이 전주 감영 소속 군속軍屬이었기에 무관직인 방답진 첨사로 임명했다. 방답진은 전라좌수영에 속한 5관 5포 중 한 곳으로 현재 여수시 돌산읍의 자그마한 해군기지였다. 임진왜란 때 입부 이순신이 방답첨사로서 충무공 이순신을 보좌한 바로 그 직책이다.

어느 날 곡식을 바쳐 첨사가 된 장익복에게 급히 상경하라는 뜻밖의 연락이 왔다. 임금의 부름이었다. 장익복은 부리나케 서울로 올라가 정조를 알현하는 영광을 누렸다. 이 사실은 《승정원일기》에도 등장한다.

> 정조 임금이 성정각誠正閣에 계셨다. 우부승지 황승원이 방답첨사 장익복을 이끌고 임금 옆에 섰다. 방답첨사가 임금 앞에 나아가 엎드리니 상(정조 임금)께서 말했다. "너의 본래 직업이 무엇이냐?" 장익복이 대답했다. "농사꾼입니다." 임금이 말했다. "너는 곡식 2천 석을 바쳤기 때문에 그 정성이 훌륭하여 특명으로 관직을 제수하였다. 너는 내려가서 부디 직임을 잘 수행하도록 하라. 또 한 도(호남 지역)를 효유하고 백성을 흥기토록 하여라." 이어 물러가라고 명하니 장익복이 먼저 물러났다.
>
> ＿《승정원일기》, 정조 8년 6월 12일 을미 21/22 기사

어제만 해도 얼굴이 햇빛에 그을어 거무튀튀한 농사꾼에 지나지 않던 장익복이다. 거액을 납부하고 종3품 첨사 직을 얻자 농사꾼 이름은 온데간데없이 사라졌다. 근사한 중견 무관의 비단옷

이 그의 몸을 감쌌다. 말
그대로 신분 상승이었다.

이것은 분명 임금의 배
려였다. 나라를 위해 공동
선을 실천하고 미덕을 베
푼 그가 고마웠기 때문이
었을 것이다. 이런 사업은
주로 양반 사대부가 할 일
이지 평민에 불과한 장익
복이 수행할 과업은 아니
었다. 임금은 장익복의 미
담을 두고만 볼 수 없었
던 듯하다. 호남 지역 양
반 기득권 세력에게 적극
알리고 싶었다. 그래서 그
를 전라도 인근의 방답첨

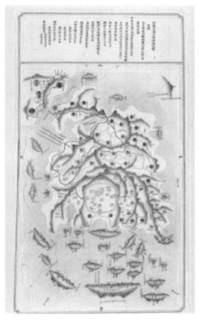

▲ 장익복이 첨절제사로 임명받은 순천부 방답진
전경
방답진에는 전선 2척, 병선 2척, 척후선 4척이 있
었고 병력은 460명이 주둔했다. 중종 시절 왜적
이 침투하는 곳이라 하여 진을 설치하고 첨사를
두었다. (서울대학교 규장각한국학연구원)

사로 임명하고 파격적으로 서울로 불러올려 용안(임금의 얼굴)까
지 보여준 것이다. 이는 다른 사람들의 기부행위를 유인하기 위
한 정조의 책략일 수도 있다.

이야기는 여기서 끝나지 않는다. 3년 후 장익복은 다시 역사

에 등장한다. 전처럼 흉년이 닥치자 그가 곡식 2천 석을 나라에 바친 것이다. 정조는 곡식 2천 석을 바친 장익복을 보고 난처해졌다. 장익복의 도량과 관대함에 놀랐기 때문이다.

한 번도 아니고 두 번이나 자기 재산을 바쳤으니 속으로 미안한 생각과 어려운 마음도 있었으리라. 재산에 비해 많은 돈을 내놓는 것은 쉬운 일이 아니다. 임금은 쓰고 남은 의연금을 돌려주려 했지만 신하들이 반대한다. 그들은 돌려주는 것이 어렵다고 넌지시 말했다. 여기엔 그만한 이유가 있었다.

정조 시절만 해도 동전은 주로 서울 같은 도회지에서 유통되고 있었다. 흉년이 들면 서울에서는 곡식이 아닌 돈을 빌려주어 시중 통화량을 늘렸다. 재난을 맞아 실시한 긴급 통화정책일 것이다. 칭대稱貸(대출제도)를 활용해 서울 백성에게 돈을 대출해주면 허기진 백성은 그걸로 쌀을 구매했다. 그러나 지방은 그렇지 못했다.

대다수가 동전을 이용한 금전거래보다 현물거래를 했다. 현실적으로 장익복이 그랬듯 현물을 의연금으로 받아 배를 곯는 백성을 구제할 수밖에 없는 형국이었다. 신하들이 의연금을 전부 쓸 수밖에 없다고 말한 이유가 여기에 있던 셈이다. 그 말을 들은 임금은 자신의 말을 철회하고 장익복에게 다시 벼슬을 주기로 했다. 장익복은 서울로 올라와 궁성을 경비하는 위장 직책을 맡았다. 시골을 벗어나지 못하던 일개 농사꾼에겐 대단한 영광이었다.

이야기는 끝나지 않고 계속 이어진다. 6년 후인 1793년 그는 곡식 3천 석을 나라에 바치면서 또다시 정조를 깜짝 놀라게 만든다. 정조가 보기에 장익복의 충성스러운 마음은 양반 사대부의 그것과 비슷해 보였다. 임금은 다시 한번 파격적인 상을 내리기로 마음먹었다.

정조는 그를 국왕 대리인이자 지방 사또인 장기

▲ 아름다운 회화로 표현한 19세기 전주부 지도
지도 중심부에 오늘날 도청 격인 전주 감영이 자리하고 있다. 감영 소속의 말단 장교였던 장익복은 곡식 7천 석을 나라에 바친 후에야 벼슬다운 벼슬을 얻는다. 이처럼 의연금 납부는 평민들의 출세 방편 중 하나였다. (서울대학교 규장각한국학연구원)

현감長髻縣監에 제수한다. 비로소 장익복에게 양반 사대부처럼 벼슬다운 벼슬이 내려진 셈이다. 장기현감은 비록 종6품 말단 직이지만, 종3품 무반인 방답진 첨사와는 격이 달랐다. 수령직은 문반 계열의 자급을 받는다. 이는 장익복이 군인이라기보다

송사(판결)를 담당하는 법
관으로 행세한다는 말이
었다. 오늘날의 판사와도
같다. 순도 높은 양반 증명
서가 나온 것이나 진배없
었다.

계산해보면 시골 농사꾼
장익복이 여기까지 오는
데는 10년이란 세월이 걸
렸다. 그가 수령 자리를 얻
는 데 들어간 비용 역시
곡식 7천 석에 달했다. 오
늘날의 시가로 따지면 약
10억 원에 이른다. 이처럼
평민 장익복이 양반으로

▲ **프랑스 법복귀족 샤를 알렉상드르 드 칼론**
근세 유럽 프랑스에서는 부르주아 세력이 매관
매직으로 법관이 되었다. 그들은 작위를 하사받
아 법복귀족이 되었고 그 자손들도 습작해 세습
과 면세 특권을 얻었다. 신흥 귀족으로 부상한
것이다. 조선 후기 평민 계층 역시 법복귀족과
유사한 경로를 걸었다. 가령 장익복의 경우 경
제력을 이용해 판결을 담당한 문관 수령이 되면
서 양반이 누리는 세습과 면역(대가제와 청금록
등재) 등 여러 특권을 얻었다.

신분 상승하는 여정은 지루할 정도로 길었다. 또 그만큼 비싸기
도 했다.

무지렁이 장익복을 두둔한 정조

충성심이 양반 사대부와 같다고 해도 장익복은 역시나 무지

렁이 농부일 뿐이었다. 그는 사은숙배謝恩肅拜(왕의 은혜에 감사하며 절을 올리던 일)하는 자리에서 임금에게 큰 결례를 범하며 사고를 쳤기 때문이다. 이 사실은《승정원일기》에도 실려 있다.

계축년 6월 14일 묘시에 정조 임금이 희정당에 자리하니 승지와 한림, 주서 등의 여러 시종신이 차례로 나와 엎드렸다. 정조 임금이 새로운 지방관들을 입시하라 명령했다. 양산군수 오정원, 예산현감 정술조, 연기현감 조진녕, 장기현감 장익복이 들어와 임금 앞에 엎드렸다. (중략) 장익복이 앞으로 나왔다. 정조 임금이 직책과 성명을 이야기하라고 했다. 아뢰기를 "전라도 사람 장익복입니다" 하였는데 이처럼 잘못 대답한 것이 여러 차례였다. 보다 못한 우승지 임응원이 아뢰기를 "장기현감 장익복의 거조가 잘못되어 임금에게 대답하는 태도마저 잘못됨이 갈수록 심하고 전혀 모양새를 이루지 못합니다. 이는 문책에 그쳐서는 안 됩니다. 승정원에서 추고(시말서)를 청하는 것 외에 달리 시행할만한 벌이 없으니 어떻게 해야겠습니까?" 상(정조 임금)이 이르기를 "먼 지방 사람이 연석의 규칙을 알지 못하여 분명 겁을 낸 것이다. 일단 추고하였으니 그가 내려간 뒤에 지방관의 직임을 감당할 수 있는지 없는지는 관찰사에게 맡겨 장계로 보고토록 하라. 오늘 연석筵席에서 보건대 예산수령의 착오는 장기현감 장익복보다 못하지는 않았으나 수령의 치적이 주대奏對(임금에게 답하는 일)를 많이 잘한 데 있는 것이 아니다. 또한 관대한 은전에 따르는 것이니 우선 깊이 책망하지 말고 내려간 뒤에 직임을 감당할 수 있는지 도백에게 전해 가을과 겨울의 포폄(인사고과)으로 고찰하여 장계로 보고토록 하는 게 마땅할 일이다."

_《승정원일기》, 정조 17년 6월 14일 기사

장익복은 정조와의 만남이 두 번째임에도 불구하고 크게 긴장했나 보다. 자신의 직책을 이름 앞에 말해야 했으나 장익복은 그러지 못했다. 본인 거주지를 이름 앞에 언급하는 실수를 저질렀다. '직책+성명'을 아뢰는 게 궁궐 법도이므로 '장기현감 장익복'이라 복명복창하는 게 마땅했다. 그런데 직책은 말하지 않고 '전라도 사람 장익복'이라는 말만 되풀이했다. 이는 어전에서 차려야 할 격식과 예의가 아니었다. 그래서 우승지 임응원은 "장익복의 행동거지가 잘못되었다"라며 그에게 큰 죄를 물어야 한다고 임금에게 팔뚝질했다.

정조는 여기에 반대하고 익복이가 임금 앞이라 긴장한 것이라며 그를 두둔했다. 지방관의 임무는 왕에게 대답을 잘하는 것에 달려 있는 게 아니라 직무를 얼마나 감당할 수 있는지에 달

320
4 부의 흐름을 바꾼 거상들

려 있다고 판단했다. 덧붙여 상급자인 경상도 관찰사가 현감 장익복의 직무와 근태를 고과考課로 평가하고 수령으로서의 자질을 확인하면 된다고 말했다. 정조의 현명한 처사를 엿볼 수 있는 대목이다.

장익복의 반복 기부와 뜻밖의 처세

장익복은 임금의 기대에 부응했다. 장기현감 직을 무사히 마쳤고 더 이상 벼슬길에 나가지도 않았다. 고향 전주로 돌아온 장익복은 지역 유지로서 기부 활동에만 전념하면서 부와 명예를 한껏 누리며 살았다.

장익복은 기부의 장점을 몸소 체험한 인물이다. 그도 그럴 게 양반 아닌 평민임에도 거액을 기부한 그는 뜻밖에도 임금을 알현했다. 일반 백성이 얻기 힘든 대단한 영예였다. 덕분에 고향으로 돌아간 뒤에도 기부행위를 반복한 듯하다. 어찌 보면 장익복은 행동경제학에서 말하는 '온정효과warm glow effect'를 보여준 셈이다. 민간 기부 영역에서 구축효과Crowding-out effect(정부 지출 확대로 민간 투자가 감소하는 현상)가 발생하지 않는 이유는 기부로 얻는 따뜻함이 있고 정서적 유익과 행복이 크기 때문이다. 그래서 기부자들은 기부 활동을 멈추지 않는다고 한다.

기부를 실천한 장익복은 자신의 분수를 알고 있었다. 촌사람

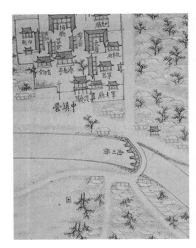

▲ 전주부 남천교 모습

전주시 동서학동 인근에 있는 남천교는 홍예(무지개)다리 형식으로 만들었는데 지도도 그 사실
을 충실히 묘사하고 있다. 전주사람 장익복은 남천교 건립 비용으로 500냥(현 시가로 3,500만
원)을 희사해 사람들을 깜짝 놀라게 만든다. 어쩌면 장익복은 출세가 고팠던 사람이 아니라 이타
적 인물일 수도 있겠다. (국립전주박물관)

으로 만약 여기서 한발 더 나아가 큰 벼슬을 얻으면 오히려 타
인의 시기와 질투를 받을 수 있었다. 장익복은 그런 불안감과
위기를 인지했다. 자신이 멈춰야 할 때를 알았던 것이다. 그의
처세를 보면 '괜히 큰 재산을 모은 게 아니었구나' 하는 생각도
든다.

이처럼 조선 후기에는 장익복처럼 돈을 바치고 신분 상승을
이룬 사람이 급격히 증가했다. 이러한 변화는 나라 정책과도 연

결되어 있었다. 영·정조 시대 들어 민권 의식이 크게 상승하면서 양반과 평민뿐 아니라 심지어 천민도 자기 목소리를 내기 시작했다. 신분의 한계에 따른 불평불만을 표출한 것이다. 정부는 이들의 욕구를 해소해야만 했다.

그래서 흉년이나 대규모 공사처럼 재정적 소요가 필요한 이벤트가 발생할 때마다 돈을 바치면 합당한 관직을 내려주었다. 한마디로 불만족을 돈으로 깔끔히 해결하는 방향으로 나아갔다.

신분 상승은 서울과 지방의 불균형을 조정하는 정책에서도 발생했다. 17세기 들어 경향분기京鄉分岐라는 새로운 사회적 흐름이 형성되자 서울과 지방의 격차가 커졌기 때문이다. 지역 격차는 문화 격차까지 만들어냈고 당연하게 서울 출신 인재들만 고급문화를 독점 향유하며 뛰어난 자질과 능력을 갖추기 시작했다.

반면 지방 인재는 문화 혜택에서 소외당했고 갈수록 무지렁이가 되어버렸다. 이러한 불균형을 조정할 필요가 있었다. 마침 중국 옛 고사에서 정책 아이디어를 가져와 불균형을 시정한다. 이 유교 철학을 입현무방立賢無方이라 불렀다.

입현무방 원칙에 따라 18세기부터 서울뿐 아니라 지방 출신들도 포용하는 정치 지형을 마련했다. 그 결과 서울 이외에 함경도, 평안도 출신과 제주 출신까지 문·무과에 합격해 서울로 벼슬살이를 하러 왔다. 그 빈도수는 갈수록 늘어났고 양반 계층 뿐 아니라 평민 계층도 과거에 합격해 관료로 진출했다. 이들은 진짜 양반인 구향舊鄕과 구별해 새로운 양반인 신향新鄕 또는 향안 외外 양반이라는 타이틀을 얻었다. 대가代加제도(현직 관리 자손 중 관직에 오르지 못한 자를 구제하는 제도)로 신분 세습도 가능했으며 강제 노역까지 면제받을 수 있었다. 이 정도면 진정한 양반이라 부를만했다. 평민이 이전보다 높은 신분으로 상승하게 된 것은 경제 성장 덕분이며 이것은 부의 긍정적 효과였다.

짧은 상식 몇 줄

고대 철학자 아리스토텔레스는 부자들의 기부행위를 매우 긍정적으로 봤다. 그는 《니코마코스 윤리학》에서 덕이 있는 사람이라면 관대함을 지녀야 한다고 말했는데, 그 관대함은 돈에서 나온다고 했다. 사회에 이익을 주는 신전 건설이나 제물 바치기, 시민에게 잔치 베풀기 등으로 기부해야 한다며 구체적인 행동 방향까지 제시한다. 아리스토텔레스는 기부하는 액수도 설명한다. 관대한 사람은 자신의 부에 비례해 기부하며 액수가 소액이라도 부의 규모가 작은 사람이 내놓는 것이라면 덕이 충만하고 도량 있는 인물이라 평가한다. 르네상스 시대 메디치 가문은 이런 기부효과를 이용했다. 그들은 사회적으로 혐오를 받던 고리대금업으로 성공했는데 가문의 악행을 희석하기 위한 수단으로 돈을 기부해 예술 활동을 후원했다고 한다.

참고문헌

- 《조선왕조실록》
- 《승정원일기》
- 《계해수로조천록 癸亥水路朝天錄》
- 전주시 마을조사 '동서학동 마을조사서', 전주문화재단, 2017.
- 조지 슈피로 지음, 김현정 옮김, 《경제학 오디세이》, 비즈니스북스, 2021.

4

중국, 일본, 유럽 재벌은
어떻게 돈을 벌었을까?

――――― 장익복 일화는 조선에서 있었던 평민 부자 이야기다. 장익복 같은 평민 부자가 등장한 배경은 잉여생산물이 생기는 동시에 이를 처분할 수 있는 시장경제가 꽃피운 데 있다. 그러면 같은 시대 동서양에서 벌어진 부의 흐름도 장익복 일화와 비슷했을까? 그들도 돈을 벌면 출세를 갈망하고 명예를 얻으려 노력했는지 궁금하다. 먼저 중국부터 시작해 일본, 유럽 재벌 이야기를 차례로 살펴보고자 한다.

강남 선비들 덕에 부활한 명나라 시장경제

명나라 홍무제(주원장)는 비천한 농민 출신이었다. 비상하면서도 이상한 인물이었던 그는 천하의 주인이 되자 역사에 없던 일을 벌인다. 목가적인 분위기의 고대 중국으로 돌아가는 일이었다. 농민이 중심인 사회를 꿈꾸면서 부자들의 땅을 빼앗아 농민에게 분배했는데, 지금의 공산주의 정책과 유사하다. 그는 원나라 때 융성한 화폐경제마저 모두 폐지했다. 그러면서 이익에 따라 예리하게 움직이던 상인 세력은 철저하게 억압당한다. 한마디로 중국의 이상향인 요순시대의 원시 농업 경제로 돌아간 셈이다.

주원장의 이상한 정책은 상업에만 국한되지 않았다. 그는 신분제도마저 고대 중국처럼 엄격히 구별하고 차별했다. 조선왕조도 이런 명나라를 본받아(?) 상업경제를 억압하며 농본 사회를 지향했으리라. 하지만 명나라는 조선과 달리 정체되지 않았다.

돈을 좋아한 중국의 강남 선비들이 가만히 있을 리 없었기 때문이다. 그들은 공짜라고 하면 양잿물도 퍼마실 정도로 이익에 예리한 이들이었다. 강남 선비들은 과거제도를 이용해 꾸준히 중앙으로 진출했고, 그렇게 중앙권력을 장악한 다음 화폐와 시장경제 회복을 꾀했다.

이들은 해외무역과 상업 진흥에 힘썼는데 해외무역이 활발해

▲ 명나라 화가 두근杜菫의 〈완고도〉
명나라는 막대한 은화 유입으로 부자나라가 되었다. 이때 나온 〈완고도〉는 당시 명나라의 사치
풍조를 엿보게 해준다. 그러나 여기까지였다. 사치만 넘쳐났을 뿐 명나라의 막대한 부는 산업혁
명 같은 획기적인 문명 발전을 낳지 못했다. (타이베이 고궁박물원)

지자 명나라 경제는 그야말로 전성기를 구가한다. 이들이 면직
물과 도자기를 수출하면서 전 세계에서 채굴한 은화 절반이 명
나라로 흘러 들어왔기 때문이다. 화폐량이 증가하자 총수요가
늘어났고 상공업자와 농민의 명목 임금도 높아졌다. 그 영향으
로 화폐 환상money illusion까지 발생하며 소비도 폭발적으로 늘
어났다.

중국사에서 말하는 2차 경제혁명(1차 경제혁명은 당송 변혁기)이

바로 이때였다. 상업화는 환과 어음을 기반으로 한 화폐경제 첨단화, 지역 산업 성장, 폭발적으로 증가한 사기업, 예속 노동자(노예) 소멸이라는 눈부신 혜택을 안겨주었다.

명나라의 이러한 변화는 중국을 방문한 조선 사신의 눈에도 반짝반짝 들어왔다. 명나라로 사행을 간 조즙趙濈(1568~1631)은 산둥 지역을 지나면서 중국인들의 옷차림을 유심히 살펴보았는데 다음과 같이 간단한 감상평을 남긴다.

> 산둥 지역 박평현에서는 서민, 장사하는 사람, 노예, 말단 병사까지도 사대부의 옷차림을 하고 있다. 중국인은 사치를 숭상하는데 평민은 선비의 옷을 입고, 선비는 그보다 높은 관리의 옷을 입는다.
>
> ── 조즙, 《조천록》 중에서

옷감은 저렴하고 소박한 것에서 비싸고 화려한 것으로, 색깔은 연하고 단조로운 것에서 복잡하고 화려한 것으로 변모하고 있었다. 상업이 발달하고 돈이 넘쳐흐르자 노비까지 귀족의 옷을 입고 돌아다녔다. 또한 상품 경제 발달로 사회 풍습이 바뀌었고 가치관도 자연스레 변했다. 중국인이 명나라 초기의 엄격한 도덕과 예법의 질곡에서 벗어나 자유롭고 사치스러워진 것이다.

배우던 학문 역시 바뀌었다. 이들은 고리타분한 주자학을 버리고 실용성 강한 양명학을 택한다. 돈이 사회를 지배하면서 인간을 구속하던 이전의 이데올로기는 무너지고 있었던 셈이다. 그중 가장 큰 변화는 신분제도였다. 중국에서는 돈만 있으면 노비도 귀족의 차림새를 갖출 수 있었다. 변화한 것은 중국뿐이 아니다. 일본도 경제력이 폭발하면서 사회가 변화했다. 돈만 있으면 족보를 구입해 이름 높은 사족 가문에 편입할 수 있을 정도로 신분제는 무너지고 있었다.

일본의 상인집단, 귀족으로 신분 상승하다

일본에서는 메이지 시대에 권력과 융합한 상인 가문을 정상政商이라 불렀다. 정상들은 메이지 유신 정부와 하나가 되어 정경유착을 이어갔는데, 신정부를 지원한 그들은 제국시대 내내 재벌집단으로 활동하며 일본 근대화를 이끌었다. 덕분에 화족(귀족)으로 신분 상승했다. 미쓰이, 미쓰비시(이와사키 가문), 스미토모 같은 상인집단이 대표적인 경우였다. 그중 가장 오래된 미쓰이 가문은 원래 간사이 지방 이세 지역의 상인이다. 이들의 주력사업은 면포 판매였고 미쓰이 가문을 일으킨 사람은 다름 아닌 미쓰이 다카토시三井高利(1622~1694)다.

1673년 다카토시는 큰 결심을 하고 교토와 에도(지금의 도쿄)에 '미쓰이 에치고야越後屋'라는 포목점을 열었다. 그는 정찰제와 현금거래라는 새로운 거래제도를 만들어 크게 성공한다. 당시엔 외상거래가 불문율이었다. 그가 이러한 관행을 깨뜨리고 혁신을 이뤄낸 것이었다. 현금거래가 가능했던 이유는 막부의 화폐 정책 덕분이었다. 전국을 통일해 에도막부를 개창한 도쿠가와 가문은 화폐 발행을 독점했는데 이것은 당연히 주전 이익(시뇨리지 효과)을 얻고자 한 것이다.

동양에서 화폐 보급은 통치자의 전유물이었고 앞선 다이묘들 역시 독자적인 화폐를 발행하거나 명나라의 영락통보를 수입해 사용했으니 말이다. 그러다가 1603년 에도시대가 열리면서 막부 정권은 금화, 은화, 동전 세 가지 화폐를 만들어 유통했다. 이를 삼화三貨제도라고 한다. 관동(간토) 지방에서는 금을 생산했기에 주로 금화를 사용했고 은광이 있는 간사이에서는 주로 은화를 주고받았다. 특히 간사이 지방은 조선, 중국, 서양과 통하는 교역의 길이라 국제화폐인 은화를 사용하는 것을 당연시했다고 한다.

본격적으로 화폐경제의 서막이 열리자 미쓰이 다카토시는 시대 변화를 감지한다. 이때 그는 정찰제를 도입해 철저하게 현금만으로 거래하며 돈을 축적하기 시작했다. 외상은 사절이었다.

대신 물건값을 조금 깎아
주는 상술을 생각해낸다.
안전하고 확실한 소득을
추구하기 위해서였다. 이
것은 행동경제학에서 말
하는 손실 회피loss aversion
거래였으리라. 현금거래
로 돈이 쌓이자 유동성이
풍부해진 다카토시는 사
업을 확대한다. 1683년 그
는 포목상을 넘어 은행업
에 전격 뛰어든 것이다.

▲ 에도시대의 대표적인 동전 '천보통보'
1835년 재정 부족에 시달리던 에도막부가 발행
했다. 대원군은 당백전을 만들어 경제에 큰 타
격을 주었는데 천보통보 역시 고액화폐인 당백
전이었다. 이것은 조선처럼 초인플레이션을 일
으켰고 일본 경제에 큰 타격을 주었다.

화폐를 유통하면서 그는 대규모 상거래에 어음을 사용하기
시작했다. 당연히 어음을 현금으로 바꾸려는 상인들이 많아졌
다. 현금거래를 해서 늘 유동성이 풍부한 다카토시는 금화, 은
화, 동전이라는 세 가지 주화를 교환해주는 환전업에서 우위를
점했다. 사업 확장도 여기가 끝이 아니었다. 그는 환전업을 기반
으로 막부가 주관하는 공공사업에 뛰어든다.

당시 간사이 지방의 최대 상업 도시는 오사카였다. 막부는 오
사카 상인에게 막대한 세금을 거뒀는데, 이 세금을 에도까지 운

송하는 것이 막부의 국책 사업 중 하나였다. 운송은 쉬운 일이 아니었다. 중세시대 일본에는 세금 운송을 노리는 도적들이 횡행했으며 바닷길을 이용한 운반도 선박 좌초라는 위험이 도사리고 있었다. 다카토시는 손실 회피 사업가답게 운송에서 발생하는 커다란 리스크를 줄이고 싶었다. 그래서 머리를 굴렸다.

오사카가 있는 간사이 지방은 주요 결제용 화폐가 은화였지만 에도가 위치한 간토 지방은 주요 결제용 화폐가 금화였다. 그는 이 차이점을 활용한다. 오사카에서 거둬들인 막부의 은화는 에도로 보내지 않고 오사카 지점의 운영 자금으로만 사용했다. 그의 입장에서는 세금으로 사업에 필요한 자금줄을 안정적으로 확보한 셈이다. 대신 에도 본점에서 수익으로 얻은 금화를 막부 세금으로 납부했다. 다카토시의 이러한 리스크 헤지 전략은 그야말로 탁월했고 한 번의 손실도 없이 운송사업에 성공했다. 결국 막부의 큰 신뢰를 얻은 미쓰이 가문은 메이지 유신 직전까지 막부의 세금 운송을 전담했다.

고물상으로 출발한 로스차일드 가문, 전 세계 금융가를 장악하다

에도시대 상업을 이끌던 일본의 상인 집단은 메이지시대 들어 새로운 산업과 자본주의를 이끌었고 일본의 근대화를 완성했다. 서양도 예외가 아니었다. 로스차일드가는 유럽의 산업화

▲ 후가쿠富嶽 **36경 중 에도시대 미쓰이 가문 저택**
막부가 일본의 화폐제도를 본격적으로 안정화하자 상업이 급격히 성장했다. 에치고야라는 포목
상으로 출발한 미쓰이 가문은 1683년 환전상으로 변신했고 1876년엔 다시 미쓰이은행으로 변신
해 일본의 대재벌로 부상했다.

를 이끈 전설적인 금융 집안이자 신분 상승을 이룬 대표적인 가
문이다.

　이 가문은 19세기부터 여러 분야에 막대한 자금을 투자해 유
럽 산업화에 지대한 공로를 세우는 한편 금융 발전에도 큰 영향
을 미쳤다. 그들은 한때 세계에서 가장 부유한 집안이기도 했다.
원래 로스차일드가는 별 볼 일 없는 유대인 혈통으로 프랑크푸
르트 게토 지역을 무대로 고물상과 금융업에 종사하던 지극히
평범한 이들이었다. 하지만 18세기 중반부터 상황은 돌변한다.

명성의 첫 포문을 연 사
람은 마이어 로스차일드
였다. 그는 프로이센 빌헬
름 공작의 재산을 헌신적
으로 관리해준 덕분에 유
명해졌는데, 그 바탕에는
흔들리지 않는 신용과 신
뢰가 있었다. 골동품상 마
이어는 골동품 컬렉터인
빌헬름 왕자를 위해 질 좋
은 금화를 수집하고 공급
했다. 눈도장을 찍은 마이
어는 금융업도 겸했던 까
닭에 1769년부터 빌헬름
공작의 재산 관리인으로
일한다. 그 과정에서 공작

▲ 골동품상으로 출발해 거부가 된 마이어 로스
차일드의 초상화

중세 유럽은 돈의 암흑기였다. 그래서 유대인
금융업자가 돈을 버는 방법은 성직자의 재량 예
금을 관리해 얻는 이익과 가톨릭의 성물이나 골
동품을 거래해서 얻는 중개 수수료가 대부분이
었다. 오늘날 앤티크 사업은 유대인 금융업자의
돈벌이에서 유래했다고 봐도 무방하다. 로스차
일드가의 영국 지부를 창립한 그는 철저한 현금
거래와 가격 경쟁력으로 사업에 성공했다. 일본
미쓰이 가문의 미쓰이 다카토시와 유사한 경영
전략이다. (모리츠 다니엘 오펜하임-로스차일
드 컬렉션)

가문의 자산을 목숨처럼 지켜내며 더더욱 눈도장을 찍었다. 그
러자 왕실 재정까지 손에 넣게 된다. 로스차일드 가문의 역사와
신분 상승은 여기서부터 출발했다고 해도 과언이 아니었다.

로스차일드 가문이 더욱 승승장구한 때는 한 세대를 넘고 난

뒤다. 마이어의 다섯 아들이 유럽 각 지역에서 성공하자 이 가문은 거대한 권력으로 변해갔다. 그중에서도 영국에서 활동한 네이선 로스차일드를 눈여겨볼 필요가 있다.

그는 독일 태생이지만 1798년부터 영국 공업도시 맨체스터로 이주해 사업을 했다. 당시 영국은 산업혁명이 한창이었다.

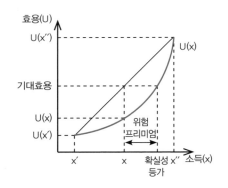

▲ **위험 선호형 그래프와 로스차일드가의 투자 전략**
로스차일드 가문의 다섯 형제는 프랑스 7월 혁명 당시 사전에 투자 정보를 얻어 공매도 방식으로 엄청난 차익을 거뒀다. 공매도는 이론상 손실 구간이 무한대라 일반적인 매수보다 위험도가 높은 투자방식이다. 그들은 이처럼 위험 선호형 투자로 큰돈을 벌었다.

자유주의가 널리 퍼지고 유대인 차별도 없는 영국은 사업하기에 안성맞춤의 나라였으리라.

네이선은 직물 사업에 뛰어들었다. 그가 앞서 말한 일본의 면포상 다카토시와 유사한 사업 종류와 경영 전략을 구사하며 성공한 역사는 어떻게 보면 놀랍기까지 하다. 말 그대로 평행이론이 아닐까 싶다. 당시 영국의 직물업은 가내수공업 중심이었는데 당연히 현금거래가 아닌 외상거래가 주를 이뤘다. 네이선은 그러한 기존 관행을 깨뜨렸다. 물건을 구입할 때마다 현금으로 계산한 것이다.

네이선은 외상이 떠안기는 불확실성을 현금이라는 확실한 이익으로 바꿔주었으며, 거래처인 직물업자들은 그의 현찰거래에 화답해 값을 깎아주었다. 인간 심리를 꿰뚫어본 네이선의 행동경제학은 시간이 갈수록 빛을 발했다. 낮은 매입 가격이라는 그만의 무기 덕분에 경쟁자보다 앞설 수 있었기 때문이다.

워털루 전투로 가문의 운명이 뒤바뀌다

잘나가던 네이선 앞에 중대 사건이 등장한다. 바로 1815년 6월 18일에 발생한 워털루 전투다. 이 전투는 로스차일드 가문의 운명뿐 아니라 엘바섬을 탈출한 나폴레옹의 운명마저 바꿔놓았다. 영국과 프로이센을 위시한 동맹군은 워털루 전투의 승리자였다. 프로이센이 프랑스 우익을 돌파하는 데 성공하자 영국을 위시한 네덜란드, 벨기에, 하노버 등 여타 동맹군은 중앙을 공격해 프랑스를 궤멸했다.

당시 모두가 나폴레옹의 승리를 예상했다. 동맹군의 상당수가 전투 경험이 없었기 때문이다. 반면 나폴레옹의 프랑스는 핵심 전력 대육군大陸軍, Grand Armée이 건재했고 불패 신화이자 최정예인 제국 근위대도 참전했다.

네이선 로스차일드는 대륙에 은밀히 정보원들을 심어놓았다.

덕분에 실시간 전투 상황을 알아낼 수 있었다. 마침내 확실한 첩보를 얻어내자 동맹군이 아닌 프랑스 패배에 가문의 운명을 걸기로 했다. 네이선 입장에서는 전 재산을 고위험 투자에 베팅한 것과 마찬가지였다. 반면 유럽인은 대부분 영국과 프로이센 동

▲ 앙드리외의 〈워털루 전투〉
나폴레옹의 전략은 블뤼허 장군이 이끄는 프로이센군이 합류하기 전에 동맹군을 각개 격파하는 것이었다. 프로이센은 이전부터 프랑스에 증오심이 가득했기 때문이다. 그러나 영국 웰링턴 장군이 방어에 성공하면서 프랑스는 크게 당황한다. 제국 근위대의 마지막 공격이 실패하자 프랑스는 속절없이 궤멸했다.

맹군의 패배를 예측한다. 실제로 전투가 벌어지고 프랑스가 대세라는 미확인 정보를 들은 투자자들은 공포에 질려버렸다. 동시에 영국 채권을 대거 투매하자 네이선은 속으로 환호했다.

이전처럼 사람의 심리를 이용해 큰돈을 벌 기회가 찾아왔기 때문이다. 그는 사람들이 공포에 질려 투매한 채권을 싼값에 대량 매입했다. 곧이어 승전보가 날아왔다. 거기에는 나폴레옹의 이름이 없었다. 승리의 주인공은 영국의 웰링턴 장군이었다. 그가 이끄는 영국과 동맹군이 승리한 것이다. 이는 도박에 가까운 투기였지만 네이선의 예상은 보기 좋게 적중한다. 로스차일드 가문이 이번 투자로 20배에 달하는 2천만 프랑의 차익을 얻으

며 전보다 더 많은 재산과
부를 획득한 것은 두말할
나위가 없다.

여기엔 반론도 존재한
다. 영국 런던 킹스턴대학
교 브라이언 캐스카트Brian
Cathcart 교수가 대표적인
인물이다. 그는 워털루 전
투 당시 로스차일드의 음
모론적 행위는 가짜뉴스
라고 주장했다. 반유대주
의자들이 부풀려서 설파
한 헛된 내용이라는 것이

▲ 금융제국 JP모건을 만든 존 피어폰트 모건
영국 금융계에 네이션 마이어 로스차일드가 있
다면 미국에는 존 피어폰트 모건이 있다. 그는
미국이 디폴트 위기에 빠지자 신디케이트를 만
들어 구제해주었다. 금융 브로커 모건은 미국의
경제정책뿐 아니라 외교정책에도 깊숙이 개입
해 자기 이익을 대변하기도 했다.

다. 진실 여부는 알 수 없지만 이 가문이 가짜뉴스의 주인공으
로 오르내릴 정도로 성공 가도를 달리고 있었던 건 분명하다.

1822년 로스차일드 가문의 다섯 형제는 오스트리아 황제에
게 남작 작위를 받았고 19세기 중반을 넘으면서 가문의 재산이
60억 달러로 불어났다. 이들은 권력으로든 재산으로든 어느 왕
족과 귀족 못지않은 탄탄한 입지를 누린다. 이유는 전쟁 때문이
었다. 나폴레옹 전쟁 직후 유럽 국가들이 피폐해지자 돈을 구하

기가 힘들었던 왕들은 유대인 금융인에게 손을 내밀 수밖에 없었다. 전후 복구를 위해 채권을 발행한 금융인들이 로스차일드가 사람들이었다.

이는 유럽의 평민 출신으로는 유례없는 일이었다. 어떤 금융 자본가도 그들을 능가하지 못했으며 사람들은 이 가문을 유럽의 여섯 번째 왕조라고 칭송할 정도다. 그도 그럴 것이 한 지역을 넘어 국제적인 교역과 금융업을 단행하는 상인이라면 더는 장사꾼이 아니다. 최고 권력자의 자금줄을 담당하는 사람은 정치와 외교, 경제까지 논의하게 마련이기 때문이다.

믿기 힘든 일이지만 19세기 대영제국의 최전성기는 로스차일드 가문이 만든 것이나 다름없었다. 영국이 재정적 위기에 봉착할 때마다 로스차일드 가문이 잉글랜드은행에 많은 금화를 공급해주었기 때문이다. 은행이 채무 비용으로 질식할 듯한 순간마다 숨통을 틔워주며 유동성을 확보해준 것은 절대적으로 로스차일드가의 공로였다. 해가 지지 않는 제국 뒤에는 항상 로스차일드가의 그림자가 드리워져 있었다고 해도 지나치지 않다.

요약하면 게토 지역 유대계 고물상이 적당한 때와 인물을 만나 궁정의 재산 관리인이 되었다. 그가 권력과 가까워지려던 이유는 출세하고자 하는 욕망 때문이다. 결국 그 가문은 신성로마제국과 영국, 프랑스 귀족이 되어 꿈을 실현했다. 여기에 더해

200년 동안 세계 금융계를 주물렀으니 이보다 더 큰 신분 상승은 없을 것이다. 국가 간 경계를 넘나드는 부상대고가 되면 더는 일개 장사치가 아니다. 권력자 곁에서 경제적 조언뿐 아니라 정치적, 외교적 조언까지 건네기 때문이

▲ 잉글랜드은행 전경
네이선 마이어 로스차일드는 잉글랜드은행의 대주주가 되어 공채 발행 실권을 얻어낸다. 이로써 그는 통화량과 채권 금리를 좌지우지할 수 있었고 유럽 금융계에도 막강한 권한을 행사했다. 최초의 잉글랜드은행이 있던 머서스홀. (길드홀 도서관과 아트갤러리)

다. 궁벽한 시골의 고상한 프랑스 귀족보다 가치 있는 사람이라 해도 과언이 아니었으리라. 로스차일드가 사람들은 바로 그런 최고 권력자 옆의 부상대고였다. 이들은 '돈이 신분을 무너뜨린다'는 사실을 여실히 증명했다.

20세기 초반 유대계 자본은 대한제국 운명에도 큰 영향을 미쳤다. 러일 전쟁 당시 독일계 유대인이자 미국 금융가인 시프가 신흥국 일본의 재정을 지원했기 때문이다. 여기에는 러시아를 향한 증오심이 도사리고 있었다. 18세기 무렵 러시아가 폴란드 동부 지역을 획득한 뒤 많은 유대인이 러시아 통치 아래 놓였다. 차르가 통치한 러시아제국은 유대인을 하급 인종으로 취급했고 직업 선택과 거주이전 자유마저 제한했다. 심지어 집단 학살까지 자행했다. 러시아 내 유대인의 운명을 바꾸는 방법은 차르 체제를 개혁하거나 전복하는 수밖에 없었다. 그 와중에 벌어진 러일전쟁은 절호의 기회였다. '제0차 세계대전'으로도 불리는 이 전쟁은 열강들의 세력균형과 국제정치를 바꿔놓을 만큼 총력전으로 부상했다. 총력전을 치르려면 막대한 전비가 필요한 법이다. 당시 일본은 17억 엔을 쏟아부었는데 이는 청일전쟁보다 약 9배 많은 액수다. 미화로 계산하면 8억 6천만 달러에 이를 만큼 엄청난 비용이다. 전쟁자금을 조달해준 이들은 바로 시프를 비롯한 유대계 금융 네트워크였다.

참고문헌

- 쑹훙빙 지음, 홍순도 옮김, 《화폐전쟁》, 알에이치코리아, 2020.
- 차현진, 《금융 오디세이》, 메디치미디어, 2021.
- 아틀라스 뉴스(http://www.atlasnews.co.kr/news/articleView.html?idxno=2595)
- 홍익희의 신유대인 이야기, 〈조선일보〉, 2021. 06. 08.
- 주경철의 히스토리아 노바, 〈조선일보〉, 2021. 07. 27.

5

부의 흐름을 바꾼 전략 천재, 개성상인

——— 17세기부터 조선에서는 대동법이라 불리는 훌륭한 개혁 덕에 포구와 도시에 사람이 몰려들었다. 덕분에 교역과 상업 활동도 활발해졌다. 동시에 실물경제의 윤활유 역할을 하는 '돈'과 관련한 금융 서비스가 눈에 띄게 부상한다.

조선판 금융 서비스의 주인공은 그 유명한 개성상인이다. 그들은 화폐가 부족한 상황에서 환과 어음이라는 신용제도를 만들어냈다. 또한 지금의 무담보 대출과 유사한 시변市邊이라는 금융 서비스를 제공할 정도로 금융 이해도가 뛰어난 집단이었다.

조선의 유통경제가 발달하면서 18세기부터 개성에 환전 객주라는 전문 금융업자가 등장했다. 환전 객주는 오직 돈거래에만 종사하던 이들로, 지금으로 치면 은행원과 비슷하다. 이들은 '환도중換都中'이라 불리는 독특한 금융조합을 운영하고 있었다. '환'은 말 그대로 교환 성격을 지닌 유가증권이고 '도중'은 환거래를 총괄하는 최고 의결기구인 조합을 의미했다. 그러니까 환도중은 개성 지역 환전 객주가 속한 금전 거래

▲ 페트뤼스 크리스튀스가 그린 〈공방 안의 금세공사〉
15세기 북부 르네상스의 걸작으로 브뤼헤 지역의 금세공사 길드에서 광고 형식으로 의뢰한 것으로 보인다. 금세공사는 오늘날의 전당포나 대부업자 역할을 했다. 조선에서는 개성의 환전 객주들이 이와 비슷한 일을 담당한다. 그림 속의 벽에 걸린 다양한 오브제를 감상해보자. (메트로폴리탄 미술관)

소이자 객주들의 거래를 감시 통제하는 워치도그watchdog 역할을 한 셈이다.

조선에 나타난 돈의 진보, 화폐경제를 넘어 신용경제로

개성 지역의 환도중은 조선 후기부터 약속어음과 환어음을 발행하고 할인했다. 이들은 무담보 대출까지 실행하면서 조선

팔도의 신용경제를 한 단계 끌어올린 셈이다. 특히 시변이라 불린 신용대출은 독특한 금융기술이었다. 오직 신용 하나만 믿고 무담보(대출 이율은 12%) 대출을 해주었기 때문이다.

지금도 담보 없이 돈을 빌려주는 일은 쉽지 않다. 사실상 고신용자가 아니면 불가능한 일인데 개성의 환전 객주들은 이 어려운 일을 무담보로 해결해주었다. 그러나 금융혁신이 단순히 돈을 빌려주는 대출에만 국한되지 않는다. 당시 조선 팔도에는 숙박 서비스와 신용거래가 어우러진 신종 산업이 등장했는데 덕분에 18세기 이후 조선의 금융 거래는 한 단계 진보하고 있었다. 무엇보다 유통과 숙박의 거점이던 객줏집이 금융 플랫폼 역할을 하며 보편화했다. 객줏집은 단순히 잠만 자는 곳이 아니다. 장돌뱅이들에게 돈을 빌려주거나 융통하는 종합금융도 존재했다. 이 같은 금융 서비스는 팔도에 촘촘히 박혀 있던 객줏집이 기반이었고, 서울을 넘어 전국 단위로 퍼져나갔다.

변화는 여기가 끝이 아니었다. 다시 한번 금융 진보가 일어난다. 20세기 초부터 신용을 매개로 한 여행·숙박 서비스가 등장한 것이다. 이것 역시 팔도의 객줏집을 토대로 보편화한 서비스인데, 조선을 방문한 어느 서양인의 일기에서도 이를 발견할 수 있다. 당시 조선에서 활발했던 신용경제의 참모습을 엿볼 수 있어서 무척 흥미롭다.

조선을 오가는 모든 여행자가 여행을 시작하면서 처음 묵는 주
막집 주인에게 무거운 돈다발을 건네주고 임치증서인 영수증
을 받는다. 그 뒤부터 영수증을 돈 대신 사용한다. 이후의 주막
주인들은 영수증에 여행객에게 받아야 할 숙박비나 식대, 기타
사소한 물품비를 표시해둔다.

여행자가 마지막에 머무는 주막의 주인은 여행자의 영수증을
받고 남은 돈을 내주어야 한다. 이 모든 것은 한반도 전역에 걸
쳐 이미 오랫동안 유지해온 뛰어난 재정조직 그리고 여인숙 주
인 연합회의 훌륭한 부기 능력을 보여준다고 할 수 있다.

여행객이 규칙을 어기거나 돈을 악용한 경우는 한 번도 없었다
고 한다. 이 모든 것은 전국 주막 주인들의 조직이 광범위하게
일원화되어 있기에 가능한 일이다. 나는 이 편의를 이용할 기회
가 없었다. 사실 나는 그런 은행식 주막이 마을마다 있으리라고
믿지 않았다. 나중에야 어디나 다 있다는 걸 알았지만 그런 거
래를 하려면 아주 경험 많은 통역사가 있거나 조선말을 잘해야
만 했다. 하여튼 통역사를 믿지 않은 것이 후회스럽다.

___ 바츨라프 세로셰프스키, 《코레야 1903년 가을》 중에서

서양인도 깜짝 놀란 구한말 주막집의 금융 시스템

19세기 영국에 등장한 여행자 수표처럼 조선에도 신용거래가

존재했다는 사실은 서양인 바흘라프의 일기에서 확인할 수 있다. 이러한 거래가 가능한 이유는 별다른 게 아니다. 당시 조선시대 주막집은 중세 길드와 같았기 때문이다. 앞서 말한 개성지역 환전 객주의 환도중처럼 상위 단체인 주막집 조합이 있었고, 그들의 통제 아래 조합원이자 주막집 주인은 동료 조합원을 믿고 불편 없이 신용거래를 할 정도로 유대관계가 뛰어났다.

거래 방식은 이렇다. 여행자가 최초 방문한 A 주막에서 가지고 있던 모든 동전을 임치증(지금의 영수증)과 교환해 맡긴다. 이후 여행길마다 들르는 B, C, D 주막집에서 술이나 떡 같은 음식을 먹으면 최초 A 주막에서 받은 영수증에다 B, C, D 주막에서 지출한 각종 내역을 기재한다. 그렇게 여러 주막집에서 최초 영수증을 체크카드처럼 사용하면 최종 방문한 E 주막집에서 모든 비용을 정산한 뒤 남은 차액을 돌려준다.

우습게도 바흘라프는 주막집의 신용경제를 이해하지 못했다. 같이 다니던 통역사가 여행자 수표 같은 신용 서비스를 설명해주었으나 바흘라프가 믿지 않은 것이다. 바흘라프는 무거운 돈더미를 들고 일일이 술값을 계산했으나 똑똑한 조선인들은 간편하게 종이쪽지 하나로 결제했다. 그 모습은 지금의 체크카드와 똑같았으리라.

얼마 지나지 않아 바흘라프는 조선에만 존재하는 주막집 신용거래와 편의성을 이해하기 시작했다. 무거운 돈더미를 꿰고 다니며 고생한 까닭인지 몰라도 지난날의 판단이 잘못됐음을 깨달았다. 그가 일기 마지막에 통역사의 조언을 듣지 않은 것을 후회한다며 웃픈 기록을 남긴 이유가 여기에 있다.

개성상인, 기업금융을 전개하고 홍삼산업을 일으키다

조선시대 금융 서비스는 신용거래에만 국한된 게 아니다. 계를 조직해서 모은 개인(계원, 동업자)들의 투자금을 여러 산업(유기업, 광산업, 객주업 등)에 재투자하는 사모펀드도 존재했다. 또한 개성의 환도중처럼 환전 객주들이 모여 거대자본을 장기간 빌려주는 등 오늘날의 산업은행 같은 진중한 역할도 담당했다.

그중 홍삼산업은 특별하다. 개성상인의 돈줄 덕분에 홍삼이 성공할 수 있었기 때문이다. 홍삼산업은 19세기부터 가난한 조선의 주력 상품으로 부상했는데, 마치 오늘날의 반도체처럼 부가가치가 어마어마한 상품이었다. 수익률이 원가의 15배에 달할 정도였다. 하지만 인삼 재배는 한두 해의 짧은 시간 동안 완성할 수 있는 일이 아니었다. 적어도 5년에서 수십 년까지 장기적인 안목으로 매달려야 하는 인내와 고통의 일이다.

이런 산업에는 막대한 유동자금이 필요했는데, 당시 홍삼산업을 뒷받침한 개성의 환전 객주들은 환도중을 활용했다. 조합

원들이 위험을 부담해 장
기간의 유동자금을 조합
원들에게 서로 빌려주며
지원해준 것이다. 인삼 재
배에 제대로 숨통을 틔워
준 셈이다.

　조선시대 개인과 기업
금융 역사는 훈련도감이
벌인 금융 서비스에서도
확인할 수 있지만, 이는 군
인을 상대로 한 대출 수수
료나 중계무역의 차익을
얻는 얕고 낮은 수준이었
다. 개성의 환도중처럼 편

▲ 1901년 영국 여행사 '토머스 쿡'이 발간한 여
행 안내 책자
토머스 쿡은 여행자를 위한 여행자 수표를 발행
했다.

드를 만들거나 자본을 대여해주는 수준은 아니었으며, 홍삼처
럼 거대 산업을 키우는 일도 결코 아니었다.

　이처럼 개성상인이 금융기술을 독자적으로 발전시킬 수 있었
던 이유는 그들만의 자율성에 있었다. 당시 개성상인에게는 망
국 고려왕조의 후예라는 낙인이 찍혀 있었는데, 국가와 관권의
도움을 전혀 받지 못하는 현실은 마치 형벌과 다름없었다. 그러

나 이런 불리함은 긍정적인 방향으로 작용하기도 한다. 덕분에 독립심을 길렀고 암스테르담 금융인만큼이나 민간 자율성을 지켜냈기 때문이다. 이것이 개성상인들이 조선에서 유일하게 금융 진보를 이뤄낸 또 다른 이유였다.

네덜란드 상인과 닮은 개성상인의 면모

개성상인의 자율성은 그들의 태생에 있다고 해도 무방하다. 개성은 농토가 거의 없는 황량한 지역이라 쌀 같은 곡물 생산이 어려웠고 버림받은 옛 왕조의 수도였기에 관직에 진출하는 사람도 적었다. 나라의 지원 없이 오직 상업으로 홀로 서야 하는 척박한 환경은 그저 운명이었다. 그들은 장돌뱅이가 되어 조선 팔도를 돌았고 가진 것 없는 맨몸에 생채기를 내가며 돈을 벌었다. 열악한 환경은 자립심을 키워주는 동시에 개성상인만의 결속을 단단하게 만들었으리라.

그 결과 개성상인의 단체성은 다른 어느 집단보다 뛰어났다. 덕분에 굴곡이 심한 경영 환경에서도 서로 도와가며 실패 없이 버텨냈다. 특히 이들의 위대함을 살펴보려면 그들에게 성공을 안겨준 홍삼산업과 해외무역을 언급하지 않을 수 없다. 개성의 홍삼산업과 무역은 개성상인의 성공뿐 아니라 꺼져가던 19세기 조선의 목숨줄을 이어준 귀한 산업이기 때문이다. 원래 우리나라는 삼면이 바다이고 산지가 대부분이라 매력적인 교역재라 곤 눈을 씻고 찾아봐도 없었다. 그나마 중국인과 일본인이 침을 흘리며 탐내던 상품이 있었으니 그게 바로 조선 인삼이었다.

당시 조선 인삼은 중국과 일본으로 높은 가격에 팔려나가면서 우리나라에 많은 은화를 안겨주었다. 17세기부터 일본에서 들어오는 왜은이 넘쳐난 까닭에 여러 관청에다 분산해 쌓아두었고 더 이상 국내산 은을 사용하지 않아도 될 정도였다. 흥선대원군 때는 홍삼 덕분에 각종 국방력 증강 사업을 진행했으며 그 아들인 고종이 벌인 근대 개혁도 홍삼에서 얻은 전매수입으로 가능했다는 역사는 잘 알려지지 않은 사실이다.

홍삼산업을 키운 개성상인의 등장

개성상인은 행상으로 시작한 장돌뱅이로 신분이 미천했다. 그도 그럴 것이 조선왕조가 들어서자 망국의 후예인 개성사람은 벼슬길이 완전히 막혔다. 고대 중국의 은나라 백성처럼 버려진 사람들이라 상업에 종사할 수밖에 없었을 것이다. 이들이 전국 팔도를 떠돌며 주단이나 포목을 파는 행상으로 겨우겨우 연명한 것은 사농공상 말단의 슬픈 운명이었다.

시간이 흘러 개성상인은 뛰어난 유대감을 토대로 송방松房이라 불리는 유통 거점을 만들어낸다. 이들은 송방을 기반으로 전

국에 유통되는 재화 가격
을 미리 알아냈고 각 지역
의 시세를 이용해 각종 재
화를 저렴한 가격에 독점
했다. 이런 식으로 개성상
인은 어느 상인 집단보다
막대한 차익을 남기며 조
선 팔도에 존재감을 드러
냈다.

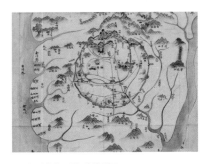

▲ 1872년에 그린 개성 전도
송악산과 개성부 시내 모습을 묘사하고 있다.
맨 아래에 남대문이 보이는데 남대문 근처 십자
로 대변에 개성상인들의 상점이 늘어서 있었다.
(서울대학교 규장각한국학연구원)

조선 후기 들어 화폐경제와 유통경제가 성장하자 개성상인
같은 도고 사상들은 조선 경제를 좌지우지한다. 막강한 자본력
을 무기로 조선 팔도의 여러 상인과 결탁해 매점매석을 했다.
그러나 내수에서 벌어들이는 독점 이익은 국제무역에서 얻는
것에 비하면 새 발의 피였다.

이미 정해져 돈이 되는 산업, 국제무역

조선 말 호남에 선씨 부자*가 있었다. 그는 청나라에 우뭇가사

• 호남 선병국 가옥의 창시자인 만석꾼 선영홍宣永鴻 선생이다.

리를 팔아 일약 거부가 되어 유명세를 얻었다. 전라도 해안가에 쓰레기처럼 버려져 있던 우뭇가사리는 청나라에도 있었으나 공급량이 부족해 귀한 대접을 받는 고가품이었다. 벽에 석회를 바를 때마다 우뭇가사리를 풀 용도로 쓰면서 인기를 얻었기 때문이다.

그런데 조선 사람들은 이걸 어떻게 팔아야 하는지 몰랐다. 각 나라가 비교우위에 있는 상품을 교환하면 더 풍요롭고 부유해진다는 리카도의 자유무역 이론을 몰랐던 탓이리라. 선씨 부자는 서해안을 오가던 청상淸商에게 청나라에서 우뭇가사리가 고가에 팔린다는 정보를 얻어낸다. 그는 바닷가 마을에서 우뭇가사리를 거의 공짜로 매입해 청나라 상인에게 수백 배에 달하는 가격에 팔아넘겼다. 선씨가 막대한 이득을 본 건 당연지사다.

이렇듯 국제무역은 돈이 되는 산업이었다. 여기에 참여할 경우 천재지변만 아니면 누구나 돈을 벌 수 있었다. 우리나라 물건은 중국에서 고가로 매입했으며 조선에 들어온 중국 물건은 다시 일본으로 고가에 팔려나갔다. 중국과 일본 사이에 있는 조선의 중개인들은 막대한 이익을 취할 수 있는 구조였다.

특히 밀무역이 그랬다. 해외 국가와의 밀무역은 엄격히 금지했으나 조선에는 법망을 피해 몰래 무역해 이익을 취하는 자가 의외로 많았다. 그만큼 이익이 컸기 때문이다. 그렇지만 이것은 목숨이 걸릴 정도로 아주 위험한 고난도 사업이었다. 거액의 빚을 져 인생 막장까지 간 사람들만 밀무역을 결단할 정도였다. 빚쟁이를 제외한 대부분의 보통 사람은 합법적인 공무역 시스템에 참여하는 게 마땅했으리라. 물론 공무역도 경쟁자가 진입하기 어려운 건 매한가지라 이는 황금알을 낳는 산업이나 다름없다.

▲ 1821년에 그린 데이비드 리카도 초상화
리카도는 비교우위론으로 자유무역의 중요성을 설파했다. 그는 각 국가가 잘 만들 수 있는 물건(비교우위)을 서로 교환하면 윈–윈할 수 있다고 말했다.

흥미롭게도 공무역에서 실제로 이익을 얻은 자는 개성상인이 아니었다. 그 이익은 서울 역관과 의주 역상(중국어 역관), 동래 역상(일본어 역관)에게 돌아갔다. 사실 이 셋은 관권과 결합한 역상(역관인 동시에 상인으로 활동하는 사람)이었다. 공무역을 담당하던 관리들이 무역 차익을 나눠 먹은 셈이다.

이익을 독점하기 위해 마치 한 몸처럼 같이 행동한 이들은 폐쇄적으로 활동했다. 즉, 역상은 국제무역에 참여하지 못한 개성상인을 배제하고 구매 대행만 맡겼다. 개성상인이 송방을 기반으로 인삼이나 소가죽 등을 매집하면 역상들이 그것을 가져다 해외에 팔아먹으면서 막대한 차익을 내던 것이다.

이 꼴을 보고 있던 개성상인은 배가 아팠다. 국제무역에 참여한 서울 역관과 의주, 동래 역상이 단 한 번 거래로 수만금의 벼락부자가 되니 그럴 수밖에 없었다. 대다수 개성상인은 평생 장돌뱅이 행상을 하면서 돈을 모아 상점을 열었고, 다시 동향 사람인 개성 장돌뱅이에게 물건을 팔았다. 상점이 번창해 현금이 모이면 늘그막에야 땅을 사 그제야 부자 행세를 할 수 있었다. 그러나 인생 황혼기에 부자가 되는 건 너무도 손해를 보는 장사다. 인간은 이익으로 얻는 기쁨보다 손해에 따른 슬픔에 더 민감한 법 아닌가?

더구나 개성상인은 무역에 참여해도 의주나 동래 역상들이 필요로 하는 물건을 수하의 장돌뱅이를 시켜 구매 대행하는 것이라 큰 이익이 나지도 않았다. 어찌 보면 전략적 사고 없이 장돌뱅이들에게 근면과 성실만 외쳐댄 그들이 바보였던 셈이다. 변화가 필요했다.

마침 18세기 들어 상황은 개성상인에게 유리하게 돌아가기 시작한다. 각 포구와 도회지에 시장이 서고 유통경제가 활성화하자 민간 상인이던 개성상인의 입지가 점차 넓어졌기 때문이다. 그들은 유통 거점에 있는 송방을 기반으로 각종 상품을 매집했다. 나아가 개성의 환전 객주들이 금융기술을 발휘해 유동 자금을 대주면서 개성 지역 자본력을 더욱더 축적했다. 이처럼 자본을 쌓은 개성상인은 서울의 중앙 고관들과 결탁해 역관을 몰아내고 조선의 무역권을 지배하기로 마음먹는다.

개성상인, 홍삼으로 진입장벽을 치고 교섭력을 높이다

18세기부터 조선 인삼은 점점 고갈되었다. 주인 없는 산림이 민둥산 되듯 깊은 산속의 인삼을 무분별하게 채취해 거의 사라진 것이다. 집에서 기르는 가삼家蔘이 그 자리를 대신했으나 가삼은 잘 부패했다. 이때 송방을 거점으로 인삼을 유통, 판매하던 개성상인들이 문제 해결에 나섰다. 특유의 장인 정신과 금융자본을 무기로 가삼을 찌고 말리는 방식으로 홍삼을 만들어낸 것이다. 여기에다 정조가 반포한 '삼포절목蔘包節目'* 덕분에 홍삼을 은괴 대신 대청무역 결제 수단으로도 활용할 수 있었다.

이를 기회로 여긴 개성상인은 점차 중앙권력에 손을 뻗어 로비를 벌였다. 그 결과 서울 한강에 있던 홍삼 제조장 증포소烝

---

* 조선 정부가 공인한 청나라와의 홍삼무역 제도.

包所를 1810년 인삼 산지인 개성으로 옮겨올 수 있었다. 이를 계기로 소규모에 머물렀던 개성의 홍삼 생산은 환도중 자본을 지원받으며 19세기 중반쯤 대량생산 체제로 전환했다. 그 덕에 삼포蔘圃 경영과 홍삼 제조는 18세기 후반과 비교할 수 없을 만큼 증가했다. 1888년만 해도 개성에서는 165명의 삼포 주인이 200좌의 삼포를 경영했고, 총 채굴간수採掘間數는 154,055간에 달할 정도였다.

홍삼이 안겨준 수익률은 그야말로 대단했다. 거의 연금술과 비슷했으리라. 기록에 따르면 1900년 무려 15배의 수익을 냈으니 황금알도 이런 황금알이 없을 터였다. 이슬람인이 유럽인에게 향신료를 팔면서 누리던 수익이라면 이해가 갈까?

아무튼 당시 홍삼은 오늘날의 반도체 같은 1등 교역재였다. 그래서 홍삼 제조기술은 개성상인만 보유하는 것이 철칙이었고 외부 유출을 엄격히 차단했다. 독점을 위해 진입장벽을 친 것이다.

이러한 진입장벽은 교섭력마저 높여주었다. 특히 홍삼을 중국에 중개한 개성상인은 의주상인을 상대로 유리한 교섭력을 발휘했다. 다시 말해 의주상인에게 갑질을 해대며 막대한 차익을 얻어낸 것이다. 이전의 갑을 위치가 바뀌어 을로 전락한 의주상인은 그저 중개 수수료 몇 푼만 받는 신세에 놓이고 말았다.*

조선 후기 개성상인이 대표적인 사상 세력으로 성장한 배경에는 홍삼 제조라는 창조적인 사업뿐 아니라 국제교역에 따른 판매처가 있었기 때문이다. 여기에다 개성상인 특유의 유통망인 송방이라는 체인점도 성공의 열쇠였다. 이들은 여러 개의 가

▲ **인삼 재배 도판화**
농민이 원두막에서 재배하는 홍삼을 지켜보고 있다. (W.R. 칼스, 《조선풍물지Life in Corea》)

치사슬로 연결되어 큰 수익을 가져다주었던 셈이다.

특히 개성의 환전 객주들이 단기자본인 시변제도를 활용해 급전을 융통해준 사실은 마치 혁명과도 같은 일이다. 환어음 유통, 어음 할인, 담보 대출 같은 금융 기법을 활용해 장기간의 노력이 필요한 홍삼 재배에 숨통을 틔워주었으니 말이다. 개성상

- • 개성상인과 의주상인이 대립 관계였던 것만은 아니다. 때에 따라 이들은 동업 관계를 유지했다.

▲ **강세황의 〈송도기행첩〉**
개성의 남대문을 중심으로 상점이 줄줄이 늘어서 있다. 증언과 기록에 따르면 개성의 상업지구
는 다른 도시와 달리 잘 정돈되고 깨끗했다고 한다. 이곳에서 개성의 환전 객주를 비롯한 여러
개성상인이 활약했다. (국립중앙박물관)

인이 금융기술로 축적한 자본이 없었다면 홍삼 재배는 불가능
했을 것이다.

이 같은 개성상인의 성공은 그야말로 근대 자본주의의 여명
을 보여주는 증거다. 정상政商으로 불리는 일본의 전통 재벌집
단이 근대 일본 산업의 돈줄 역할을 했다. 제국주의 시절 이들
은 산업 전반에서 금융 서비스를 제공했다. 로스차일드 가문도
마찬가지다. 개성상인과 유사하게 장기자금의 돈줄 역할을 한

이들은 유럽의 산업화를 이끌었다. 동서양 상업 역사를 볼 때 개성상인이 이룬 성과는 주목할만한 일이었다. 그뿐 아니라 개성상인의 일상은 근대 자본주의를 이끈 서유럽 개신교도들을 떠올리게 만든다.

1920년대 잡지 〈개벽〉은 개성 시내 모습과 사람들의 일상을 묘사하고 있다. 깔끔하고 검소했던 개성사람의 면모를 보여주는 내용들은 무척이나 흥미롭다.

> 개성 시내 가옥은 팔구십은 초가지만 매우 깨끗하다. 상점은 거리 通 전부가 상점인데 너절하게 보이는 구멍가게 같은 것은 없다. 술집, 떡집, 설렁탕집, 냉면집, 팥죽집 같은 음식점은 보려고 해도 볼 수가 없다. 아무리 배가 고파도 음식점을 찾지 못해 그냥 허리춤을 쥐고 다니는 수밖에 없다.
>
> 인력거나 지게꾼, 행상 남녀, 노동자들도 보이지 않는다. 더벅머리 벌거숭이 아이까지도 안 보이고 맨머리로 휘휘 저어 다니는 유랑 협잡배들도 하나 보이지 않는다. 몸 파는 하류 기생이나 하이칼라로 모양낸 자도 없다. 다만 보이는 것은 검소한 의복에 흑립이나 모자를 쓴 점잖은 청년과 노인이 다닐 뿐이며, 장옷 쓴 부인과 검정 치마의 여학생만 보일 뿐이다.*

외지인이 목격한 개성 시내의 상가와 사람은 서울이나 평양의 도회지와 전혀 달랐다. 외장을 화려하게 꾸민 기와집은 드물었고 음식점이나 유흥가도 없었다. 깨끗하게 정돈한 초가집이 대부분이다. 몸을 파는 여인도 없었으며 거지 몰골로 다니는 노숙자 같은 이도 없었다.

다만 보이는 것은 단정하게 차려입은 청년과 노신사, 장옷을 가려 쓴 부인네, 검정 치마를 입은 여학생뿐이었다. 개성사람들의 분위기는 마치 서양인 청교도의 모습을 떠올리게 한다. 그만큼 상업적 이익을 예리하게 추구하되 생활은 소박하고 합리적이었으리라. 검이불루儉而不陋(검소하지만 누추하지 않다)로 표현할 수 있는 그들의 진중하고 검소한 삶은 조선 제일의 상인집단이라 불리기에 충분했다. 바로 이것이 그들이 성취한 부의 비밀이다.

● 박성달, '내외 면으로 관한 개성의 진상: 도시 순례의 기일', 〈개벽〉 27호.

세계적 컨설팅회사 PwC 조사에 따르면 자수성가한 부자에게는 독특한 사고 습관이 있다고 한다. 이들은 풍부한 상상력을 지니고 있지만 동시에 이성적으로 판단한다. 이른바 균형 감각 소유자라는 얘기다. 특히 충돌하는 두 가지 견해가 있을 때 한쪽만 편들거나 배척하지 않고 똑같이 가치성을 부여하는 '사고의 이중성'이 뛰어나다. 컨설턴트들은 사고의 이중성을 지닌 사람을 프로듀서라고 부른다.

반면 단일한 견해만 주장하거나 유독 이성적 판단에만 뛰어난 이들을 퍼포머라고 부른다. 이들은 주어진 구조나 시스템에서는 성공할 수 있으나 창조–마케팅–판매라는 전 범위 가치사슬을 형성하는 데는 프로듀서를 따라오지 못한다는 평가를 받는다.

PwC의 평가 결과에 비춰보면 주어진 구조 안에서 성공한 부자인 역관은 퍼포머 스타일이고, 홍삼산업을 키워낸 개성상인은 프로듀서 스타일인 셈이다.

참고문헌

- 고동환, 조선후기 開城의 도시구조와 상업, 〈지방사와지방문화〉 제12권 1호, 2009.
- 고동환, 조선후기~한말 신용거래의 발달, 〈지방사와지방문화〉 제13권 2호, 2010.
- 이철성, 조선후기 고려홍삼 무역량의 변동과 의미, 〈인삼문화Journal of Ginseng Culture〉 제1권, 2019.
- 김문기, 近世 日本의 〈東醫寶鑑〉 魚類知識 研究(II), 〈명청사연구〉 제53권 53호, 2020.

- 왕현종, 일제 초 개성 시가지의 변화와 개성상인의 경제 기반, 〈동방학지〉 제194권 194호, 2021.
- 윌리엄 번스타인 지음, 김현구 옮김, 《부의 탄생》, 시아출판사, 2017.
- 우리역사넷(국사편찬위원회)
- 한국민속대백과사전

일본열도에 K-광풍이 불다!
《동의보감》과 조선 인삼

─────── 조선 인삼은 앞서 말한 것처럼 중국과 일본에 수출하던 중요한 교역재였다. 일본에서는 조선 인삼을 구매하기 위해 '인삼대왕고은人蔘代王古銀'이라는 특별한 은화를 만들 정도로 열성이었다. 잘 알려지지 않은 얘기지만 조선 인삼이 일본에서 인기를 누린 데는《동의보감》의 활약이 숨어 있다.

당시《동의보감》은 압록강을 넘어 중국에 수출될 정도로 국제적인 인기를 누렸다. 1662년에는 바다 건너 일본에까지 전해졌다. 이는 중국에서 번진 역병이 조선에 퍼진 뒤 다시 일본열도로 건너가 유행하고 있었기 때문이다. 새로운 역병에 무방비

상태로 노출된 일본인들이 조선과 중국 의서를 구해 치료법을 알아보려던 게 그 이유였다.

일본에 전해진 《동의보감》은 툭하면 조선 인삼을 쓰라는 처방을 내리면서 인삼을 만병통치약으로 소개하고 있었다. 그 효능은 일본인의 호기심을 자극했으며 실제로도 효과가 탁월한 모양이었다. 그래서 일본 의사들에게 《동의보감》을 자세히 연구하는 일이 무엇보다 중요한 과업이었다. 조선에서 통신사가 방문할 때마다 일본 의사들은 바빠졌는데, 조선 선비의 옷자락을 붙잡고 《동의보감》에 등장하는 동식물의 정체를 물어봐야 했기 때문이다. 이것은 통신사가 올 때마다 정해진 관례처럼 이뤄졌고 부산스러웠으리라.

그러다 결정적인 한 방이 찾아온다. 일본 최고 권력자이자 쇼군인 도쿠가와 요시무네가 《동의보감》을 읽고 감동한 것이다. 통치 과정에서 《동의보감》을 활용하려 한 쇼군은 의사들을 불러 간행을 서두르라고 지시했다. 이 사실은 1724년 일본에서 발간한 《정정동의보감》 발문에서 확인할 수 있다.

우리 대군大君(쇼군)께서 정치를 하는 여가餘暇에는 항상 의업과 약물을 깊이 염려하셨다. 마침 조선국 허준이 편찬한 《동의보감》을 보셨는데 《동의보감》이 진실로 백성을 보호하는 경전이

요, 의가의 보물이라는 것을 알게 되셨다. 그래서 친히 명령을 내리고선 책을 인쇄하여 영구히 전할 수 있도록 하셨다. (중략) 아! 감격스럽구나. 우리 대군의 인자한 보살핌 아래 온 나라가 그 은택을 입게 되었으니 이 어찌 우러러 기뻐하지 않겠는가?

사실 《동의보감》은 일본이 《정정동의보감》을 간행하기 이전부터 일본에 널리 알려져 있었다. 막부 쇼군 요시무네의 귀에까지 그 정보가 들어간 이유가 여기에 있다. 유능했던 이 막부 통치자는 《동의보감》의 진가를 대번에 알아채고 곧바로 자체 간행을 지시한 것이다.

▲ 에도막부의 8대 쇼군 도쿠가와 요시무네
요시무네는 교호개혁享保改革으로 에도시대 정치와 경제를 중흥한 통치자로 평가받는다. 특히 그는 조선 물산에 무척 관심이 많았는데 이는 《동의보감》의 영향이었다. 그 결과 '조선약재조사'라는 거대한 프로젝트를 진행한다.

당시 일본은 문치국가 조선처럼 시장경제가 꽃을 피우던 시기다. 덕분에 서민의 생활은 점차 윤택해졌다. 일본은 동아시아 문명을 공유한 국가라 유교 이념에도 푹 젖어 있었다. 일본인은 조선처럼 부모 봉양을 제일의 가치로 내세우며 '효孝' 문화를 중요하게 여겼는데, 그러다 보니 부모가 아프면 좋은 약재를 구하는 것을 시급한 일로 생각했다. 의사들은 《동의보감》의 처방에 따라 조선 인삼을 추천했고 일본인은 천금을 주고서라도 오매불망 조선 인삼만 사려고 했다. 그 결과 일본에서 조선 인삼 광풍이 불기 시작했다.

흥미로운 일화도 생겨났다. 에도시대 어느 여인이 아버지의 병을 고치려고 조선 인삼을 구하려 했는데 값이 너무 비싸 유곽에 몸을 팔았다는 민담이 유행한 것이다. 민담은 연극으로도 만들어져 에도에서 큰 인기를 끌었다는 후일담이 전한다. 거짓으로 치부하기 어려울 정도로 당시 조선 인삼의 가격은 정말 비쌌다. 사료를 확인해보면 서울에서 70냥이면 살 수 있는 조선 인삼이 일본으로 넘어가면 4~5배로 값이 뛰었다고 한다. 에도에서는 무려 300냥에 팔린다는 기록까지 남아 있을 정도다.

조선 인삼은 일본에서 민담이 만들어질 만큼 귀하고 귀했다. 그래서 막부가 이를 조선으로부터 구매하기 위해 특별한 교역재가 필요했을 것이다. 그 교역재는 바로 '인삼대왕고은'이라는 특주은인데, 이것은 대조선 무역 창구인 쓰시마번에서 건의하고 에도막부가 허가한 수출용 은이었다. 이는 오직 조선을 위해 만든 고급 은괴로 순도가 80%에 가까웠다. 조선에서는 이를 팔성은*이라고 불렀다.

▲ 에도시대의 대표적인 풍속시설 '요시와라 유곽吉原遊廓'
당시 유녀의 화대는 금 '한 냥 한 푼'으로, 오늘날로 환산하면 12만 5천 엔이었다고 한다.

당시 일본에서는 은 고갈이 심한 형편이라 시중에 유통 중인 겐로쿠은元祿銀의 순도는 고작 64%에 불과했다. 순도 낮은 왜은을 조선에서는 '정은丁銀'이라 했는데 막부의 디베이스먼트로 인해 가치가 20%까지 떨어지고 있었다. 당연히 조선은 순도

- 조선에서는 은의 순도에 따라 등급을 매겼는데 납을 섞지 않은 100% 순은은 십성은, 80% 고순도는 팔성은, 70~60% 순도는 정은이라고 불렀다. 왜은은 곧 정은이다. 17세기만 해도 왜은은 순도가 80%인 팔성은이었지만 일본에서 개주한 64% 순도의 겐로쿠은을 수입하면서 이때부터 겐로쿠은이 기존의 정은 취급을 받는다. 조선은 왜은을 바둑돌 같다고 해서 기자은이라 불렀다. 또는 개의 혀와 같다고 해서 견설은이라 부르기도 했다. 견설은이 곧 인삼대왕고은이다. 17세기 중일 간 중개무역으로 엄청난 왜은이 조선으로 들어오면서 조선은 더 이상 국내산 은을 대중무역에 사용하지 않아도 될 정도였다고 한다.

낮은 정은과 인삼을 교환하기가 껄끄러웠다. 그래서 질 좋은 은 괴를 가져오라며 일본 정부에 호통을 쳤다.**

쓰시마번과 막부는 조선의 요구를 거절할 수 없었다. 조선 인삼 수입이 끊기면 인삼에 목을 매는 일본인들이 성을 내며 들고 일어날 수 있었기 때문이다. 걷잡을 수 없는 소요사태가 발생할 수 있다는 얘기다. 결국 일본 통치자들은 1710년 순도 높은 '대왕인삼고은'을 몰래 만들어 1712년부터 조선에 넘길 수밖에 없었다.

은괴를 몰래 만든 이유는 조선에만 순도 높은 은을 넘겼기 때문이다. 이것은 막부로서는 권위가 떨어지는 일이었다. 비록 수출에 쓰이는 교역용 은이라 해도 말이다. 이런 이유로 본국 일반 백성들과 상인에게는 이 사실을 철저히 비밀에 부쳤던 역사가 전한다. 일본 통치자들이 조선 인삼을 수입하려고 얼마나 정성과 노력을 기울였는지 알 수 있는 대목이다.

두 나라 사이에 기울어진 운동장 같은 현상이 발생한 데는 다

●● 조선 정부가 80% 순도의 왜은을 요구한 것은 당시 조선에서 유통 중인 은 가운데 신인도가 가장 높았기 때문이다. 각 관청에서는 왜은을 비상금처럼 대량 축적했고 국내에서 채굴한 광은이나 64% 순도의 겐로쿠은은 조선식으로 개주해 대중국 수출용 은화로 사용했다.

른 이유가 없다. 그저 인삼 교역의 주도권을 쥔 조선이 일본에 갑질을 했기 때문이다.

숨 막히는 무역 전쟁, 일본의 대응과 조선의 응전

대일무역이 점차 거대한 수익처로 변모하다 보니 조선에서 생산하는 인삼의 80%가 일본으로 넘어갔고, 그 대가로 엄청난 양의 인삼대왕고은이 조선으로 들어왔다. 조선으로 유출되는 은의 양이 늘어나자 막부 통치자들의 고민은 커져만 갔다. 막대한 국부가 외국으로 유출되고 있었으니 말이다.

여기에다 은광마저 점차 메말라가던 상황이라 인삼대왕고은을 조선에 바치기가 힘겨웠던 일본 통치자들은 머리를 굴릴 수밖에 없었다. 그들은 비밀리에 작전을 편다. 조선 인삼의 생근을 수입해 일본에서 키우기로 한 것이다.

1728년 조선에서 종자가 될만한 인삼 뿌리가 들어왔고, 1730년 무렵 약초학자 다무라 란스이田村藍水가 조선 인삼을 완벽하게 재현했다. 대량생산에도 성공했다. 여기에 더해 막부 통치자들은 중국에서 수입하던 값비싼 비단 생사마저 자생에 성공시키며 무역 적자를 줄였다.

18세기 중반부터 일본은 더 이상 비단과 인삼 때문에 울며불며 조선에 매달리지 않았다. 국부인 은의 유출도 일어나지 않았다. 이로써 막부 통치자는 귀금속 고갈로 발생한 경제 불황을 극복하며 약해졌던 통치력을 회복해 갔다.

▲ 《조선인삼 경작기》에 소개한 조선 인삼 도판
저자 사카노우에 노보루는 15세 무렵 다무라 가문에 입양돼 다무라 노무라로 성장했다. 란스이는 그의 호다. 쇼군 요시무네의 명으로 1737년 여름 조선 인삼 종자 20알을 하사받아 자신의 경작지인 '백화가百花街'에서 재배에 성공한 과정을 책으로 엮은 것이다. (국립민속박물관)

한편, 조선에서는 난리가 났다. 조선이 누리던 갑의 위치가 점차 추락했기 때문이다. 더 이상 일본에 목소리를 높일 수 없었다. 점점 가난해지는 경제 상황도 심각한 문제였다. 17세기 조선 지배층은 넘쳐나던 은으로 사치품인 비단과 모자 등을 중국에서 수입했다. 그런데 은 유입이 줄어든 18세기 이후에도 이전의 소비 성향을 줄이지 못하는 형국이었다.

한마디로 조선인들은 분에 맞지 않는 과소비를 하고 있었다. 그동안 쌓아놓았던 은이 고갈되고 있었으니 가난해지는 것은 당연했다. 더구나 1등 교역재인 조선 인삼마저 점차 구하기 힘들었고 시중에 나돌던 인삼 태반이 가짜였다. 조선 통치자들은 머리를 싸매고 드러누울 지경이었다. 당시 상황은 《조선왕조실록》에서도 찾아볼 수 있다.

비변사에서 아뢰기를 "약재 중에서는 인삼이 가장 소중하기에 간사스러운 술책을 써서 몰래 인삼을 제조한 자는 은과 동전을 몰래 위조하는 죄와 똑같이 다루어왔지만, 근래에 법령이 해이하여 서울의 간사한 무리가 마음대로 계契(조합)를 만들고 인삼을 다른 잡물과 섞은 다음 아교 같은 풀로 붙여서 가짜 인삼을 만들어 이득을 독점하고 있으니 참으로 한심한 일입니다. 이 뒤로도 이러한 사기꾼 같은 무리가 만약 이전과 같이 가짜 인삼을 만든다면 중죄로써 논죄할 것이며, 평안도 지방의 인삼을 채취하는 마을에도 지방관에 분부하여 똑같이 엄중히 경고해야 할 것입니다" 하니, 그대로 허락하였다.

___《영조실록》 28권, 1730년(영조 6) 12월 29일 계해 세 번째 기사

《조선왕조실록》에서 보듯 간사한 무리가 몰래 인삼을 도라지 같은 잡물과 섞어 가짜 인삼을 유통하는 일이 빈번해졌다. 이유는 별 게 아니었다. 첫 번째는 인삼이 고갈되어 눈을 씻고도 찾아볼 수 없었기 때문이다. 두 번째는 가짜 삼도 교묘하게 만들면 비싼 값에 팔려나간 게 원인이었다.

국내에 가짜 인삼이 판치고 심지어 국외에까지 유출되면《동의보감》에 등장하는 조선 인삼의 높은 신인도와 인지도는 추락할 테고 이는 국가 신용도마저 떨어뜨릴 사안이었다. 통치자에

게 머리 아픈 일이었으며
왕조의 운명이 바람 앞의
등불이라 할만했다.

이쯤에서 드라마틱한
일이 벌어졌다. 천운이 닿
았는지 모르겠으나 전라
도 동복에 사는 여인이 인
삼을 집에서 길러내는 방
법을 발견한 것이다. 이렇
게 재배한 인삼을 가삼이
라 불렀다. 재배법은 점차

▲ 예수회 선교사들이 동북 지역(백두산 근처)을
답사하고 얻어간 인삼 도판
1711년 프랑스 출신 예수회 신부인 피에르 자르
투 신부는 인삼이 영약이라는 얘기를 듣고 은밀
히 조사했다. 그는 사람 형상을 한 것이 매우 인
상적이라고 평하고 있다. 1712년 조아킴 부베 신
부도 백두산에 올라 조선 지형을 살펴보았다.
예수회 신부 자르투와 부베는 중국과 조선의 정
보를 수집하기 위해 프랑스에서 파견한 첩보원
이었기 때문이다.

호남과 영남 지역으로 퍼져갔고 18세기 말 무렵에는 전국에서
성행할 정도였다.

당시 조선의 통치자는 정조였다. 정조는 선대왕 영조와 달리
무척 유연한 인물이었고 비즈니스 식견이 출중한 군주였다.
1797년 정조는 재빨리 미삼계尾蔘契라는 인삼조합을 만들어 전
국의 가삼을 독점 수매하라는 어명을 내린다. 나아가 중국으로
연행가는 사신단에 무역 결제 통화로 은 대신 가삼을 소지해가
도록 허락했다. 그런데 뜻밖의 문제가 터졌다. 가삼의 짧은 유통
기한이 무역 활동의 발목을 잡았던 것이다.

18세기 당시 중국으로 가는 여정은 너무 험하고 길었다. 그 탓에 운송 도중 가삼이 썩고 상해서 상품 가치가 형편없어졌다. 다행히 정조는 가삼을 수증기로 쪄서 말리는 방법이 있다는 이야기를 들었다. 가삼과 달리 수증기로 쪄

▲ 털모자를 쓴 조선의 연행 사신단
대청무역에서 적자를 초래한 것은 조선 후기 사치품인 모자였다. 그 때문에 많은 양의 은화가 청나라로 유출되었다. (이철성, 《조선후기 대청무역사 연구》, 국학자료원, 2000.)

서 만든 홍삼의 유통기한은 배로 길었으므로 이처럼 홍삼 개발을 시도한다.

정조는 점차 가난해지는 형국을 극복하기 위해 홍삼산업을 국가산업으로 키우려고 작정했다. 그래서 '삼포절목'이라는 법적 규정을 만들어 중국으로 연행가는 사신과 역관이 중국과 무역할 때 홍삼을 결제 통화로 쓰도록 명했다. 이와 함께 홍삼에 세금을 부과해 국고를 충당하게 했다.

이후 홍삼 무역량은 급격히 늘어난다. 1847년에는 거래량이 4만 근까지 증가했다. 당시 홍삼의 국내 가격은 1근당 은화 100냥이었는데 중국으로 넘어가면 최대 700냥까지 팔렸다고 전한다. 여기서 거둬들이는 정부 세금만 해도 은화로 환산해 최대 20만

낭에 달했다. 세금으로 벌어들인 수익은 나중에 대원군이 군제를 개혁할 때 쏠쏠한 통치자금으로도 쓰였다. 이렇게 홍삼은 조선왕조의 1등 교역재로 등장한다.

홍삼은 무너져가는 조선왕조의 생명줄로 작용했고 명줄을 이어준 주인공은 바로 정조였다. 그의 전략적 행동은 비단 생사와 인삼의 자생을 꾀해 일본 경제를 회복한 도쿠가

▲ 18세기 프랑스에서 제작한 〈조선왕국지도〉
지도 오른쪽에 정자관을 쓴 서양 선비가 인삼을 손에 쥐고 있는 형상이 보인다. 멀리 떨어진 유럽에서도 조선 인삼을 알고 있었다는 증거다. 인삼의 효능을 유럽 세계에 전파한 인물은 다름 아닌 청나라에 파견된 예수회 신부였다.

와 요시무네와 비슷해 보인다. 나라 부흥을 위해 힘쓴 그들을 보면 '비즈니스 마인드'가 충만한 통치자가 진정한 리더임을 잘 알 수 있다.

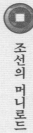

조선의 머니로드